कब तक सहोगे?

AF743043

डॉ. किरण बेदी
(सह लेखिका)
अजय लाल
(लेखक एवं नाटककार)

डायमंड बुक्स

ISBN : 978-81-288-3285-7

प्रकाशक : डायमंड पॉकेट बुक्स (प्रा.) लि.
X-30, ओखला इंडस्ट्रियल एरिया, फेज-II
नई दिल्ली-110020
फोन : 011-40712200
ई-मेल : sales@dpb.in
वेबसाइट : www.diamondbook.in

KAB TAK SAHOGE
by: Kiran Bedi & Ajay Lal

अन्याय के खिलाफ ईमानदार
आवाज उठाने वालों को
समर्पित!

दो शब्द

'उफ! उस पहली ही सिगरेट में कैद हो गई मेरी किस्मत' मेरी पुस्तक 'गलती किसकी?' की एक सच्ची कहानी है।

इस कहानी का किरदार मूलचंद जो नशे के चक्कर में अपना घर-द्वार, रुपया-पैसा, माँ-बाप, जर-जोरू और यहाँ तक कि आत्मसम्मान, सब कुछ खो देता है। हद तो तब होती है, जब वह अपने पिता के कफन को भी बेचकर स्मैक खरीदता है। चोरी-चकारी, उठाईगिरी उसकी दिनचर्या हो जाती है। उसका ज्यादातर वक्त छोटी-मोटी चोरियों की वजह से जेल की सलाखों के पीछे ही कटता है।

उसका परिवार तो पहले ही बिखर चुका था। जब वह अपनी सजा काटकर जेल से बाहर आया तो उसे एक सज्जन 'नव ज्योति नशा मुक्ति केन्द्र', कराला, दिल्ली में ले आए। 'नव ज्योति इण्डिया फाउण्डेशन' द्वारा संचालित इस एन.जी.ओ. में उसका इलाज हुआ और वह पूरी तरह से ठीक होकर अब इज्जत की जिंदगी जी रहा है। उसकी यह सच्ची कहानी मैंने अजय को दी ताकि इसका नाट्य-रूपांतरण करके मंचन किया जा सके।

नाट्य-रूपांतरण में अजय ने बड़ी खूबसूरती से अपनी कल्पनाशक्ति के सहारे किरदारों की संवेदनाओं को उनके माहौल एवं बोल-चाल की भाषा में बोलने वाले संवादों से जोड़ा है, जो सीधे-सीधे दर्शकों को अपने आपसे जोड़ता है।

इस नाटक का मंचन 'तालकटोरा ओपन थिएटर' एवं 'नव ज्योति नशा मुक्ति केन्द्र' के प्रांगण में किया गया। प्रस्तुति बड़ी असरदार थी और सबसे मजेदार बात यह रही कि अजय ने अपने निर्देशन में जिन-जिन किरदारों को लिया था, वे सभी 'नव ज्योति नशा मुक्ति केन्द्र' में इलाज ले रहे मरीज ही थे और उससे बड़ी बात यह रही कि दर्शकों में उन सभी किरदारों के घरवाले,

रिश्तेदार, पड़ोसी एवं दोस्त-यार भी थे। उनके इस अभिनय को देखकर लोगों ने दाँतों तले उंगलियाँ दबा ली थीं। उन्हें विश्वास नहीं हो पा रहा था कि ये वही लोग हैं, जो कल तक नशे में धुत नालियों एवं म्यूनिस्पलिटी के कूड़ाघरों के आस-पास पड़े होते थे। इस प्रयोग से नाटक में भाग लेने वाले मरीजों के आत्मविश्वास में बढ़ोतरी भी देखने को मिली, जिससे उनमें रिकवरी रेट बढ़ गया।

तकरीबन चार साल पहले अजय और मैंने 'नव ज्योति नशा मुक्ति केन्द्र' में इलाज ले रहे लोगों को 'थिएटर थैरेपी' देने का निर्णय लिया था। चूँकि अजय थिएटर में पहले से ही सक्रिय रहे हैं और साथ ही इन्होंने 'बादल सरकार' तथा 'बैरी जॉन' जैसे थिएटर पर्सनैलिटी से अभिनय एवं निर्देशन की ट्रेनिंग ले रखी है, इसीलिए मैंने ये जिम्मेदारी अजय एवं उनकी पत्नी दिव्या को दी। तभी से वे केन्द्र में 'थिएटर थैरेपी' के द्वारा नशा पीड़ितों की कॉउंसलिंग कर रहे हैं। यहाँ ये लगातार नशे के खिलाफ नशे के भुक्त-भोगियों के द्वारा नित नए-नए एवं सच्ची घटनाओं पर आधारित नाटकों का लेखन, निर्देशन एवं मंचन नव ज्योति नशा मुक्ति केन्द्र के माध्यम से कर रहे हैं।

'कितनी जुलेखा?' झुग्गी-झोंपड़ियों में रहने वाले गरीबों, अशिक्षितों, बेरोजगारों एवं बाल-विवाह से उपजे अपराध के ताने-बाने पर लिखी गई सच्ची कहानी, 'गलती किसकी?' से उद्धृत है। इस सच्ची कहानी में नारियों के शारीरिक, मानसिक एवं भावनात्मक शोषण एवं प्रताड़ना की नग्न तस्वीर दिखाई देती है। नारी ही नारी के खिलाफ खड़ी है। नशे के व्यापारी, ड्रग माफिया, भ्रष्ट पुलिस, सभी मिलकर जुलेखा की जिन्दगी तार-तार कर देते हैं। भूख, लाचारी, बीमारी और गरीबी की मारी नारी जुलेखा ने जो अपराध की दुनिया में कदम रखा तो सीधी पहुँची जेल की अंधेरी कोठरी में। जीवन में अंधेरा आ गया, पति चला जाता है और पीछे छोड़ जाता है जुलेखा के लिए एक दुःख-भरी जिन्दगी। बहरहाल, अपने अच्छे चाल-चलन की वजह से जुलेखा को जल्द ही जेल से छुटकारा मिल जाता है, मगर जेल से बाहर की दुनिया किसी जेल से कम नहीं। जवान औरत, भूखा समाज, असुरक्षित जुलेखा न पिता और न पति का साथ और माथे पर अपराधिन के कलंक का टीका लिए हुए कहाँ जाती? किस्मत ने साथ दिया और वह भी इंडिया फाउण्डेशन के सम्पर्क में आ जाती है। यहाँ उसके अन्दर आत्मविश्वास पनपता है और उसने दूसरी शादी कर ली। अब वह खुद 'नव ज्योति नशा मुक्ति केन्द्र' की एक बस्ती में 'क्रेच' संभालती है। इस सच्ची कहानी में भी अजय ने

अपनी कल्पना शक्ति के द्वारा संवादों के माध्यम से सीधे दर्शकों के दिलों में किरदारों को उतारा है, जिससे समाज को एक सशक्त एवं सटीक संदेश जाता है।

हमारा प्रयास है कि ऐसी सच्ची कहानियों का नाट्य-रूपांतरण करके उनका मंचन किया जाए और दूर-दराज के दर्शकों तक संदेश पहुँचाने के लिए इलेक्ट्रॉनिक मीडिया के माध्यम से भी टेलीकास्ट किया जाए।

यद्यपि अजय केन्द्रीय सरकार में एक सीनियर अधिकारी (आई.आर.ए.एस.) हैं और वित्त विभाग की जिम्मेदारी इनके ऊपर है, तथापि मैं चाहूँगी कि ये अपने व्यस्ततम् क्षणों में से समय निकालकर इन सच्ची कहानियों पर टेली फिल्म बनाकर लोगों में जागरुकता लाने के लिए सुदूर तक पहुँचाएँ।

- डॉ. किरण बेदी
आई.पी.एस.

नाटककार की ओर से

मेरा सौभाग्य है कि आपके हाथों में यह मेरा तीसरा नाट्य संग्रह है। इस पुस्तक में कुल नौ नाटक हैं। नाटकों के विषय-विश्व का अस्तित्व, नशे का दुष्प्रभाव, नारी का शोषण, पाखंड-कर्मकाण्ड, जातीय कटुता, आर्थिक एवं मानवीय मूल्यों, दोनों का अवमूल्यन और द्वेष तथा देश की जीवन रेखा, भारतीय रेल के सामने चुनौतियाँ हैं। इन विषयों को हास्य-व्यंग्य की नाटकीय चाशनी में डुबोकर मनोरंजक बनाने का प्रयास किया गया है। नाटकों के सारे किरदार एवं घटनाएं (सिर्फ डॉ. किरण बेदी की दो सच्ची कहानियों के नाट्य-रूपान्तर को छोड़कर) बाकी सभी काल्पनिक हैं।

इन नाटकों के लेखन में मुझे जिनका सहयोग मिला है, वे हैं-डॉ. किरण बेदी, श्री बाँके लाल, श्री शैलेंद्र सागर, श्री चंद्रहास मौर्या, श्री सुभाष जेटली (मुंबई), वन्दना सिंघल, श्री बैरी जॉन और श्री अरुण शर्मा (रेल भवन)।

इस नाटक के डाक्युमेंटेशन में जिन लोगों ने हमें टाइपिंग में सहायता दी, वे हैं श्री सुनील कुमार, श्री हरीश शर्मा और कुमारी जेस्मिन प्रकाश।

नाटक की परिकल्पना में, जिनकी वजह से मैं लिखने के लिए प्रेरित हुआ, वे हैं-नशे में धुत नौजवान, गरीब, कमजोर, जिल्लत की जिन्दगी घसीटते लोग, जो हमें अक्सर शहर, गाँव, रेलवे स्टेशन के आस-पास दिखाई दे जाते हैं। वे गंदे नाले जो प्लास्टिक की थैलियों से चोक हो गए हैं। वे निकम्मे पाखंडी जो ईश्वर के नाम पर हराम की कमाई खा-खाकर मेहनतकश मजदूरों को भूत-प्रेत तथा अनहोनी का भय दिखाकर अपना उल्लू सीधा करते हैं।

संस्थाओं में 'नव ज्योति नशा मुक्ति केन्द्र', जहाँ मैंने इलाज के लिए आने वाले एक साथ सैकड़ों ड्रग एडिक्ट लोगों को नशे में तड़पते एवं उनके परिवार को इसकी वजह से उजड़ते हुए देखा है। उन मरीजों को 'थिएटर थैरेपी' में काउंसलिंग के दौरान हमने उनके अंदर नशे की ओर ले जाने वाले कारणों को भी देखा। मैं इन तमाम बातों और कारणों को इस पुस्तक के द्वारा जन-जन तक पहुँचाने का प्रयास कर रहा हूँ।

हमेशा की तरह, इन सबके पीछे मेरी प्रेरणा रही हैं मेरी पत्नी दिव्या।

–अजय लाल

ajay_k_lal@yahoo.com

अनुक्रम

'उफ! उस पहली ही सिगरेट में कैद हो गई मेरी किस्मत'

कहानी की अवधारणा

'उफ! उस पहली ही सिगरेट में कैद हो गई मेरी किस्मत' में नशे की लत कैसे लगती है और नशे की खातिर नशेड़ी किस हद तक गिर सकता है? दर्शाया गया है।

यह कहानी एक सच्ची घटना पर आधारित है। इसके मुख्य पात्र 'मूलचंद' का इलाज डॉ. किरण बेदी द्वारा संचालित 'नव ज्योति नशा मुक्ति केन्द्र, कराला, दिल्ली' में हुआ था।

इस संस्था में जब मैं स्वैच्छिक 'थिएटर थैरेपिस्ट' एवं कॉउन्सलर के रूप में अपनी सेवा दे रहा था तो मूलचंद के बारे में डॉ. किरण बेदी और डॉ. अजय ग्रोवर ने विस्तार से बताया था।

इस सच्ची कहानी का मंचन मेरे ही निर्देशन में तालकटोरा 'ओपेन थिएटर' नई दिल्ली एवं 'नव ज्योति केन्द्र' के प्रांगण में किया गया था। सारे किरदार 'नव ज्योति नशा मुक्ति केन्द्र' में इलाज लेने वाले लोग ही थे।

नशे के खिलाफ एवं नशे की बुराइयों को जन-जन तक पहुँचाने के लिए यह एक सशक्त एवं सटीक नाटक है, जिसका मंचन लगातार होते रहना चाहिए, ये मेरा मानना है।

मंचन-अवधि : 60 से 90 मिनट।

पात्र-परिचय

पुरुष पात्र

मूलचंद	(उम्र 27 वर्ष)
आदमी नं. 1	(हमउम्र मूलचन्द के)
आदमी नं. 2	(हमउम्र मूलचन्द के)
आदमी नं. 3	(हमउम्र मूलचन्द के)
आदमी नं. 4	(हमउम्र मूलचन्द के)
आदमी नं. 5	(हमउम्र मूलचन्द के)
पिता	(मूलचंद का)
छोटा बच्चा	(मूलचंद का छोटा भाई)
मंझला बच्चा	(मूलचंद का मंझला भाई)
बड़ा बच्चा	(मूलचंद का बड़ा भाई)
दोस्त नं. 1	
दोस्त नं. 2	
दोस्त नं. 3	
आदमी	(शराब की लाइन में खड़ा होने वाला)
ट्रक ड्राइवर	
पुलिस	
एक सज्जन पुरुष	(जिसका बटुआ मारा जाता है)
एक अजनबी	
नुक्कड़ वाले चाचा	
सलीम	(9-10 साल का लड़का)

महिला पात्र

माँ	(मूलचंद की)
बहन नं. 1	(मूलचंद की)
बहन नं. 2	(मूलचंद की)
बहन नं. 3	(मूलचंद की)
बहन नं. 4	(मूलचंद की)

दृश्य एक

सूत्रधार-

"जिन्दगी आँसुओं का जाम है
थोड़ी पी लेंगे,
थोड़ी छलका देंगे।
उफ! उस पहली ही सिगरेट में
कैद हो गई मेरी किस्मत।"

Over to नशा मुक्ति केन्द्र।

[नशा मुक्ति केन्द्र में 8-10 लोग काम करते हैं। मूलचंद (उम्र 27 वर्ष) एक चबूतरे पर बैठा हुआ रस्सी बट रहा होता है। दूसरे लोग उसके पास आते हैं, प्रार्थना करने के लिए।]

(सब मिलकर प्रार्थना करते हैं।)

प्रार्थना

'हे प्रभु,
हमें इतनी आत्मशक्ति दो
उन परिस्थितियों को स्वीकार करने की,
जिन्हें हम नहीं बदल सकते,
और हिम्मत दो
उन परिस्थितियों को बदलने की
जिन्हें हम बदल सकते हैं,
सद्बुद्धि दो
उन दोनों में अंतर जानने की।'

आदमी नं. 1 : मूलचंद भाई! हम सबने अपनी पिछली जिंदगी का हाल तुम्हें सुनाया, तुम भी कुछ बताओ अपनी पिछली जिन्दगी के बारे में।

आदमी नं. 2 : हाँ-हाँ मूलचंद भाई, तुम्हें अब बताना ही पड़ेगा। जब से यहाँ इलाज के लिए आए हो, तुम खोए-खोए रहते हो।

मूलचंद : (**ठंडी साँस लेते हुए**) अरे! छोड़ो भी, क्या फायदा बीते कल को याद करके।

आदमी नं. 3 : क्यों, तुम्हारे माँ-बाप तुम्हें याद नहीं आते?

मूलचंद : (**ठंडी साँस लेते हुए**) मैं उन्हें भूला ही कब, जो याद आवें।

आदमी नं. 4 : अच्छा पहेलियाँ मत बुझाओ, पिछली जिन्दगी की दास्तान सुनाओ।

आदमी नं. 5 : (**आदमी नं. 4 से**) अब तुम गीत मत सुनाओ।

आदमी नं. 4 : मैं कवि हूँ, इसीलिए तुम सब मुझसे जलते हो।

आदमी नं. 5 : (**आदमी नं. 4 से**) तुम और कवि? कवि तो होते थे हमारे अब्बा...।

आदमी नं. 4 : और तू है उनके चूँ-चूँ का मुरब्बा...।

आदमी नं. 5 : मैं तुम्हें मारूँगा...।

मूलचंद : तुम सब लड़ो मत, सुनाता हूँ मैं अपने पिछले जीवन की कथा...।

आदमी नं. 4 : क्या उसमें बहुत है व्यथा?

आदमी नं. 2 : व्यथा-वथा नहीं, क्या कहते हैं बम्बईया सिनेमा मा।

आदमी नं. 3 : हाँ...कहानी में ड्रामा है...सस्पेंस है...।

आदमी नं. 4 : तू सब नानसेंस है...।

मूलचंद : ...सेंस?...हाँ सेंस, मेरा सेंस उसी दिन मर गया, जब मैंने पहली बार सिगरेट पी थी।

आदमी नं. 1 : कितने बड़े थे तुम?

मूलचंद : ग्यारह साल का।

आदमी नं. 2 : पढ़ते थे?

मूलचंद : छठी कक्षा में था, (**सोचते हुए**) वह एक सरकारी स्कूल था।

आदमी नं. 3 : तुम्हारे पिताजी सरकारी दफ्तर में थे?

मूलचंद : नहीं...उनकी परचून की दुकान थी।

आदमी नं. 3 : अच्छा!

मूलचंद : (**ठंडी साँस लेते हुए**) अच्छा ही तो नहीं था, मेरा संबंध, मेरे पिता से...।

आदमी नं. 4 : क्या वजह थी उनके गुस्से की दहशत या फिर दुकान से थी नहीं फुर्सत?

मूलचंद : आठ भाई-बहनों में चौथे नंबर पर था मैं, उन्हें फुर्सत ही नहीं थी हम बच्चों पर ध्यान देने की।

आदमी नं. 4 : होता है, होता है...।

आदमी नं. 5 : **(नं. 4 से)** अबे क्या होता है?

आदमी नं. 4 : बड़ा परिवार,
दु:खी परिवार।
बस दो ही तीन बच्चे,

सभी : होते हैं घर में अच्छे।

आदमी नं. 4 : उन्हें अच्छा पढ़ा सकते हो।

सभी : बड़ा आदमी बना सकते हो।

आदमी नं. 5 : चोप्प! पागलो! मूलचंद अपने जीवन की दर्दनाक घटना सुना रहा है और तुम सब परिवार नियोजन का राग अलाप रहे हो? भैन के...हाँ मूलचंद भाई, बड़ा परिवार था तो क्या?

मूलचंद : बड़ा परिवार ही मेरी जिन्दगी को नशे के धुएँ में ले गया था। मैं जीवन में अच्छे कपड़े, जूते, अच्छा खाना सब चाहता था। जब नशे के लिए पैसे नहीं मिलते, तो मैं अपनी कॉपी-किताब तक बेच देता था। नतीजा, मैं इम्तिहान में फेल हो गया **(सोचते हुए)** स्कूल न जाने पर और क्या होता? मेरे पिताजी मुझ पर सख्ती करना चाहते थे, मगर मेरी गाय-सी सीधी माँ... **(सिसकता है)** मेरी माँ को मुझ पर बड़ा विश्वास, भरोसा था। उनकी निरक्षरता का फायदा उठाकर मैं उन्हें धोखे में रखता और उनसे कॉपी-किताब के नाम पर रुपये ऐंठ लेता था। वो ममता में इतनी खो गई थीं कि उन्हें पता ही नहीं लगा कि उनका मुल्लू कब 'चरसी' बन गया था। नशे की लत ने मेरी धमनियों में माँ के दूध का असर खत्म कर दिया था। शराब, नशीले पदार्थ के लिए मैं कई बार घर से भागा। लौटने पर माँ मुझे हर बार माफ कर देती, मगर मेरे पिताजी मेरी इन्हीं बातों से मुझसे नफरत करते थे।

आदमी नं. 1 : ऐसा मेरे अब्बाजी के साथ भी हुआ था।

आदमी नं. 2 : अबे, मजाक मत कर...।

आदमी नं. 3 : हाँ, यह मजाक नहीं, मूलचंद के जीवन की सच्ची कहानी है।

आदमी नं. 4 : मूलचंद भाई! फिर क्या हुआ? तुम छठी क्लास से आगे पढ़े कि नहीं?

मूलचंद : छठी से आठवीं क्लास तक आते-आते मुझे पाँच साल लग गए।

आदमी नं. 5 : वाह! पंच-मेल खिचड़ी पका रहे थे क्या?

मूलचंद : हूँ, छठी क्लास में मैं ग्यारह साल का था, आठवीं में आते-आते मैं सोलह साल का हो गया। स्कूल जाने की जगह मैं गलत दोस्तों के साथ चरस का नशा करने और गंदी जगह जाने में पारंगत हो गया।

आदमी नं. 1 : गंदी जगह यानी मस्ती की पाठशाला! यार, तुम्हें एड्स वेड्स तो नहीं हुआ न?

मूलचंद : बस, उसी से बचा हूँ वरना अपना जीवन बर्बाद करने में मैंने कोई कोर-कसर नहीं छोड़ी थी। इन्हीं कारणों से मेरी माँ मेरा खास ध्यान रखती थी...। **(ख्यालों में खो जाता है।)**

दृश्य दो

*[मूलचंद के घर का लिविंग रूम, रूम में सात बच्चे (**बेटे-बेटियाँ**) अपने-अपने काम में मशगूल हैं, कोई पढ़ रहा है, कोई सफाई कर रहा है, कोई अखबार पढ़ रहा है। मूलचंद की माँ की आवाज पिछले दृश्य से तेज होती जाती है और वह मूलचंद को आवाज देती हुई लिविंग रूम में आती है।]*

माँ : मुल्लू-मुल्लू! (**बच्चों से**) बच्चो, तुमने मुल्लू को देखा है?

छोटा बच्चा : मुल्लू भैया पड़ा होगा कहीं गटर में।

मंझला बच्चा : हो सकता है, पुड़िया लेने गया हो।

बड़ा बच्चा : माँ, तू मुल्लू को समझा दे।

माँ : क्या किया मुल्लू ने?

बड़ा बच्चा : (**अपनी बहन की ओर इशारे से**) तू ही बता दे माँ को।

बहन नं. 1 : माँ, नुक्कड़ वाले चाचा कह रहे थे कि... (**मूलचंद का प्रवेश**) लो, आ गया तुम्हारा लाड़ला।

मूलचंद : (**बहन नं. 1 से**) बोल-बोल! बात क्यूँ बदलती है? सब मेरे से जलते हैं। मैं नहीं रहूँगा इस घर में, यहाँ मुझे कोई प्यार नहीं करता...।

माँ : (**लपककर उसे छाती से लगा लेती है।**) चुप कर (**बहन नं. 1 को डाँटते हुए**) कलमुँही, चाहे कोई कुछ भी कहे, मुझे अपने मुल्लू पर भरोसा है। चल बेटा, हाथ-मुँह धोकर कुछ खा-पी ले।

पिता : (**प्रवेश करते हुए**) आ गए लाट साहब, (**जूता हाथ में लेते हुए**) कहाँ गायब हो गया था लफंगे?

मूलचंद : (**क्रोध में**) माँ, मैं नहीं रहूँगा इस घर में...।

माँ : **(पिता से)** क्यों नाहक डाँटते हो? पता नहीं कहाँ-कहाँ भटका होगा बेचारा? सुबह से कुछ खाया भी नहीं मेरे लाल ने।

पति : तुम्हारे जैसी माँ ही बिगाड़ती है बच्चों को।

माँ : आज बिगड़ा है तो कल सुधर जाएगा, बस।

पति : सुधर जाएगा, हुँ! इसे कह दो कि दुकान पर आकर बैठा करे। कुछ काम-धंधा सीख लेगा **(बाहर जाता है।)**

माँ : **(बेटी नं. 1 से)** तू खड़ी-खड़ी क्या देख रही है? जा मुल्लू के लिए कुछ खाने-पीने को ला।

मूलचंद : रहने दे, रहने दे।

बहन नं. 1 : क्या रहने दे? खाने को या पीने को? पी के तो तू बाहर से ही आया होगा...छिः ऐसा भाई...। ***(पैर पटक कर अन्दर जाती है।)***

माँ : बेटा! तू अब सोलह साल का हो गया है, अपनी जिम्मेदारियाँ समझा कर, तेरे छोटे चार भाई-बहन क्या सबक लेंगे तुझसे?

मूलचंद : मेरी प्यारी माँ! कान पकड़ता हूँ। अब तुम्हें शिकायत का कोई मौका नहीं दूँगा।

माँ : सच!

मूलचंद : सच्च, नुक्कड़ वाले चाचा की कसम।

माँ : **(प्यार से धौल जमाते हुए)** धत्!

मूलचंद : माँ!

माँ : हूँ

मूलचंद : माँ, स्कूल की कुछ जरूरी कॉपी-किताबें खरीदनी हैं, सौ रुपये देना।

माँ : तूने पिछले हफ्ते ही पाँच सौ रुपये लिए थे। उनका क्या किया?

मंझला बच्चा : दारू पी गया होगा।

बड़ा बच्चा : या पुड़िया।

मूलचंद : चोप्प, स्साले मजाक उड़ाते हो मेरा-बहन के...।

माँ : मुल्लू! शर्म नहीं आती, कहाँ से सीखी ये गंदी-गंदी

गालियाँ ***(क्रोध में हाथ उठाती है मारने के लिए मगर मारती नहीं।)***

छोटा बच्चा : गंदी बस्ती से...।

मूलचंद : दूँगा एक रहपट, बोलती बंद हो जाएगी। माँ! तू सौ रुपये देती है कि नहीं? ***(क्रोध से छोटे बच्चे का कान ऐंठता है।)***

माँ : **(रुपये देते हुए)** ले, मगर किताबें लेकर सीधे घर आना, **(बड़े बेटे से)** ऐसा कर, तू मुल्लू के साथ जा और किताबें खरीदवाकर इसे साथ घर लाना।

मूलचंद : क्या मैं कोई दूध पीता बच्चा हूँ, जो भैया साथ जाएगा?

छोटा बच्चा : दूध पीता नहीं, लेकिन दारू तो पीता है। **(यह कहकर बच्चा घर के अंदर भागने की कोशिश करता है। मूलचंद मारने के लिए हाथ उठाता है, साथ में भद्दी-भद्दी गालियाँ देता जाता है... धक्का-मुक्की जारी है।)**

माँ, बच्चे : चल, पीछे हट। पीछे हट।

दृश्य तीन

[शराब की दुकान वहाँ लोगों की लंबी लाइन लगी है, सामने बड़े-बड़े अक्षरों में लिखा है-25 वर्ष से कम आयु वालों को शराब नहीं बेची जाती। मूलचंद और उसके तीन-चार साथी शराब की दुकान के पास मंडराते हुए शराब की लाइन में धक्का-मुक्की होती है। पिछले दृश्य की ध्वनि के साथ ही।]

पार्श्व ध्वनि : ...चल, पीछे हट, हट पीछे।

दोस्त नं. 1 : यार मूलचंद, वो बोर्ड देखो, 25 साल से कम वालों को वो शराब नहीं बेचते।

दोस्त नं. 2 : हाँ मूलचंद, अब क्या करें?

मूलचंद : तुम सब देखो मेरा स्टाइल **(यह कहकर मूलचंद लाइन में खड़े आदमियों से रो-रोकर मिन्नतें करता है।)** अंकल प्लीज, एक बोतल दारू मुझे खरीदकर दे दो।

वह आदमी : चल हट, शराबी हूँ, कबाबी नहीं, भला-बुरा समझता हूँ। तू बहुत छोटा है, बड़ा होकर शराब पीना। ***(शराब न ला पाने की वजह से, मुल्लू का उसके साथी उपहास उड़ाते हैं।)***

मूलचंद : अंकल, दारू, अपने लिए नहीं, मैं अपने पापा के लिए लेने आया हूँ। **(रोता है।)**

वह आदमी : अच्छा रो मत, ला रुपये निकाल, देता हूँ तुझे बोतल खरीद के।

[मूलचंद और उसके साथी बोतल लेकर एक रोड के किनारे बने चबूतरे पर बैठकर शराब पीते हैं, तभी एक ट्रक ड्राइवर भी वहाँ आता है, प्लास्टिक के गिलास में दारू डालकर सब पीते हैं।]

सब : **(हाथ उठाकर)** चियर्स!

दोस्त नं. 1 : मूलचंद, ये बता, तेरे को किसमें ज्यादा मजा आता है?

मूलचंद : मतलब?

दोस्त नं. 1 : मतलब ये कि ठर्रे में, सिगरेट में, चरस में, हेरोइन में या पुड़िया में?

मूलचंद : यार, यूँ तो सारे नशे मजेदार हैं, नाते में रिश्तेदार हैं, लेकिन हेरोइन में मजा कुछ ज्यादा है।

ट्रक ड्राइवर : अबे लौंडे, मुझे ट्रक ड्राइवरी करते दस साल हो गए, मेरे साथ चल तुझे हेरोइन के साथ-साथ धन्नो बाई के कोठे की हीरोइन चखवाऊँगा तो सब भूल जाएगा।

मूलचंद : **(आश्चर्य से)** अच्छा! कितना माल लगेगा?

ट्रक ड्राइवर : यही कोई हजार रुपये का कर ले इंतजाम।

मूलचंद : ले जाएगा न धन्नो बाई के कोठे पे?

ट्रक ड्राइवर : सच गड्डी दी कसम, पहले रुपयों का इंतजाम कर, फिर ले जाऊँगा। अच्छा मैं चलता हूँ, वहाँ धन्नो बाई मेरा इंतजार कर रही होगी। **(लड़खड़ाते हुए जाता है, पार्श्व से पुरानी हिन्दी फ़िल्म के गीत के बोल दूर से आते सुनाई देते हैं।)**

'नजर लागी राजा
तोरे बंगले पे,
जो मैं होती राजा
तेरी दुलहनियाँ!
नजर लागी राजा
तोरे बंगले पे...।

मूलचंद : **(दोस्तों से)** 'यार हजार रुपये का इंतजाम कैसे होगा?

दोस्त नं. 2 : अच्छा तो स्साला ट्रक ड्राइवर लगा गया तुझे धन्नो बाई का रोग? रात भी, नींद भी, कहानी भी।

दोस्त नं. 3 : हाय, क्या चीज है कमबख्त ये जवानी भी!

दोस्त नं. 1 : अबे ओए...ये तो किसी शोहर का सेर है।

दोस्त नं. 2 : अबे स्साले! शोहर नहीं शायर-शायर।

दोस्त नं. 3 : सेर नहीं शेर, शेर ये किसी फ्रॉक का शेर है।

दोस्त नं. 2 : फ्रॉक नहीं बे, फिराक गोरखपुरी।

दोस्त नं. 1 : गोरखपुरी हो या जौनपुरी या छप्पन छुरी, फिराक तो करनी पड़ती है।

मूलचंद : अबे स्सालो, तुम सब किस फिराक के फिराक में पड़ गए, फिराक करना है तो कर, खुराक की फिराक! वो देख सेठ आ रहा है, काटते हैं उसकी जेब।

[आने वाले आदमी की जेब काटते हैं। वह शोर मचाता है। पुलिस आती है और मूलचंद सहित उसके साथियों को पकड़ लेती है, तभी मूलचंद की माँ आती है और रुपये देकर अपने बेटे को छुड़वाती है।]

पुलिस : स्साले हरामी के पिल्ले! जेब काटते हो, चल थाने।

माँ : **(प्रवेश करते हुए)** सिपाही जी, छोड़ दे मेरे बेटे को, वह बेकसूर है।

पुलिस : ये सारे पिल्ले तेरे हैं?

माँ : **(मूलचंद की ओर इशारा करते हुए)** नहीं-नहीं, केवल वो वाला पिल्ला है मेरा बेटा मुल्लू।

पुलिस : देख, तेरे लौंडे ने अपने गिरोह के साथ मिलकर इन भाई साहब का बटुआ उड़ाया है, थाने तो इसे जाना ही होगा।

बटुए वाला : **(सज्जन व्यक्ति ने कहा)** देखिए सिपाही जी, चूँकि मेरा बटुआ मिल गया है, इसलिए इनके खिलाफ हमें कोई शिकायत नहीं है।

पुलिस : **(क्रोध से)** ओए मिस्टर! ज्यादा शरीफ बनने की कोशिश मत करो, जब ये स्साले बटुआ लेकर भाग रहे थे तो पुलिस-पुलिस चिल्ला रहे थे। पुलिस तेरे बाप की नौकर लगी है! इन नशाखोरों की वजह से सारा समाज बर्बाद हो रहा है और तेरे को कोई शिकायत नहीं?

माँ : सिपाही जी! बच्चे हैं, इन्हें छोड़ दें।

बटुए वाला : हाँ, इन्हें छोड़ दें, किसी भले घर के बच्चे लग रहे हैं।

पुलिस : ये स्साले चरसी, समाज के दुश्मन हैं, दुश्मन। इन्हें छोड़ कर मैं अपने फर्ज के साथ गद्दारी नहीं कर सकता, जेल में चक्की तो इन्हें पीसनी ही पड़ेगी।

चलो थाने। **(बच्चों को घसीटकर ले जाने का प्रयास)**

मूलचंद : माँ, मुझे बचा ले। अब नहीं करूँगा दुबारा ये हरकत।

बच्चे : बचा लो चाची, हमें भी बचा लो।

माँ : प्लीज, सिपाही जी।

पुलिस : चुप!

बटुए वाला : प्लीज मान जाएं।

पुलिस : तू भी चुप!

बटुए वाला : मुझे देर हो रही है, मैं तो चला। **(जाता है।)**

पुलिस : और तुम सब चलो थाने।

[माँ अपनी साड़ी के किनारे पर बँधी गांठ को खोलकर रुपये निकालकर पुलिस वाले को देने की कोशिश करती है।]

पुलिस : **(कड़ककर)** मुझे रिश्वत देती है, मेरे ईमान को खरीदेगी?

माँ : सिपाही जी, ऐसी बात नहीं...।

पुलिस : तो कैसी बात है, मेरे ईमान को खरीदेगी? बोल।

माँ : म..माफ करना सिप..सिपाही जी।

पुलिस : माफ नहीं, बात साफ करना है। **(कुटिलता से मुस्कराकर)** बोल कितना देगी, मेरे ईमान की कीमत? **(रुपये लेते हुए)** बस्स, पाँच सौ रुपये? पाँच सौ में तो बस तेरे लौंडे को ही छोड़ूँगा।

बच्चे : चाची, हमें भी छुड़ा लो।

माँ : प्लीज दारोगा जी, इन्हें भी छोड़ दीजिए।

सिपाही : **(खुश होकर)** क्या दारोगा बोला? जा, इन्हें भी छोड़ा, कानून के हाथ बड़े लंबे होते हैं। ***(जाता है।)***

साथी नं. 1 : **(साथी नं. 2 से)** यार अपने हाथ कानून के बने होते तो हम दूर से ही बैठे-बैठे लोगों की जेब साफ कर लेते।

माँ : **(मुल्लू से)** मुल्लू! घर चल।

मुल्लू : माँ, तू चल मैं आता हूँ।

माँ : नहीं, मेरे साथ चल...।

मुल्लू : तू घर जा, मैं नुक्कड़ वाले चाचा से किताबें लेने जा रहा हूँ।

माँ : ठीक है, जल्दी आना।

मुल्लू : माँ! 100 रुपये तो देना...किताबों के लिए।

माँ : **(रुपये देते हुए)** ये ले, मगर फिर कोई गड़बड़ मत करना। **(वह जाती है और *बच्चे व मुल्लू कान पकड़ते हुए।)***

बच्चे, मुल्लू : नुक्कड़ वाले चाचा की कसम।

(यह कहकर सभी फ्रिज हो जाते हैं।)

सूत्रधार : मूलचंद उर्फ मुल्लू की माँ एक बार फिर मुल्लू को उसके चरसी दोस्तों के बीच छोड़ गई। यह जानते हुए कि उसका बेटा फिर नशे की आग़ोश में चला जाएगा। ममता के सामने जिन्दगी की सच्चाई धूमिल पड़ गई। वह नशे के लिए बहाने बनाकर पैसे लेने लगा। बचपन में अक्सर कुछेक दोस्त होते हैं, जो नशे की ओर धकेलते हैं। मूलचंद के साथ भी कुछ ऐसा ही हुआ, एक दिन जब वह स्कूल जा रहा था...।

दोस्त नं. 1 : मुल्लू, सिगरेट पिएगा?

मुल्लू : नहीं, मेरी माँ डाँटेगी।

दोस्त नं. 2 : **(हँसते हुए)** माँ को पता चलेगा तब तो डाँटेगी?

मुल्लू : फिर भी, मुझे डर लगता है।'

दोस्त नं. 1 : अब सिगरेट पी के तो देख, माँ क्या अपने बाप से भी डरना छोड़ देगा।

मुल्लू : नहीं-नहीं, मैं सिगरेट नहीं पिऊँगा।

दोस्त नं. 2 : ठीक है, आज से तू हमारा दोस्त नहीं, कुट्टी, जो डर गया, वो मर गया।

मुल्लू : **(थोड़ा हिम्मत करते हुए)** मैं...मैं किसी से नहीं डरता, ला दे सिगरेट...।

(सिगरेट पीता है-खाँसता है। दर्शकों की ओर देखकर...।)

अरे, बाप रे! नुक्कड़ वाले चाचा, भागो...।

[तीनों भागते हैं, मुल्लू भागकर घर पहुँचता है।]

सूत्रधार : पहले सिगरेट का कश तो दोस्तों ने सिखाया, मगर झूठ बोलना, मुल्लू खुद सीख गया। देखें, क्या कहता है।

[मुल्लू के घर का दृश्य।]

मुल्लू : पापा!

पिता : बोलो।

मुल्लू : पापा, रास्ते में नुक्कड़ वाले चाचा मिले थे।

पिता : तो फिर...?

मुल्लू : फिर तो, तो हुआ ये कि मेरे कुछेक दोस्तों ने मजाक-मजाक में सिगरेट मेरे मुँह से लगा दी थी, चाचा ने देख लिया। भला वो क्या सोचेंगे?

पिता : **(लापरवाही से)** सोचेंगे क्या? मैं उन्हें समझा दूँगा।

मुल्लू : पापा, एक और बात।

पिता : बोल।

मुल्लू : स्कूल से लोग पिकनिक पर जाएंगे। 200 रुपये देने हैं।

पिता : बस्स, ये ले रुपये और जा दोस्तों के साथ पिकनिक पर, ऐश कर **(फ्रीज)।**

सूत्रधार : ऐश कर! मुल्लू के पापा ने रुपये देकर अपना धर्म तो निभा दिया, लेकिन एक बार भी नहीं पूछा कि पिकनिक पर कहाँ जाएगा उनका बेटा, क्या मुल्लू पिकनिक पर गया?

दोस्त नं. 1 : **(दोस्त नं. 2 से)** यार! आज नशे के लिए कुछ जुगाड़ करना पड़ेगा, हमारी जेब खाली है।

दोस्त नं. 2 : वो देख मुल्लू आ रहा है, उससे पूछते हैं।

मुल्लू : अबे, पूछना क्या? ये देख माल। ***(रुपये लहराता है।)***

दोस्त नं. 1 : वाह आज तो गाँजा पीएंगे। अबे ओ सलीम, ला तो गाँजा। **(सलीम एक नौ-दस साल का छोकरा गाँजा की चिलम देकर पैसे ले जाता है। *तीनों गाँजे की चिलम पीते हैं।*)**

मुल्लू : यार, गाँजे में तो बड़ा मजा है।

दोस्त नं. 2 : अबे, तभी तो कहते हैं-
राजा पीये गाँजा,
बीड़ी पीये चोर।

खैनी खाये भूतिया।
थूके चारों ओर,
थू-थू-थू-थू-थू...।

सूत्रधार : थू थू...और इस तरह मुल्लू एक के बाद एक नशे की सीढ़ियाँ चढ़ता चला गया।

दोस्त नं. 1 : अबे ओ सलीम, आज ला तो स्मैक।

मुल्लू : आज मैंने अपनी कॉपी-किताबें बेच दीं।

दोस्त नं. 2 : अबे ओ सलीम! ला तो इंजेक्शन।

(सब बारी-बारी अपने हाथों में इंजेक्शन लगाते हैं और नशे में धुत हो जाते हैं।)

सूत्रधार : नशा और अपराध दोनों का चोली-दामन का साथ होता है। जो नशे के लिए अपराध करते हैं, तब खेल शुरू होता है लूट-खसोट का। ***(सिपाही का प्रवेश। वह उनकी पॉकेट से रुपये निकालकर बड़बड़ाता जाता है।)***

पुलिस : कानून के हाथ बड़े लम्बे होते हैं...।

दृश्य चार

[मूलचंद का घर, घर में सभी सदस्य]

मूलचंद : **(माँ से)** माँ दे दे सौ रुपये।

पिता : मत देना इसे, कल इसने गल्ले से रुपये चुराए थे। जब नशा उतरे, तभी भेजना दुकान पर। **[खाँसता है।]**

माँ : **(अपने पति को सहारा देते हुए)** आपकी खाँसी तो बढ़ती ही जा रही है, इलाज क्यों नहीं करवाते?

मूलचंद : कुछ लेते क्यों नहीं?

पिता : अपने इस कपूत से बोल, नशा छोड़ दे, मेरी तबीयत खुद-ब-खुद ठीक हो जाएगी। **(खाँसते हुए)** मैं जा रहा हूँ दुकान पर। *[जाता है।]*

बड़ा बच्चा : मुल्लू शर्म कर, तू छोड़ क्यों नहीं देता ड्रग्स लेना...।

मूलचंद : अबे ओ स्साले! भाषण मत पेल।

मंझला बच्चा : गंदे लोगों के साथ रह-रहकर गन्दी-गन्दी गालियाँ सीख गया है।

मूलचंद : अबे चोप्प... **(फिर अपनी माँ से)** देती है कि नहीं रुपये।)

माँ : **(डाँटते हुए)** मुल्लू...।

बहन नं. 1 : मत देना इसे माँ एक पाई भी, वरना फिर पुड़िया खाने भाग जाएगा।

मूलचंद : चुप कर कुतिया, मेरी खुराक के बारे में कुछ भी बोली तो, चुटिया पकड़कर मारूँगा।

बहन नं. 2 : माँ, अब इसे नशा मुक्ति केन्द्र ले जाना ही पड़ेगा।

मूलचंद : **(क्रोध से)** तुम सब मेरे दुश्मन हो।

गीत : दुःख न कलेजा मेरा फट्टया
दस मैं की स्मैक विचो खय्या।

पी के यारो लस्सी नित,
रहदा सी आजाद मैं,
पी के यारो स्मैक विच;
हुआ बर्बाद मैं।
कैद कई बार लेई,
जिन्दा इरंग विच पेई।

ओने रो क्या-क्या कदी वी मैनरु क्या।

सूत्रधार : और इस तरह मूलचंद नशे और क्राइम की दुनिया में कूद पड़ा। चोरी-चकारी और पॉकेटमारी उसकी नियति हो गई। स्मैक रखने के जुर्म में उसे तीन साल की सजा हो गई। जेल में एक भ्रष्ट वार्डन उसे स्मैक मुहैया करवाता था। एक दिन वह भ्रष्ट वार्डन स्मैक देते पकड़ा गया।

वार्डन : **(हाथ में हथकड़ी पहने हुए)** हाँ भई, कानून के हाथ बड़े लम्बे होते हैं।

सूत्रधार : एक लंबे अंतराल के बाद मुल्लू जेल से छूटा और तब तक वह जवान हो चुका था। घर वालों ने यह सोचकर उसकी शादी कर दी कि शायद वह परिवार की जिम्मेदारी समझकर सुधर जाएगा, क्या मूलचंद सुधर गया??? चलते हैं उसी के घर...।

दृश्य पाँच

[मूलचंद का घर एवं घर के सभी सदस्य।]

पिता : अरी भागवान, मैं दुकान जा रहा हूँ...। **(खाँसते हुए।)**

माँ : आप वैद्य जी से दवा...।

पिता : ले लूँगा...बस्स...।

माँ : **(मूलचंद से)** देख रहा है अपने बाप की हालत, ऐसे में अगर उन्हें ये पता चले कि तू अपनी बीवी के सारे जेवर बेचकर पुड़िया खरीदकर पी गया तो वे जीते-जी मर जाएंगे।

बहू : रहने दे माँ, इन्होंने कसम खाई है कि अब ये नशा लेना छोड़ देंगे।

माँ : पता नहीं कब छोड़ेगा? एक दिन हम सब दुनिया ही छोड़ देंगे। **(कहते हुए अन्दर जाती है।)**

मूलचंद : **(अपनी बीवी से)** मेरी प्यारी बीवी, सौ रुपये का इंतजाम कर दे।

बीवी/बहू : आपने मेरे सारे कपड़े और जेवरात बेच-बेचकर नशा कर लिया। कहाँ से लाऊँ अब और पैसे?

मूलचंद : प्लीज, ला दे सौ रुपये! मेरे पेट में ऐंठन हो रही है, मैं मर जाऊँगा।

बीवी : भगवान के लिए नशा छोड़ दें।

मूलचंद : **(क्रोध से)** मैंने...कहा, मैं मरा जा रहा हूँ ऊपर से भाषण पेल रही हो, जा ला अपने मायके से।

बीवी : नहीं, मैं ऐसा नहीं करूँगी।

[मूलचंद क्रोध में अपनी बीवी पर वार करता है। घर के सारे सदस्य इकट्ठे होकर उसे पकड़कर कमरे में बंद कर देते हैं।]

सूत्रधार : और इस तरह मूलचंद को नशे ने अपने खूनी जबड़े में कैद कर लिया। उसे बंद कमरे में खिड़की के रास्ते खाने-पीने की चीजें दी जाती थीं। वह बंद कमरे से चीखता-चिल्लाता, पुड़िया माँगता। रिश्तेदार, नातेदारों को बता दिया गया कि मूलचंद को भयानक संक्रामक बीमारी हो गई है, इसलिए उसे अलग कमरे में बंद कर दिया गया है।

पिता : **(जोर से खाँसता है)** अरे भागवान! लगता है, मेरा समय निकट आ गया है।

माँ : ऐसा मत कहो।

पिता : मेरे मरने के बाद...मूलचंद से ही मुखाग्नि दिलवाना, तभी मेरी आत्मा को शान्ति मिलेगी।

[सभी बच्चे आस-पास दुःखी खड़े हैं, मूलचंद की बीवी उसे बंद कमरे से बाहर निकालकर लाती है। मूलचंद के गालों को छूकर एक जोरदार खाँसी के साथ मूलचंद के पिता के प्राण पखेरू उड़ जाते हैं। घर में कोहराम मच जाता है, रोना-पीटना शुरू हो जाता है। मूलचंद भावहीन होकर घर से बाहर निकल जाता है।]

मूलचंद : **(पेट दबाकर जोर से कराहता है)** हाय...मेरा बाप मर गया रे...हाय! **(आते-जाते लोगों से)** कफन के लिए कुछ पैसे दे दो। भगवान तेरा भला करेगा। दे दो रे, दे दो।

[लोग उसके सामने पैसे फेंकते हैं। वह उन पैसों को इकट्ठा करके पुड़िया खरीदने निकल जाता है, नशे में झूमता हुआ जब अपने घर आता है...]

बीवी : कहाँ चले गए थे तुम?

मूलचंद : **(नशे में)** पापा...?

बड़ा बच्चा : उनका हमने अंतिम संस्कार कर दिया।

मंझला बच्चा : मुल्लू, नशे ने तुम्हारा ज़मीर छीन लिया है तुमसे।

छोटा बच्चा : इस नशे के लिए तुम पापा की लाश छोड़कर पुड़िया लेने चले गए, छिः...।

बहन नं. 1 : हे भगवान! मेरे पापा के बदले इसे क्यों नहीं उठा ले गए...।

बहन नं. 2 : हम बर्दाश्त कर लेते कलेजे पर पत्थर रखकर।

मूलचंद : **(माँ से)** माँ...देखो, सब मुझे मारना चाहते हैं, माँ तुम कुछ बोलती क्यों नहीं? **(रोता है।)** माँ...बोलो...माँ...मैं क्या करूँ...पुड़िया के बगैर मैं कैसे जिऊँगा? माँ...तुम चुप क्यों हो?

बीवी/बहू माँ, नुक्कड़ वाले चाचा आए हैं। **(नुक्कड़ वाले चाचा का प्रवेश)**

चाचा भाभीजान, आपसे कोई मिलने आया है। **(माँ दरवाजे से बाहर देखती हैं।)**

चाचा **(अजनबी से)** अंदर आ जाइए जनाब!

अजनबी **(अंदर प्रवेश करते हुए)** नमस्ते। आप लोगों का दुख-दर्द हम समझ सकते हैं। **(चाचा की ओर इशारा करते हुए)** इन्होंने मुझे सब कुछ बता दिया है। ऊपर वाले के सामने किसी का कोई चारा नहीं चलता। ईश्वर उनकी आत्मा का शांति दे। **(मूलचंद की ओर इशारा करते हुए)** खैर! यही है मूलचंद?

माँ **(मद्धिम स्वर में)** हूं!

अजनबी तो चलें।

माँ चलिए।

[मां मूलचंद को लेकर उस अजनबी एवं घर के दूसरे सदस्यों के साथ चल पड़ती है। बैकग्राउंड से हल्के संगीत की आवाज जारी है चलते-चलते वे पहुंच जाते है नशा मुक्ति केंद्र।]

मूलचंद : **(नशा मुक्ति केन्द्र देखकर)** माँ! मैं यहाँ रहूंगा?

माँ : **(दर्द-भरे स्वर में मूलचंद से)** हां, अब तू यहीं रहेगा.... तू सुधर तो सकता नहीं....। **(वह जाने को होती है, एकाएक वह रुकती है, पीछे मुड़कर देखती है और एक लंबी सांस लेकर दर्द भरी आवाज में)** मुल्लू! अब यहां से जिंदा मत निकलना। [वह तेजी से चली जाती है। उसके पीछे परिवार के

सभी सदस्य एवं चाचाजी भी चले जाते हैं। मंच पर धुआं-धुआं सा हो जाता है। पीछे से करुण ध्वनि चलती रहती है और धुआं छंटने के साथ ही....।]

सूत्रधार — इससे पहले माँ ने मूलचंद की मौत की इच्छा कभी नहीं की थी। नशा मुक्ति केंद्र का कॉउन्सलर मूलचंद को नशा मुक्ति केंद्र में ले तो आया मगर क्या वह उसे ठीक कर पाया! मैं पूछता हूं, यह गलती किसकी है।

आदमी नं.1 : उसकी मां का अंधा असीम स्नेह!

आदमी नं. 2: पुत्र-प्रेम में अंधी मां अपने पति का साथ मूलचंद को अनुशासित करने में नहीं दे सकी।

आदमी नं. 3: उसके स्कूल के टीचर, जिन्होंने समय रहते मूलचंद के घरवालों को सचेत नहीं किया।

आदमी नं. 4: पुलिस, जो न ईमानदार थी और न ही सुधारवादी, उल्टे नौजवानों की की बरबादी!

आदमी नं. 5: उसकी बीवी, जो शुरू में ही मूलचंद के नशे का पुरजोर विरोध न कर सकी। **(पहले दृश्य पर सभी आ जाते हैं। इसके साथ ही प्रकाश मद्धिम हो जाता है।)**

मूलचंद : **(लंबी सांस लेकर)** एक ऐसी पीड़ा जिसे समझने में मेरे जीवन के सोलह साल लग गए, इस नशे की वजह से हमने खोई इज्जत, दौलत, अपनों का प्यार और यहां तक कि अपना बाप भी। **(सिसकता है और फिर दृढ़ता से)** इस नशा मुक्ति केंद्र में इलाज कराकर मैं पूरी तरह ठीक हो गया हूं। अब मैं भी यहां कॉउन्सिलिंग का काम कर रहा हूं.... मैं एक सबक हूं नशाखोरों के लिए...। **(दर्शकों की ओर देखते हुए, दोनों हाथ ऊपर उठाकर)** जिंदगी जीओ भरपूर.... नशे से रहो दूर-दूर।

सूत्रधार : ...दूर, बहुत दूर। लोग शुरू-शुरू में नशा करते हैं उत्सुकतावश, फिर स्टाइल मारने के लिए और फिर मजे के लिए और यही मजा बन जाती है एक सजा। वो

सजा फिर आदत में तब्दील हो जाती है और वो आदत न केवल हमारी जिंदगी बर्बाद करती है, बल्कि पूरे परिवार को भी तबाह कर देती है। नशा सिर्फ हमें बेइज्जती और असामयिक मौत ही दे सकती है। क्या हम एक अच्छी जिंदगी जीना चाहते हैं... नशामुक्त जीना चाहते हैं... नशामुक्त! अगर हां, तो निकल जाएं नशे के इस दल-दल से! आइए, हम सब मिलकर उसकी मदद करें, नशे की दल-दल से बाहर निकलने में... आमीन!

भारतीय रेल
(विशेष प्रायोगिक नाटक)

कहानी की अवधारणा

इस एकांकी में भारतीय रेल की शुरुआत से लेकर उसके विकास एवं वर्तमान स्थिति का नाटकीय लेखा-जोखा प्रस्तुत किया है।

इसमें रेलवे के सामने चुनौटियां (चुनौतियाँ) और Suffer आई मीन सफर (यात्रा) करने वाले यात्रियों की परेशानियों को चुटीले अन्दाज में दर्शाया गया है।

जैसे-जैसे कहानी आगे बढ़ेगी, आप स्वयं ही उसमें खोते चले जाएंगे, टिल फाइनल डेस्टीनेशन।

मंचन-अवधि : 60 से 90 मिनट।

पात्र-परिचय

1. मैं (मोनो एक्टर एवं सूत्रधार)
2. टाउट
3. कुली
4. टी.टी.
5. मुसाफिर (पाँच-छह)
6. डॉक्टर
7. ग्रामीण (दो)
8. बच्चा
9. गेटमैन
10. गेटमैन की बीवी
11. दारोगा
12. साधु यात्री
13. दुबला-पतला यात्री
14. पहलवान यात्री
15. महिला यात्री
16. चाय विक्रेता
17. कुछ अन्य यात्री

प्रथम दृश्य

मैं :

काल : अंग्रेजी हुकूमत।

स्थान : मुंबई।

दिन : शनिवार, 16 अप्रैल, 1853

अशुभ दिन-किसी नए काम की शुरुआत के लिए।

समय : दोपहर।

अवसर : मुंबई से थाने (34 कि.मी. लम्बी), भारत की पहली रेल की यात्रा का शुभारंभ।

14 यात्री डब्बे,

400 यात्री,

21 तोपें तैनात,

ठीक 15:35 मिनट पर।

भारतीय रेल ने बिगुल बजाया कू ऽऽऽ।

एक नहीं, दो नहीं पूरे तीन स्टीम इंजन थे जिनके नाम थे-

सिंध-कूऽऽऽ।

सुल्तान-कू कू कूऽऽऽ।

और साहिब-कू कू कूऽऽऽऽऽ।

21 तोपों की सलामी के साथ ही चल पड़ी भारत की पहली रेलगाड़ी, गुलाम आसमान पर काले धुएँ से आने वाले नए युग का इतिहास लिखते हुए-

छू .... छुक

छुक .... छुक

छुक .... छुक।

मुंबई से थाने की 34 कि.मी. की दूरी हिन्दुस्तान की पहली रेलगाड़ी ने कुल 75 मिनट में पूरी की।

यानी कि 1 घंटा 15 मिनट में।

आपको ताज्जुब होगा कि इस जलसे में मुंबई के गवर्नर मौजूद नहीं थे। वे Sumer hill पर छुट्टी बिताने गए थे, उनका न होना इतिहास के पन्नों में दर्ज है।

जैसे कुछ लोग आज यहाँ नहीं हैं।

बहरहाल अगले ही दिन 17 अप्रैल को सर जमशेद जी, जी जी भाया ने पूरा कोच बुक कराकर, सपरिवार यात्रा की।

लॉर्ड डलहौजी ने भारत में रेल की शुरुआत अंग्रेजी सेना को शक्तिशाली बनाने तथा द्रुत गति से एक स्थान से दूसरे स्थान पर ले जाने के उद्देश्य से की थी। मगर आजादी के सिपाहियों के साथ शह-मात के खेल में अंग्रेजों ने एक बड़ी भूल की थी। उन्हें क्या पता था कि भारतीय रेल ही उनकी नियति को बदल देगी।

अगले तीस सालों तक अंग्रेजी हुकूमत रेल का मकड़जाल हिन्दुस्तान में फैलाती रही।

7 जून, 1883 को दक्षिण अफ्रीका के मारिजबर्ग रेलवे स्टेशन पर वहाँ की गोरी नस्लवादी सरकार जीरो साइज के हिन्दुस्तानी पहलवान, कुली बैरिस्टर, महात्मा गांधी से पंगा ले बैठी। गांधी जी को फर्स्ट क्लास के डिब्बे से बाहर फेंक दिया। बस, यहीं से आजादी की लड़ाई की आन्दोलन यात्रा का बिगुल रेल में भी बज गया।

कूऽऽऽ।

कूऽऽऽ।

1919 में जलियाँवाला बाग नरसंहार के खिलाफ जब गांधी जी 9 अप्रैल को पंजाब जा रहे थे तो उन्हें पलवल रेलवे स्टेशन पर ही कैद कर लिया गया। यहीं से शुरू हुआ रेलों पर पथराव, अंग्रेजी हुकूमत के अत्याचार के खिलाफ।

यह सुनकर भगत सिंह, जो उन दिनों केवल 11 वर्ष के होंगे, स्कूल छोड़कर सीधे लाहौर से ट्रेन पकड़ी और अमृतसर पहुँचकर जलियाँवाला बाग की मिट्टी को मुट्ठी में लेकर अंग्रेजी हुकूमत को खत्म करने की कसम खाई और नारा दिया-

इंकलाब.....।

जिन्दाबाद!

मैं याद दिलाना चाहूँगा कि रूसी क्रान्ति की परिकल्पना भी लेनिन ने बर्लिन से सेंट पीटर्सबर्ग जाते समय रेल यात्रा में ही की थी।

सन् 1919 में पंडित जवाहर लाल नेहरू एक रात रेल में यात्रा कर रहे थे, जहाँ जलियाँवाला बाग का विलेन जनरल डायर सहयात्री के रूप में मिला। वह बड़े दम्भ से जलियाँवाला बाग में हिन्दुस्तानियों को घेरकर मारने का बखान कर रहा था। नेहरू जी इसी के बाद से ही आजादी मिलने तक अंग्रेजों से संघर्ष करते रहे।

आजादी के क्रान्तिकारियों ने अपने आन्दोलन को व्यापक बनाने के लिए 1925 में राम प्रसाद बिस्मिल, रोशन लाल और अश्फ़ाकुल्लाह ने सहारनपुर से लखनऊ के बीच चल रही ट्रेन को काकोरी के निकट रोककर उसमें रखा सरकारी खजाना लूटा।

23 दिसम्बर, 1929 को लॉर्ड हॉर्डिंग की ट्रेन पर क्रान्तिकारियों ने बम फेंका। ये दीगर बात है कि वह इस हमले में बच गया।

24 साल का स्वतन्त्रता सेनानी जतिन दास, लाहौर के केन्द्रीय कारागार में आमरण अनशन करते हुए 15 सितम्बर, 1929 को शहीद हो गए। उनके पार्थिव शरीर को रेल के स्पेशल कोच से कलकत्ता लाया गया। जहाँ छह लाख की भीड़ उनके दर्शन को खड़ी थी।

18 दिसम्बर, 1928 में भगत सिंह लाहौर से कलकत्ता भेष बदलकर ट्रेन से भागे थे।

अंग्रेजी हुकूमत ने हिन्दुओं और मुसलमानों में दूरी बढ़ाने के लिए एक चाल चली-जिन्ना द्वारा पाकिस्तान की अलग माँग से पहले ही, स्टेशन पर रेल यात्रियों को पानी पिलाने वाला, हिन्दू पानी, मुस्लिम पानी के नाम से लोगों को पानी पिलाता था। मगर लोहे की बनी रेलगाड़ी में शुरू से ही इन्सानियत का दिल धड़कता है। अंग्रेजों की यह चाल भी बहुत सफल नहीं हुई, क्योंकि पानी पिलाने वाला एक ही था। वह बस पगड़ी या टोपी और बाल्टी बदलकर उसी पानी को हिन्दू पानी, मुस्लिम पानी कहता था।

हिन्दुस्तान केवल अंग्रेजों की ही गुलामी नहीं झेल रहा था बल्कि अपनों की भी गुलामी भुगत रहा था। ब्राह्मण समाज ने भी माँग की कि जिस कोच में भंगी, चमार, छोटी जाति के लोग जाएँगे, उनमें वे नहीं जाएँगे। वे अलग 'ब्राह्मण कोच' की माँग कर बैठे मगर मद्रास रेलवे ने यह कहते हुए स्पष्ट मना कर दिया कि रेल कोई भेद-भाव नहीं करेगी। यात्रा का बस एक ही मानदण्ड होगा।

'टिकट खरीदो-यात्रा करो।'

भेद-भाव को बढ़ावा देने वाले वर्ग को रेल में 'स्पेशल ब्राह्मण कोच' का आरक्षण तो नहीं मिला, मगर आजादी मिलते ही दलित एवं पिछड़ी जातियों को संविधान में आरक्षण जरूर मिल गया।

इसी के साथ रेल ने थर्ड क्लास खत्म करके एक और वर्ग विभाजन खत्म कर दिया। रेल के इंजन ने जहाँ 1853 में बिगुल बजाया था स्वतन्त्रता आन्दोलन का, वहीं अब यह ह्विसिल दे रहा है समानता का, प्रगति और विकास का यानी ना काहु से दोस्ती, ना काहु से बैर।

खैर...रेल में कई गेज हैं-ब्राड गेज, मीटर गेज और नैरो गेज, मगर रेल धीरे-धीरे यूनि गेज अर्थात् एक ही गेज की ओर बढ़ रही है। असमानता दूर कर रही है। कितना अद्‌भुत मार्ग अपनाया है रेल ने, टुकड़ों में बंटे समाज को जोड़ने के लिए।

आज भारतीय रेल के पास 64,000 कि.मी. रूट की रेलवे लाइन है। कुल ट्रैक किलोमीटर 85,389 है।

45,000 यात्री डिब्बे एवं दो लाख से ज्यादा (2,07,719) Wagon का बेड़ा है।

रेलवे में 14.06 लाख कर्मचारी हैं, जो इतने बड़े महकमे को चलाते हैं। जहाँ रु. 24,000/- करोड़ प्रतिवर्ष वेतन पर खर्च होते हैं।

10,213 यात्री गाड़ियाँ प्रतिदिन चल रही हैं।

इन गाड़ियों में 20 मिलियन यात्री, जो कि ऑस्ट्रेलिया देश की आबादी से भी ज्यादा है, प्रतिदिन रेल यात्रा करते हैं या यूँ कहें, भारतीय रेल हर दिन अपने डिब्बों में एक ऑस्ट्रेलिया लेकर घूमती है।

रेल प्रतिदिन 41.84 मिलियन टन खाद्य सामग्री ढोती है, इतनी खाद्य सामग्री पाकिस्तान जैसी आबादी वाले देश को पूरे साल खिलाएगी या यूँ कहें भारतीय रेल द्वारा ढोये जाने वाले एक दिन के खाद्यान्न को खिलाने के लिए हमें पाकिस्तान जैसा देश चाहिए। क्यों खुश हुए न?

बात पर बच्चे बहुत खुश होते हैं। बच्चों का पहला खेल रेलगाड़ी होती है, तभी तो स्कूलों में छात्रों से उनकी पहली रेल यात्रा पर लेख लिखने को कहा जाता है। पिता से पहली रेल यात्रा पर मिले होमवर्क में जैसे ही कुछ बताने को कहते हैं तो वे खो जाते हैं ख्यालों की दुनिया में।

आइए, रेल की पहली यात्रा भी कर लेते हैं।

सबसे पहले चलते हैं-

Ticket Window पर, यदि लम्बी लाइन देखकर आपके हौसले पस्त हो रहे हों तो आपको वहाँ साये की तरह घूमते हुए TOUT नजर आएंगे, जो परेशान यात्रियों को देखकर उनकी बगल से जाते हुए कुछ यूँ गुनगुनाते हैं-

'कोई जब तुम्हारा ह्दय तोड़ दे,
तड़पता हुआ भारतीय रेल छोड़ दे,
तब तुम मेरे पास आना प्रिये,
मेरा टिकटघर खुला है,
खुला ही रहेगा,
तुम्हारे लिए...।
कोई जब...,
टिकटघर की लम्बी लाइन...।'

बीवी यानी भारी सामान गायब होने का साइन बोर्ड देखकर, TOUT से प्रीमियम पर जनरल बोगी का टिकट ले ही लिया। तभी मेरे कानों में ये गीत सुनाई दिया–

'गाड़ी बुला रही है,
सीटी बजा रही है।
चलना ही जिंदगी है,
चलती ही जा रही है।
देखो ये रेल, बच्चों का खेल,
सीखों सबक जवानों।
..........................।'
पीछे मुड़कर देखा,
तो एक कुली सीटी बजाता बोला,
'जनरल बोगी में जाओगी?'
हमने कड़ककर पूछा, 'चढ़ाओगे?'
वह सरकारी अन्दाज में बोला,
'बड़े-बड़े पार्सल चढ़ाए हैं,
आप दोनों को भी चढ़ा दूँगा,
मगर चढ़ावा सौ रुपये लूँगा।'
'सौ रुपया?'
कुली ने कनफर्म किया, 'हाँ भैया!'
'बीस रुपये आप दोनों के, बाकी लगेज के।'
बीवी गुर्रायी, 'लगेज नहीं, बस दो हम हैं।'
कुली बोला, 'बहन जी, आप किसी लगेज से कम हैं?
कंधे पर उठाकर पार्सलघर तक ले जाऊँगा,

वहाँ तौलाऊँगा,
एक्स्ट्रा लगेज के पैसे छुड़वाऊँगा।
आर.पी.एफ. और टी.टी. को पटाऊँगा।
और फिर दूसरे कुली की हेल्प से,
आप दोनों को डिब्बे में चढ़ाऊँगा।
धंधे का टेम है, मंजूर हो तो बताओ।'
मैंने कहा, 'अपना बिल्ला नम्बर दिखाओ?'
वह बोला, 'हम रेल के नहीं, प्राइवेट कुली हैं,
हाँ या ना जल्दी बताओ।'
हमने कहा, 'देखा जाएगा,
चलो सामान उठाओ।'
कुली ने जय श्रीराम का हुंकारा लगाया,
और मेरी बीवी को जैसे ही उठाया,
कि खुद बैठ गया।
दुबारा कोशिश की,
तो लेट गया।
यह देख,
TOUT ने किया WARN,
'जल्दी चढ़ो, गाड़ी ने दे दिया है HORN'
हम अपनी हैवी लगेज बीवी को
ह्वील लगे सूटकेस की तरह घसीटे,
बमुश्किल डिब्बे में घुसकर,
ढूँढ़ने लगे सीटें।
नासपीटे,
डिब्बे के अन्दर भी मचा घमासान था,
वो तो प्लेटफार्म से भी महान था,
रनिंग ट्रेन में सिकुड़ा हिन्दुस्तान था।
लोग अंधेरे में बैठे थे, लेटे थे, खड़े थे,
जिन्हें कहीं जगह नहीं मिली,
वो टॉयलेट के पास पड़े थे।
प्रेशर रिलीज करने के लिए,
हमने टॉयलेट का डोर खोला

तो अन्दर छोटे व्यापारियों के बोरे पड़े थे।
और वे अन्दर बीड़ी पीते खड़े थे।
एक ने सलाह दी,
'दो डिब्बों के बीच निबट लो।'
वापस लौटकर
खाली सीट पर किताब रखी देख,
मैंने पूछा, 'किताब है किसकी?'
बगल की सीट वाला यात्री बोला,
'मुंशी प्रेमचंद की।'
दूसरी तरफ,
सहयात्री को टिफिन खोलते देख,
पंडित जी के मुँह में पानी आया,
ललचाते बोले,
'क्यों जजमान! पराँठे अकेले-अकेले?'
नीयत भाँप यात्री मुस्कराया,
'नहीं, साथ में आलू-छोले,
बम भोले।'
एक सज्जन,
चादर बिछाकर नीचे बैठे थे सपरिवार
मैंने आत्मीयता दिखाते निशाना साधा
और पूछा, 'कहाँ जा रहे हो यार?'
वो इंटेंशन समझकर बोला,
'कहीं भी जाऊँ तुमसे मतलब?'
तभी डिब्बे में हल्की रोशनी आई,
किसी ने चुटकी ली,
'डिब्बे की छत से चिपककर
ये किसने बीड़ी सुलगाई?
मजाक मत करो, आग लग जाएगी भाई!'
कोई बोला,
'मजाक नहीं,
स्वागत करो, डिब्बे में बिजली है आई।
बड़ी गर्मी है, कोई पंखा चलाओ भाई!'

एक यात्री बोला,
'पंखा क्या चलेगा? जब जलती नहीं है सभी बत्ती,
ऐसे स्वागत पर हमें है, आपत्ति।'
दूसरा यात्री बोला, 'पंखे कहाँ? यही है विपत्ति।'
कोई बोला, 'बल्ब, पंखों की बातें मत करो,
जानते नहीं, भारतीय रेल है, राष्ट्रीय सम्पत्ति।'

रेल डिब्बों में बिजली

'आपकी नॉलेज के लिए बता दूँ
1902 में सबसे पहले जोधपुर रेलवे कम्पनी ने
रेल के डिब्बों में बिजली लगाई थी।'
एक यात्री,
बर्थ के नीचे से निकला,
घबराता हुआ फिल्मी अन्दाज में पूछा,
'मैं कहाँ हूँ?'
सहयात्री बोला,
'शुक्र करो बेटा कि हो,
वरना जहरखुर्रानी के बाद
पुलिस पूछती,
प्रसाद के नाम पर
जहर खाने वाला
ये कौन था?'
यह सुन,
पूछने वाला मौन था।
दूसरी ओर एक मनचला यात्री,
अपर बर्थ पर खर्राटे ले रहे पहलवान को,
बार-बार छेड़ रहा था।
डिब्बे में सामान बेचने वाले वेंडरों को
इशारे से उसके पास भेज रहा था।
वेंडर के हिलाने पर, पहलवान बार-बार झुँझलाता,
यह देख, यात्रियों को बड़ा मजा आता।
यात्रियों को और मजा देने के लिए

उस मनचले ने पहलवान को हिलाकर जगाया
और बोला,
'ऊपर बड़े मजे हैं?
भाई साहब कितने बजे हैं?'
पहलवान ने आँख मली,
घड़ी देखी और एक झापड़ रसीद करके बोला,
'एक बजे हैं।'
कोई चुटकी लेते बोला,
'शुक्र करो बेटा,
एक बजा है, बारह नहीं बजे हैं।'

काले कोट की एंट्री

टी. टी. ने साधु से माँगा टिकट
साधु बड़बड़ाया, 'समस्या है विकट,
बच्चा, नहीं है टिकट।'
टी. टी. ने पूछा,
'जाना कहाँ है बाबा?'
'वहीं बच्चा,
जहाँ भगवान श्री राम का जन्म हुआ था, अयोध्या।'
टी. टी. बोला,
'बाबा अफसोस है!
अब आप वहाँ जाओगे,
जहाँ भगवान श्रीकृष्ण का जन्म हुआ था, जेल।'
इसके बाद,
बेंधती नजरों से टी. टी. ने मुझे घूरा,
लगा कि अभी वो भोंक देगा अन्दर छूरा।
मैंने भी शान से टिकट निकाल उसके मुँह पर दे मारा।
टिकट देख वह गुर्राते बोला,
'बेटा ये टिकट तो है नकली।'
अब हुई मेरी हालत पतली।
टाउट से टिकट लेना पड़ा भारी,
ये तो हो गई जेल जाने की तैयारी।

टी. टी. ने लगाई पेनाल्टी,
साथ में डबल किराया पड़ गया भारी।
एक यात्री,
लेटे थे आँखें मूँदे,
अचानक गिरी
उनके मुँह पर
पानी की गरम-गरम बूँदें।
वो मुँह फाड़कर चिल्लाए-
'अबे कौन है?
कमबख्त! चाय गिराकर मौन है।
दिखता नहीं,
नीचे तुम्हारा बाप लेटा है।'
ऊपर की बर्थ से महिला बोली,
'माफ करना, चच्चा,
ये गरम-गरम चाय नहीं,
ऊपर लेटा है मेरा छोटा बच्चा।'

कहते हैं आवश्यकता आविष्कार की जननी होती है-जैसे रेलगाड़ी आवश्यक थी यात्रा के लिए और यात्रियों का सुझाव एवं शिकायतें जननी होती हैं, यात्री सुविधाओं की।

भारतीय रेल में Passenger के लिए Toilet 1909 में Introduce हुआ।

आप सोचते होंगे कि लोग तब तक कैसे करते होंगे वो...?

ये मजाक की बात नहीं, एक ऐतिहासिक सच्चाई है,

रेल में Toilet Introduce होने की एक रोचक कहानी है-

हुआ यूँ कि एक सज्जन जिनका नाम था OKHIL CHANDRA SEN। उन्होंने अहमदपुर के Station Master को एक Complaint लिखी थी। टूटी-फूटी अंग्रेजी में लिखी उनकी Complaint उन्हीं की अंग्रेजी में पढ़कर सुनाता हूँ। कृपया ध्यान से पढ़िए-

"Dear Sir,

I am arrive by passenger train at Ahmedpore station, and my belly is too much full of jack fruit. I am therefore went to privy, just as I doing the Nuisance, that guard making whistle blow for train to go off and i am running with lotah in one hand and dhotie in the next hand. I am fall over and expose all my shockings to man, females, woman on platform. I am get leaved at Ahamedpore station.

This too much bad, if passenger go to make dung, that dam guard no wait train 5 minutes for him. I am therefore pray your honour to make big fine on that guard for public sake, Otherwise I am making big report to papers.

Yours faithful servant
Okhil Chandra Sen

Ladies and Gentlemen"

इस घटना के बाद मुसाफिरों के लिए रेल कोचेज में Toilet की सुविधा दी गई।

अब मुसाफिर पूरे खानदान के साथ निडर होकर jack fruit खा सकते हैं।

मगर जब गाड़ी स्टेशन पर खड़ी हो तो 'वो' न करें...।

वो क्या?

अरे! आप 'वो' नहीं जानते?

अरे! ये 'वो' नहीं जानता।

वो', 'वो' तो मैं जानता हूँ।

मैं तो बस्स, मजाक कर रहा था।

एक मुसाफिर को ट्रेन में वो हो गया। 'वो' क्या? Loose motion। उसने टी. टी. से पूछा, ट्रेन में डॉक्टर की सुविधा है?

टी.टी. : अगले स्टेशन पर डॉक्टर आ जाएगा। जनाब! अगले स्टेशन पर रेलवे डॉक्टर आता है, जो थोड़ा ऊँचा सुनता था। हँसने की बात नहीं डॉक्टर भी ऊँचा सुन सकते हैं। अब डॉक्टर और मुसाफिर के बीच के Dilogue को सीधे-सीधे सुनते हैं-

डॉ. : पेशेंट कौन है?

मुसाफिर : मैं हूँ, मुझे Loose Motion हो गया है।

डॉ. : हैं, Slow Motion नहीं, मैं तो रुकी ट्रेन में चढ़ा हूँ।

मुसाफिर : Slow Motion नहीं, I am sick, डॉ. मैं sick हूँ।

डॉ. : सिख हो तो पगड़ी कहां है?

मुसाफिर : My God, मैंने कटहल Jack fruit खाया था। Loose motion हो रहा है।

डॉ. : हैं, तो चिल्लाते क्यों हो? Loose Motion हो रहा है तो ये लो दवा, दिन में 2 बार ले लेना और खाने में हल्का-फुल्का खाना।

मुसाफिर : हल्का-फुल्का जैसे पूरी?

डॉ. : हैं, पूरी हल्का खाना होता है?

मुसाफिर : हाँ, पूरी तेल पर तैरती है।

डॉ. : दही खाना, दही। अनजाने लोगों से खाना-पीना या फिर प्रसाद मत लेना। रेल का खाना खाना।

मुसाफिर : और कोई सावधानी, Precaution डॉक्टर?

डॉ. : सावधानी! हाँ, रेल के कैटरिंग का ही खाना खाना, रेल के डिब्बे में खाना मत पकाना।

मुसाफिर : और कोई Precaution?

डॉ. : Precaution? हुँ...क्या तुम धार्मिक हो?

मुसाफिर : बिल्कुल, हिन्दू हूँ। धार्मिक तो होऊँगा ही।

डॉ. : तो फिर मंदिर भी जाते होंगे?

मुसाफिर : रोज जाता हूँ।

डॉ. : आरती भी करते होंगे?

मुसाफिर : आरती रोज करता हूँ।

डॉ. : ठीक है, हाजमा ठीक होने तक शंख मत बजाना। आपकी नॉलेज के लिए बता दूँ कि इंडियन आर्मी ने 15 अगस्त, 1997 से 13 जनवरी, 1998 तक एक 'स्पेशल मेडिकल ट्रेन' चलवाई। गिनीज वर्ल्ड रिकॉर्ड बुक में यह 'Longest Hospital Train Jounney' के नाम से दर्ज है।

[भारतीय रेल यात्रियों की सुख-सुविधा का ख्याल रखकर रोज नई-नई सुविधाएँ दे रही है-रेलवे स्टेशन ही एक ऐसी जगह है जहाँ आपको अमूमन 24 घंटे चाय मिल सकती है with same rate and quality। कश्मीर से कन्याकुमारी तक तथा असम से गुजरात तक फर्क आएगा तो बस चाय वाले के हॉक लगाने के स्टाइल में-मसलन अलग-अलग वक्त में चाय वाला कुछ यूँ बेचेगा।]

सुबह को : चाय गरम-गरम चाय।

दोपहर को : गरम चाह।

शाम को : गरम चाह।

रात को : बाबू गरम चाह, बोलो चाह।

आधी रात के बाद : चाह...।

ये तो रहा रेल का वेंडर।
अनअथराइज्ड,
मनचला वेंडर कुछ ऐसे बेचेगा चाय।
चाय वाला : (लड़की को देखकर फिल्म 'दिल तो पागल है' की धुन पर)
भोली-सी सूरत
आँखों में मस्ती,
बैठी है शर्माये, आए हाय!
नींद में उँघाये, आए हाय!
आए, हाय,
चाय, चाय!

लड़की : शक्ल ना सूरत,
हाथ में केतली,
दूर खड़ा चिल्लाए,
चाय-चाय
आए-हाय...।

[टन्! नमस्कार, समझौता एक्सप्रेस अपने निर्धारित समय से 1 घंटा 30 मिनट विलंब से चल रही है। धन्यवाद!]

ग्रामीण यात्री : हे भैया, पटना वाली गारी जो पहिले 3 बजे छूटती थी , आजकल कितने बजे छूटती है?

मैं : 2 बजकर 60 मिनट पर छूटती है।

ग्रामीण यात्री : हमको भी लग रहा था कि टेम बदल गया है।

एक बच्चा : (जोर से) चल गई, चल गई, चल गई। **(स्टेशन पर भगदड़ मच जाती है।)**

एक यात्री : कौन-सी ट्रेन चल गई?

बच्चा : ट्रेन नहीं मेरी खोटी अठन्नी चल गई।

[कौन है जो रेलवे फाटक यानी रेलवे क्रॉसिंग से रूबरू नहीं है? इसके पास पहुँचते ही लोगों के अन्दर का एथलीट जाग जाता है। पैदल चलने वाले आती हुई गाड़ी देखकर ओलम्पिक के धावक बन जाते हैं, साइकिल चालक साइकिलिंग, कार चालक कार रेस की दौड़ में हिस्सा लेते नजर आएंगे।]

'भैया, रेलवे फाटक को लापरवाही से पार करेंगे तो जिंदगी की गाड़ी नहीं चलेगी।'

रेल का फाटक यानी Rly. Level-Xing प्रायः रोड के लेवल से ऊपर होता है।

सिचुएशन कुछ यूँ है-

समझौता एक्स. सामने से आ रही है, एक ताँगे वाले और एक टेम्पो वाले में दौड़ लगी है कि वे दोनों समझौता एक्सप्रेस के रेलवे फाटक पर आने से पहले ही पार कर जाएं।

ट्रेन की दूर से आने की हल्की आवाज।

टाँगे की आवाज जारी।

टेम्पो की आवाज साथ में।

एकाएक तेज आवाज के साथ रेल फाटक पर दुर्घटना...।

मैं, टी.वी. के दर्शकों को बताना चाहता हूँ कि "बाप तक" ही पहला चैनल है जो दर्शकों को इस दुर्घटना का सीधे Live telecast दिखा रहा है।

मिलते हैं- Commercial Break के बाद।

'जल जाएं,
कट जाएं,
फट जाएं,
चिथड़े-चिथड़े हो जाएं।
बोरोलीन लगाएं,
बढ़िया है।'

शहर के पास रेलवे फाटक पर सुबह-सवेरे का नजारा **(रेलवे फाटक के पास का निवासी गेटमैन के पास आता है।)**

निवासी : भइया, सुपरफास्ट कब आएगी?

गेटमैन : आठ बजे।

निवासी : लोकल?

गेटमैन : नौ बजे।

निवासी : मालगाड़ी?

गेटमैन : 10 बजे, क्यों तुझे जाना कहाँ है?

निवासी : जाना कहीं नहीं है।

गेटमैन : जाना कहीं नहीं है?

निवासी : गाँव के बारातियों को पटरी पर 'वो' करना है।

रेलवे फाटक पर तैनात गेटमैन इन बारातियों को 'वो' करने से कैसे रोकेगा? वैसे गेटमैन की जिन्दगी होती है बड़ी अजीब! जब ट्रेन आने वाली होती है तो वो फाटक बन्द कर देता है और जाने के बाद खोल देता है। एक गेटमैन की नई–नई शादी हुई।

नई नवेली बीवी : आपकी नौकरी में कोई पावर नहीं है क्या? ये क्या नौकरी हुई? गाड़ी आने के समय गेट बन्द कर देना और फिर खोल देना?

गेटमैन : (सीना फुलाकर, मूँछ पर ताव देते हुए) देखो मेरी पावर!

गेटमैन ने दोनों तरफ का गेट बन्द कर दिया। फाटक के दोनों तरफ गाड़ियों की लाइन लग गई। लाइन मीलों लम्बी हो गई। लोग गेटमैन से फाटक खोलने की सिफारिश करने लगे। वह गेट के पास के रेलवे क्वार्टर में नई–नवेली बीवी की ओर देखकर मुस्कराए जा रहा था। घण्टों बीत गए। भीड़ से निकलकर एक थानेदार आया और रौब डालते हुए गेट खोलने को कहा। मगर गेटमैन माना नहीं। परेशान होकर थानेदार ने रेल के अधिकारियों से मोबाइल फोन पर बात की। पता चला कि अगली ट्रेन उस फाटक पर रात को आनी है। गेटमैन को अपने अधिकारियों से झाड़ पड़ी और उसके बाद थानेदार ने उसकी जमकर पिटाई की।

बीवी गेट खोलने के बाद : क्यों जी, यही तुम्हारी पावर है? पिट गए न आखिर।

गेटमैन : मेरा पावर गेट बन्द करने का था। थानेदार का पावर पीटने का था।

रेल में लेट ट्रेन मेकअप करके Right Time हो जाती है।

मगर जब मेरी 'वो', भाई साहब हर जगह 'वो' का मतलब 'वो' नहीं होता। मरवाओगे क्या?

'वो' मेरा मतलब मेरी बीवी जब मेकअप करती है, तो हम लेट हो जाते हैं।

आमलेट नहीं हम लेट हो जाते हैं। आम जिन्दगी से हटकर, रेल में कुछ अजीबोगरीब चीजें हमें देखने को मिलती हैं–

मसलन सिगनल हरा होने पर ट्रेन चल देती है।

जबकि क्रिकेट में, Third umpire के हरे सिग्नल पर Batsman रुक जाता है।

रेल में जहाँ ड्राइवर, गार्ड, टी. टी. रेस्ट करते हैं, उसे Running Room कहते हैं, जो कभी दौड़ता नहीं।

कार एक्सीडेंट की तुलना में रेल एक्सीडेंट बहुत कम होते हैं? क्योंकि इंजन ड्राइवर अपने असिस्टेंट ड्राइवर के गले में बाँहें डालकर इंजन नहीं चलाता।

छोटी-मोटी रिपेयर होने वाली गाड़ियाँ जिस लाइन पर हम भेजते हैं, उसे Sick Line कहते हैं मगर लाइन खुद कभी बीमार नहीं होती।

रेल की दोनों लाइनों को हिन्दी में पटरी कहते हैं, जिनमें कभी नहीं पटती। ये पटरियाँ यात्रा के शुरू से अंत तक समान दूरी बनाए रखती हैं

ये है रेल का सेक्यूलर कैरेक्टर।

रिजर्वेशन फार्म पर रेलवे बस नाम, उम्र, सेक्स और पता-भर पूछती है। यात्रियों की जाति, धर्म, मजहब, भाषा नहीं।

तभी तो लोग रेल को Lifeline of India कहते हैं।

रेल के सामने अनेक चुनौतियाँ मुँह खोले खड़ी हैं।

ऐसा नहीं है कि रेल के इतिहास में सब कुछ अच्छा-अच्छा ही होता है-

हिल स्टेशन की ऊँचाई से उतरती हुई एक यात्री गाड़ी का ड्राइवर वॉकी-टॉकी पर-हलो कन्ट्रोल रूम, मैं 2000 फीट की ढलान से उतर रहा हूँ। आतंकवादियों ने मेरी ट्रेन का ब्रेक फेल कर दिया है। क्या करें हमें इंस्ट्रक्शन दें?'

'Control Room to Driver'-Ok. Repeat after me-

ओम जय जगदीश हरे,

स्वामी जय जगदीश हरे,

भक्त जनों के संकट, पल में दूर करे।'

भारतीय रेल के आधुनिक इतिहास में-

27 फरवरी, 2002 का जिक्र होता है।

समय : सवेरे लगभग 7.30 बजे।

स्थान : गुजरात में गोधरा स्टेशन से 1 किलोमीटर दूर...।

एक जबर्दस्त धमाका...।

धूं-धूं करता भारतीय रेल का डिब्बा...

डिब्बे में 59 इंसान जिन्दा जलकर राख।

ऑस्ट्रिया, विदेश में सिख पन्थ के अनुयायियों पर हमला, रि-एक्शन में भारतीय रेल का डिब्बा जला....।

उफ!

कमबख्त आग ने एक बार भी नहीं पूछा जलने वालों से कि वे कौन हैं?

हिन्दू, मुस्लिम, सिख, ईसाई, जवान, बूढ़े, पुरुष, स्त्री, बच्चा या फिर भ्रूण में अजन्मा बच्चा?

जिंदा जल गई इंसानियत।

मुल्क या फिर मुल्क के बाहर भी जब कोई आंदोलन होता है, तो भारतीय रेल बनती है निशाना क्योंकि रेल का स्वरूप...है...सेक्यूलर...धर्मनिरपेक्ष।

आन्दोलनकारी रेल को नुकसान पहुँचाकर यह बता देना चाहते हैं कि उन्हें रेल का सेक्यूलर कैरेक्टर पसंद नहीं।

माना रेल की सेवाएं पूरी खरी नहीं,
सेवाओं में बाधा डालने वाले भी तो बरी नहीं।
आज की यात्रा का यही एक सबब है
विश्व की सरकारी रेलवे फेल, भारतीय रेल पास,
क्या अजब है!
पैसेंजर से सुपरफास्ट, राजधानी से शताब्दी,
और अब बुलेट ट्रेन की तैयारी,
क्या गजब है!

जय हो-जय हो।
छोटे-बड़े अमीर-गरीब
किसी में नहीं करती भेद।
जहाँ चाहे वहाँ जाए,
ऐसी मेरी ट्रेन...।
जय हो-जय हो।

आपकी बगिया, आपका गुलशन,
आपकी ये भारतीय रेल।
पूरब, पश्चिम, उत्तर, दक्षिण,
सभी से कराती ये मेल।
रेलगाड़ी,
रेलगाड़ी।
छुक छुक,
छुक छुक...।
रेलगाड़ी,
छुक...छुक...।

शूद्रम् शरणम् गच्छामि!

कहानी की अवधारणा

यह नाटक लीक से हटकर लिखा गया है। यह भारतीय समाज में जातीय कटुता, धर्मांधता एवं साम्प्रदायिकता की जड़ों में खौलता पानी डालने का प्रयास है। जहाँ लोकप्रिय सरकारें अपने लोक कल्याणकारी कार्यक्रमों से समाज में समानता लाने के प्रयास में लगी हैं, वहीं रंगमंच के माध्यम से उसे एक कदम और आगे बढ़ाने का प्रयास है। विकास की तेज रफ्तार में हम अपने ही भाइयों की जिन्दा लाशों को पहियों से रौंदते हुए सरपट भागे जा रहे हैं। जब हम अपने विकास का मूल्यांकन करते हैं तो पाते हैं कि हम वस्तुतः दल-दल में दौड़ रहे हैं। उस नारकीय दल-दल से निकल भागने के लिए कभी हम कर्मकांडों का तो कभी पाखण्डों का सहारा लेने को उद्यत होते हैं। कुछ लोग अपने निहित स्वार्थवश, समाज में ऊंच-नीच, दंगा-फसाद, धार्मिक उन्माद की फसल बोने का प्रयास करते रहते हैं, परन्तु सतगुरु जी इस नाटक के अंत में हमें सही मार्गदर्शन देते हैं कि ईमानदारी, सच्चाई, मेहनत, लगन, सहनशीलता, सरल जीवन जैसे तमाम तत्त्वों के आज के युग में शूद्र ही मालिक हैं। हमें उन्हें प्राप्त करने के लिए न तो तपस्या के लिए वनों में जाने की जरूरत है और न ही वेदों, पुराणों एवं धर्मग्रंथों की शरण में जाने की जरूरत है तो- 'शूद्रम शरणम् गच्छामि।'

मंचन-अवधि : 60 से 90 मिनट।

पात्र-परिचय

1. कालू (सफाई वाला)
2. रामदास (चर्मकार)
3. रज्जू (धोबी)
4. एक सिपाही
5. एक जेबकतरा
6. एक ब्राह्मण पात्र
7. एक मुसलमान पात्र
8. एक दारोगा
9. पलटू (गरीब, बँधुआ मजदूर)
10. सत्गुरु-एक
11. राजनेता-एक
12. कुछेक धर्म एवं नेता के अनुयायी

प्रथम दृश्य

[मंच के बीच में एक बड़ा वृक्ष और उसकी छाँव तले एक चबूतरा। शेष मंच खाली है जिस पर सूखे पत्ते, घास-फूँस बिखरे हैं, ताकि पात्रों के चलने पर हल्की खड़खड़ाहट हो। रामदास मोची, चबूतरे पर बैठा फटे-पुराने जूतों की मरम्मत कर रहा होता है। पार्श्व गीत स्वर (समूह में) उभरता है।]

'बुद्धम् शरणम् गच्छामि
धम्मम् शरणम् गच्छामि...।'

[समूह गीत के साथ ही कालू भंगी का झाड़ू लगाते हुए प्रवेश।]

कालू भंगी : राम-राम रामदास।

रामदास : राम-राम, राम-राम। आओ कालू, कहो क्या खबर लाए हो आज?

[रज्जू धोबी का पीठ पर गठरी लिए प्रवेश।]

रज्जू : आज ये क्या खबर लाएगा भैया! कालू की खबर तो पुरानी हो चुकी होगी, वही फलाँ कूड़े के ढेर में मिला मरा हुआ नवजात अवैध बच्चा या मेनहोल में पड़ी औरत की नंगी लाश...या फिर सफाई कर्मचारी की भर्ती में ऊँची जाति वालों ने मारी बाजी।

कालू : **(बिदककर)** रज्जू! तू धोबी तो पहले से ही था, पर अपने गधे के साथ रहकर खुद गधा बन गया है। है तेरे पास ताजा खबर है तो तू सुना?

रज्जू : सुनाता हूँ, सुनाता हूँ। बड़ी भड़काऊ खबर है। जरा दम तो ले लेने दो।

रामदास : हाँ, रज्जू को दम तो लेने दे कल्लू!

[रज्जू गठरी नीचे पटककर उसी पर बैठता है। उसी समय सीटी बजाता, दौड़ता हुआ एक सिपाही आता है।]

सिपाही : **(तीनों को सम्बोधित करके)** ओए! तुमने इधर किसी आदमी को भागते हुए तो नहीं देखा? **(तीनों कोई जवाब नहीं देते हैं और अपने आंख, कान और मुँह ढकते हैं!)** अरे बोलो। जुबान नहीं है मुँह में? स्सालो, गांधी के तीनों बंदरो! बोलो।

रामदास : इस चबूतरे से मैं रोज सैकड़ों आदमियों को आते -जाते देखता हूँ। किस आदमी के बारे में पूछ रहे हैं आप?

सिपाही : मेरे बाप! हूँ, एक बंदर तो बोला। अरे वो साला एक जेबकतरा है। अभी-अभी एक सेठ का बटुआ छीनकर इधर ही भागता आया है। कहीं छिपाया तो नहीं उसे? **(इसी बीच हाथ में बटुआ लिए एक लड़का दौड़ता आता है। सामने सिपाही को देख वह उल्टे पाँव भागने की कोशिश करता है। सिपाही उसे दबोच लेता है।)** कहाँ जाएगा बच्चू, बचकर। स्साले, जेब काटता है, ये ले।

(सिपाही जेबकतरे को पीटता है। जेबकतरा चीखता है।)

जेबकतरा : मत मारो, मुझे मत मारो। मैं जेबकतरा नहीं, गरीब हूँ। मेरी बूढ़ी बीमार माँ बिना दवा के मौत से जूझ रही है। मेरे पास दवा के लिए पैसे नहीं थे। किसी ने उधार नहीं दिया, यहाँ तक कि भीख माँगने पर भी लोगों ने मुझे दुत्कार दिया...**(सिसकता है)** ...फिर मैं क्या करता? अपनी माँ को मरते नहीं देख सकता था। चाहे मुझे कुछ भी करना पड़े...बस्स..! सिपाही जी...।

सिपाही : **(जेबकतरे को छोड़ते हुए भर्रायी आवाज में)** माँ, तेरी माँ बीमार है, तो ये ले **(पॉकेट के रुपये निकालकर देता है।)** जा बचा ले अपनी माँ को। मेरी भी माँ एक बार बीमार पड़ी थी मगर...मैं उसे बचा न सका। जा...जल्दी जा...। **(हाथ ऊपर उठाकर विंग में जाते हुए)** माँ! उसकी माँ को उससे जुदा न करना। रहम करना माँ, रहम!

कालू : सिपाही और रहमदिल?

रज्जू : हाँ, फिर ये कौन है?

रामदास : ये एक आदमी है।

कालू, रज्जू : **(समवेत स्वर में)** एक आदमी है?

रामदास : हाँ, भई हाँ। एक आदमी है, पर रज्जू! तुम कोई धमाकेदार खबर सुनाने जा रहे थे न?

रज्जू : अरे हाँ! मैं तो भूल ही गया था सुनाना।

कल्लू : अरे रामदास भाई, कोई खबर हो तो ये सुनाए भी। रज्जू के रोज धोबी घाट पर 'छियो राम, छियो राम!' कर मैले कपड़े धोने से क्या कोई नई खबर मिलेगी? किसी के कपड़ों में प्रेम पत्र मिल भी जाए तो भी ये पढ़ तो सकता नहीं-पिछले महीने इसे पंडित जी की सदरी में एक प्रेम पत्र मिला था। यह उसे पढ़वाने पंडिताइन के पास ले गया था। पंडिताइन ने अपने पंडित का कच्चा-चिट्ठा पढ़कर पंडित जी को अपने भाइयों से खूब ठुकवाया था। रज्जू को पंडिताइन ने बख्शीश भी दी थी। बख्शीश के चक्कर में पंडित की सदरी से मिले कंडोम का पैकेट पंडिताइन को देने गया, तो इस बार पंडित ने इसकी दबाकर ठुकाई की थी। आज भी जब पुरवईया बहती है तो ये गर्दभ राग में कराहता है। अब कौन-सी खबर है?

रज्जू : खबर है, बड़ी जोरदार खबर है।

रामदास : भई, सुनाओगे या पहेलियाँ ही बुझाते रहोगे?

रज्जू : तो तुम दोनों खोलो और सुनो।

कालू : क्या खोलूँ?

रज्जू : अबे कान, अपने दोनों कान खोलकर सुन, शहर में दंगा फैल गया है। सुना है शहर में पुरानी मस्जिद में राम-रमइया की मूर्ति निकली है। मंदिर का पुजारी कह रहा था कि वहाँ मंदिर बनेगा। इसी बात पर मुसलमान भाई नाराज हो गए और शहर में दंगा फैल गया।

कालू : लो, हो गई छुट्टी...।

रामदास : कैसी छुट्टी कालू?

कालू : अब ससुरी दारू ब्लैक में बिकेगी। कोई बात नहीं, हम भी बढ़ा देंगे सफाई का रेट।
- गन्दे नाले की सफाई ₹ 10/- से 20/-
- पाखाने की सफाई ₹ 20/- से 30/-
- सिर पर मैले की ढुलाई, एक बोतल दारू में
- लाशों की ढुलाई...फ्री...

रज्जू : अबे लाशों की ढुलाई फ्री क्यों?

कालू : क्योंकि दंगों में मरने वाले सारे गरीब ही होते हैं। साला कोई धार्मिक नेता नहीं मरता।

रज्जू : हूँ...ठीक है, मैं भी धुलाई का रेट बढ़ा दूँगा।
कपड़े धुलवा लो,
साड़ी धुलवा लो।
पेटीकोट धुलवा लो,
ब्लाउज धुलवा लो।
लिंगोटा धुलवा लो,
चड्डी धुलवा लो।
खून से लथपथ कपड़ों की धुलाई ₹ 2/- से 4/- रुपये में।

कालू : अबे! मरे आदमी से धुलाई के पैसे से कैसे लेगा ? कपड़ों की धुलाई करते-करते अपने भेजे की भी धुलाई कर ली है क्या?

रज्जू : धन्धे के हिसाब से तो तेरी खोपड़ी में भी भरा रहता है मैला, टट्टी की धुलाई की तुझे जरूरत है।

कालू : अबे स्साले, तू क्या जाने टट्टी की माया?

रज्जू : तो सुना तू अपना टट्टी चालीसा।

कालू : तो फिर सुन। तुम भी सुनो रामदास।

कालू : टट्टी, टट्टी, टट्टी,
टट्टी प्यारी टट्टी,
शौचालय की रानी टट्टी।
पीली टट्टी काली टट्टी,
आए सबसे न्यारी टट्टी।

कुदरत का दस्तूर निराला,
सबको ही है आती टट्टी।
खुल के जो ना आए टट्टी,
सच में बड़ा सताए टट्टी।
लगातार जो आए टट्टी,
सबके होश उड़ाए टट्टी।
पेट में ये कैसी फैक्ट्री,
जो रोज-रोज बनाए टट्टी।

रामदास : चोप्प! लोग वहाँ एक-दूसरे को दंगे में मार-काट रहे हैं और तुम दोनों मसखरी कर रहे हो, शर्म नहीं आती? अरे! कभी तो इन्सानियत की बातें किया करो।

कालू : **(तड़पकर)** हे रामदास! टट्टी कविता तुम्हें बुरी लगी?

रामदास : टट्टी, मैला के अलावा भी तो तुम बात कर सकते हो?

कालू : बचपन से इंसान का मैला सिर पर ढो रहा हूँ। मैले की बात न करूँ तो किसकी करूँ?

रामदास : अरे, भई! नाराज मत हो, दारू पी रखी है क्या? धर्म-कर्म भी तो कोई चीज है इस दुनिया में, उनकी बात करो।

कालू : धरम-करम... सदियों से वही सब तो करते आ रहे हैं हम, सारा समाज गंदगी फैलाता है और हम उसे साफ करते हैं। ये धर्म-कर्म नहीं तो और क्या है? क्यों रज्जू?

रज्जू : सच, सोलह आने सच। मैं तो कहूँ, ये कच्ची दारू न होती तो कालू सिर पर मैला ढो ही न पावे, हम कपड़ा धो ही न पाएं।

रामदास : भगवान जाने तुम लोग क्या-क्या पिया करते हैं?

रज्जू : कभी बोतल, कभी अद्धा भी पिया करते हैं।

कालू : यार मुफ्त में मिल जाए तो हमारे अब्बा भी पिया करते हैं।

रामदास : **(जोर से)** वो देखो किसी बच्चे के चीखने की आवाज आ रही है। वो देखो!...धधकती हुई आग की लपटें...धू...धू कर जलती हुई जिन्दा लाशें...।

कालू : शहर में दंगे हो रहे हैं।

रज्जू : नहीं, साले नंगे हो रहे हैं।

रामदास : चुप, उधर देखो।

[तीनों स्थिर हो जाते हैं। नेपथ्य से जोर-जोर से खटखटाने की आवाज। एक ब्राह्मण का प्रवेश।]

ब्राह्मण : कौन है जो इतनी जोर से दरवाजा पीट रहा है? ठहरो खोलता हूँ।

[दरवाजा खोलने का अभिनय, दरवाजा खुलते ही एक दाढ़ी रखे हुए आदमी का प्रवेश।]

आदमी : **(घबराते हुए)** मुझे छिपा लो।

ब्राह्मण : क्यों?

आदमी : शहर में दंगा हो रहा है।

ब्राह्मण : दंगा? लगता है मुसलमानों ने फिर कोई फसाद खड़ा किया होगा। बड़े कट्टर हैं ये...पर तुम कौन हो? हिन्दू या मुसलमान?

आदमी : **(हकलाकर)** मैं...मैं...मुसलमान... नहीं, नहीं हूँ...।

ब्राह्मण : मुसलमान नहीं, तो कौन हो? हिन्दू?

आदमी : **(हकलाकर)** हाँ-हाँ, मैं...हिन्दू हूँ, हिन्दू!

ब्राह्मण : भाई हिन्दू में...कौन हिन्दू?

आदमी : **(आश्चर्य से)** कौन हिन्दू?

ब्राह्मण : हाँ-हाँ, क्या हो? शूद्र, वैश्य, क्षत्रिय या ब्राह्मण?

आदमी : **(हकलाकर झूठ बोलने का प्रयास करते हुए)** ब...बराहमण...बराहमण हूँ।

ब्राह्मण : ब्राह्मण में...कौन ब्राह्मण?
सारस्वत या कान्यकुब्ज?

आदमी : क...क...कान्यकुब्ज...।

ब्राह्मण : कान्यकुब्ज में कौन?
गंगापार या जमुनापार?

आदमी : **(घबराकर)** या अल्लाह, या खुदा, इनमें भी टुकड़े हैं?

ब्राह्मण : अच्छा, तो तुम मुसलमान हो?

[यह कहकर वह आदमी के पेट में छुरा घोंपने का अभिनय करता है। आदमी तड़पता, चीखता, भागता है। ब्राह्मण उसका पीछा करता हुआ नेपथ्य में चला जाता है। इसी के साथ स्थिर खड़े तीनों पात्र हरकत में आते हैं।]

रज्जू व कालू : **(समवेत स्वर में)** ये कौन था रामदास?

रामदास : एक आदमी।

रज्जू व कालू : एक आदमी? मारने वाला या मरने वाला?

रामदास : दोनों आदमी।

रज्जू एवं कालू : दोनों आदमी? हुँ बौराय गया रमदसवा।

द्वितीय दृश्य

[पार्श्व ध्वनि–'कर्फ्यू में दो घंटे की ढील है, जनता आवश्यक सामान के लिए बाहर निकल सकती है।']

रामदास : कालू, रज्जू, मैं चला शहर। शायद दंगा ठहर गया है।

रज्जू : तुम कौन-सा आवश्यक सामान लेने जा रहे हो शहर? कहीं दंगाई तुझे पीट न दें? पीटें तो गानीजी (गांधीजी) की तरह अपना दूसरा गाल भी आगे कर देना।

कालू : भई, ये दंगाइयों और लाशों के जूते बटोरने जा रहा होगा। जा, भई जा, बटोर जूते।

रज्जू : हाँ भैया, जा बटोर जूते। तेरी तो अच्छी किस्मत है। पहले जूते खाता था, अब बटोरेगा। तेरे भी दिन फिरेंगे। जा, रामदास जा। **(रामदास जाता है।)** लगता है तू जूते का बिजनेस करेगा, श्री राम जूता स्टोर।

कालू : **(बीड़ी सुलगाते हुए)** रज्जू भई! सुना है, गानी ने एक बार मैला ढोने का बिजनेस किया था। उन्होंने अपना बिजनेस चलाने के लिए एक 'नाड़ा' दिया था।

रज्जू : अबे पजामे का नाड़ा नहीं, 'नारा' जिसे बिजनेस में लोग विज्ञापन कहते हैं।

कालू : हाँ...हाँ...वही, गानीजी ने कहा कि शूद्र सब 'हरिजन' हैं, हरि यानी भगवान की संतान।

रज्जू : तो बाकी किसकी संतान हैं? **(ठहाका)**

कालू : कहीं गानीजी और भी सच न बोल दें। इसलिए नथ्थू भैया, अरे वही, नाथूराम गोडसे ने उन्हें गोली मार दी थी। वैसे भी उनका मैला ढोने

का बिजनेस चला नहीं था। वैसे भी भूखे मर जाते वे।

रज्जू : यार! चलता कैसे? वे बकरी का दूध जो पीते थे।

कालू : हूँ...इसीलिए उनका बिजनेस नहीं चला होगा। आदमी को आदमी का मैला ढोने के लिए दारू पीना पड़ेगा। वो भी कच्ची दारू। जो इंसानी रिश्ते और उनके अस्तित्व के अहसास को ही खत्म कर दे।

रज्जू : कालू भाई! रिश्ते पे एक बात समझ में नहीं आई।

कालू : क्या?

रज्जू : मोटे साहूकार के घर में गानीजी की फोटो लगी है।

कालू : लगी है, आहो।

रज्जू : एम.एल.ए. जी के घर में भी फोटो है।

कालू : लगी है, आहो।

रज्जू : यहाँ तक कि पुलिस थाने में भी गानीजी की फोटो टँगी है।

कालू : **(सोचते हुए)** तब जरूर ये, हाँ...हाँ, सब गानीजी के रिश्तेदार होवेंगे, तभी ये सब ताकतवर हैं।

रज्जू : ठीक कहते हो कालू। लाठी में बहुत ताकत है। सुना है लाठी के बल पर गानीजी ने अंग्रेजों को भगाया था?

कालू : हाँ यार! लाठी के बल पर साहूकार, एम.एल.ए. और दारोगा सभी हमें नचाते हैं।

रामदास : **(प्रवेश)** सबहिं नचावत राम गोसाईं...।

रज्जू : बकरी भागी देख कसाई।

कालू : **(रामदास से)** बकरी, मेरा मतलब जूते ले के आ गए?

रामदास : जूते ले के? अरे भइया हम तो जूते खाकर आ गए।

कालू : कैसा स्वाद था? मेरा मतलब टेस्ट?

रज्जू : अबे कल्लू! मजाक मत कर। हाँ भाई रामदास! हुआ क्या?

रामदास : भैया, दंगे में बिखरे जूते-चप्पल बटोरकर मैंने गठरी

बाँधी ही थी कि एक सेठ अपने गुण्डों के साथ आया और धौल जमाकर बोला, कौन है रे तू? इस इलाके में जूते बटोरने का ठेका मुझे मिला है। भैया, एक से एक डिजाइन के जूते थे...बच्चों के जूतों से लेकर जवानों के जूते, बूढ़ों के जूते, आगरे के जूते...विदेशी जूतों के तलवे तो ऐसे टिकाऊ थे जैसे हमारे यहाँ जाति। सालों साल सदियों तक बिना घिसे चलती जाएँ, चलती जाएँ।

कालू : जूता, जूता, जूता, कभी यार! दारू-सारू की भी बात किया करो। अहा, हा हा क्या चीज है ये ससुरी दारू! एक घूँट हलक से नीचे उतरते ही, सारा दुःख अन्दर से बाहर। फिर चाहे नाली में पड़े रहो या खड्डे में। भाड़ में जाए दीन-दुनिया। हिच-हिच...,
जिन, जिन में बसी जानकी,
रम में बसे राम।
व्हिस्की में बसे विष्णु,
देशी में बसे हनुमान।
यारो! दबाकर पिया करो,
हर एक में बसे भगवान,
जगीरा सारा रा रा...।

रज्जू : उधर देखो, वो कौन आ रहा है?
[तीनों स्थिर हो जाते हैं और दूर से संगीत की ध्वनि के साथ एक गरीब आदमी, जिसका नाम पलटूराम है, का गाते हुए प्रवेश।]

पलटूराम : **(झूमता हुआ)**
हमरी भारत की नगरिया, घूसखोरिया होई गई ना।
बिना दिए कछु पेशकार के, कागज नहीं दिखावें,
भागा-भागा नहीं कलक्टर आवे, पहले काहे नहीं आवा,
अब तो देरिया हो गई ना।
हमरी भारत...
कहे वकील की दो सौ दे दा, हाकिम का समझाई,

सौ रुपया फिर बाद में लेबै, लड़िकै तोहे जिताई।
हमरी भारत...
कहै डॉक्टर अस्सी दे दा, अच्छी करी दवाई,
सिविल सर्जन से हम मिलके, अच्छी सुई लगाई,
तोहरे खुनवा नाहिं, टी.बी. कै बिमरिया होई गई ना।
हमरी भारत...
कहै दारोगा, सौ रुपया दा, तबै रपट लिखवैबे,
बिना लिए कछु जाए न देबै, हथकड़िया लगाइबे।
तोहका मालूम नाहिं,
तोहरे घर में चोरियाँ होई गई ना।
हमरी भारत...
लेखपाल कहै दस रुपया दा, सारा काम बनाई,
कालूराम का नाम काट करि तोहरे नाम चढ़ाई।
सूद-ब्याज सब जोड़-जाड़,
कालू दिवालिया होई गई ना।
हमरी भारत...
गुरु पुरोहित पाँचै माँगे, बार-बार समझाई,
राम नाम का मंत्र देत हैं, तोहका स्वर्ग पहुँचाई।
तोहरे बाबा के जमाने से ठिकेदरिया होई गई ना।
हमरी भारत...।

[गीत खत्म होते ही पलटूराम दारोगा को देखकर दुहाई देता है और बोलता है।]

पलटूराम : दुहाई हो सरकार की, दुहाई हो। हम लुट गए, बरबाद हो गए... दुहाई हो...दुहाई...।

दारोगा : **(प्रवेश)** ओए! ये पुलिस थाना है, पुलिस स्टेशन, रेलवे स्टेशन नहीं जो हांक लगा रहा है... कौन है रे तू?

पलटू : पलटू।

दारोगा : पूरा नाम?

पलटू : पलटूराम।

दारोगा : काम?

पलटू : बन्धुवा मजदूरी।

दारोगा : किसके घर?

पलटू : जमींदार साहब के।

दारोगा : तेरा घर?

पलटू : खुले आसमान के नीचे।

दारोगा : स्साले, गीत मत गा, बता, रहता कहाँ है?

पलटू : जमींदार साहब की हवेली के पीछे।

दारोगा : क्या हुआ तेरे पीछे?

पलटू : **(सिसकना)** सुन्दरिया...।

दारोगा : अबे, रोता क्यों है? कौन है सुन्दरिया?

पलटू : मेरी बहन, सुन्दरिया...।

दारोगा : क्या हुआ तेरी बहन सुन्दरिया को...?

पलटू : अब कइसे बताएं?

दारोगा : अबे मुँह से। साला, मुँह के अलावा भी कुछ और है तेरे पास?

पलटू : है हजूर, इज्जत।

दारोगा : तो बता अपनी इज्जतदानी के बारे में।

पलटू : मेरी बहन सुन्दरिया के साथ जमींदार साहब ने...। ***(रो पड़ता है।)***

दारोगा : **(अपने हाथ पर डंडा धीरे-धीरे मारते और टहलते हुए)** हूँ...तो सुन्दरिया का बलात्कार हुआ है? नथ उतरी, चीर हरण हुआ तो इसमें कौन-सी नई बात है? तुम नीची जाति के लोगों के साथ तो ये सदियों से होता आया है। काहे को बवाल मचा रहे हो। स्साले! सुना है कि पूरे इलाके में तुम गरीबों में क्रांति की आग जला रहे हो। सुधर जा, सुधर वरना तेरी माँ का भी...

पलटू : **(चीखकर)** कब तक और चलेगा? दारोगा साहब! कहीं हम आपकी माँ-बहन को?

दारोगा : स्साले! ये हिम्मत। हमारी माँ-बहन के ऊपर आँख उठाएगा? ये ले...मादर... **(दारोगा पलटू को पीटता है, पलटू चीखता है। दारोगा उसे घसीटते हुए नेपथ्य में ले जाता है। नेपथ्य से सूत्रधार की आवाज आती है...।)**

सूत्रधार : *आज की ताजा खबर, पुलिस ने एक कट्टर नक्सलवादी पलटूराम को एनकाउंटर में मार गिराया। आज की ताजा खबर...।*

कालू व रज्जू : **(एक साथ)** ये कौन था?

रामदास : था, एक आदमी था।

कालू व रज्जू : एक आदमी था? कौन...मारने वाला या मरने वाला?

रामदास : दोनों।

कालू व रज्जू : दोनों? पगला गया रमदसवा।

तृतीय दृश्य

[एक नेता का भाषण जारी है। श्रोताओं में कालू, रज्जू और रामदास भी बैठे हैं। नेता की भाषण शैली आकर्षक है।]

नेता : भाइयो और बहनो! हमारे समाज में अनेकता के बावजूद एकता है। यही हमारी ताकत है।

रज्जू : रामदास भाई, ये कौन-सी ताकत की बात कह रहे हैं?

रामदास : कालू, इसे समझाओ भैया!

कालू : अबे भाषण सुन, ये मर्दाना ताकत की बात नहीं कर रहे हैं।

एक दर्शक : **(रज्जू से)** नेता जी living वियाग्रा की बात कर रहे हैं क्या?

रज्जू : कालू भाई! ये वियाग्रा क्या होता है?

कालू : वियाग्रा वियाग्रा होता है। अबे, जब तुम्हें कुछ पता ही नहीं तो काहे पूछते हो सवाल?

नेता : मैं कहता हूँ, वे सब देशद्रोही हैं, जो यह सवाल उठाते हैं कि देश को डिस एंटिना नहीं, गोल-गोल रोटी चाहिए।

कृत्रिम उपग्रह नहीं, तन ढकने को कपड़ा चाहिए।
रिजर्वेशन नहीं, शिक्षा में सुधार चाहिए।
देशद्रोही हैं वे,
जो चिल्लाते हैं
कि बाल मजदूर को मिले बचपना,
शिक्षित को रोजगार।
अशिक्षित को अक्षर,
भूखे को रोटी और

भेड़िये को बोटी।
विरोधियो! छोटी-छोटी बातों से ऊपर उठिए-
क्या फर्क पड़ेगा-
यदि पिछड़ों को मिले रिजर्वेशन,
हमारे पास भी तो है जवाब-कैंपीटेशन।
इसीलिए सारे जहाँ की बात सोचिए।
जातीयता-साम्प्रदायिकता-धार्मिक कट्टरता,
सब अपनी है संस्कृति।
इसलिए दक्षिण अफ्रीका के काले-गोरे की बात कीजिए।
क्रिकेट के खिलाड़ियों की बात कीजिए।
चाहे आपस में भले ही लड़िए-मरिए।
मगर...भोंपू लगाकर चीखिए...।
(सभी समवेत स्वर में ये समूह गीत गाते हैं)
सारे जहाँ से अच्छा,
हिन्दुस्तां हमारा...
हमारा...।
[और इसी गीत के साथ नेता के पीछे-पीछे श्रोता भी चले जाते हैं। रह जाते हैं कालू, रज्जू एवं रामदास।]

कालू एवं रज्जू : ये कौन था?

रामदास : था, एक आदमी था।

कालू एवं रज्जू : ये भी एक आदमी था-सनक गया है रमदसवा?

चतुर्थ दृश्य

[एक सत्गुरु प्रवेश करता है। धार्मिक अनुयायी सत्गुरु के पीछे-पीछे प्रवेश करते हैं।]

सत्गुरु : बुद्धम् शरणम् गच्छामि।

अनुयायी : बुद्धम् शरणम् गच्छामि।

सत्गुरु : धम्मं शरणम् गच्छामि।

अनुयायी : धम्मं शरणम् गच्छामि।

[रामदास, कालू एवं रज्जू मंच के एक किनारे स्थिर खड़े हैं। धर्मगुरु प्रवचन देते हैं।]

सत्गुरु : **(अनुयायियों को सम्बोधित करते हुए)** मेरे प्रियजनो! देखा तुमने, आदमी को बाँटने का नतीजा। हमने सदियों पहले धर्म, जाति, सम्प्रदाय के नाम का एक बीज बोया था। आज उसकी फसल से महामारी फैल रही है तो हमारे हाथ-पाँव फूल रहे हैं।

एक अनुयायी : गुरुदेव! जरा खुलकर समझाएँ। कौन-सी फसल की बात कर रहे हैं?

सत्गुरु : वत्स, हिन्दुस्तान एक डेमोक्रेटिक और सेक्यूलर, धर्मनिरपेक्ष राष्ट्र है मगर साथ ही मूलतः यह सामाजिक बुराइयों का भी देश है। यही कारण है कि यहाँ अक्सर दंगे-फसाद होते रहते हैं। पहले हिन्दू-मुसलमानों के बीच दंगे होते थे, सन् चौरासी में हिन्दू-सिक्ख और फिर हिन्दू-ईसाई और हालात नहीं बदले तो अगला दंगा होगा हिन्दू-शूद्र के बीच। धिक्कार है! ऐसी सोच के लोगों को धिक्कार है। ऐसे वेदों-पुराणों, धार्मिक ग्रन्थों को जो समाज में ऊँच-नीच का भेद-भाव पैदा करते हैं। यह एक क्रांतिकारी प्रश्न है। जिन प्रश्नों

को हम हजारों साल से नकारते रहें, लेकिन अब इन प्रश्नों का सही उत्तर और सही समाधान हमें खोजना ही होगा, वरना इस समाज में कभी भी विस्फोट हो सकता है। क्योंकि अब सामाजिक गैर व्यवस्थाओं के प्रति विद्रोह की चिन्गारी सुलग उठी है।

अनुयायी : वे क्या करेंगे विद्रोह, हम बड़े हैं, वो छोटे हैं।

***सत्गुरु* :** इसी तरह के भेद-भाव और ऊँच-नीच की स्थिति ने समाज को क्षति पहुँचाई है। साजिश इस हद तक की गई कि तुम धर्म बदल सकते हो, लेकिन जाति नहीं। सामाजिक संगठन का ढाँचा बिखरने लगा।

एक अनुयायी : गुरुदेव! भसक रहे सामाजिक ढाँचे के बिखराव को रोकने का कोई उपाय है?

***सत्गुरु* :** है वत्स! उपाय है।

एक अनुयायी : तो हमें बताएँ गुरुवर!

***सत्गुरु* :** इस रुग्ण, जीर्ण-शीर्ण हो रहे समाज को सुधारने के लिए आज जरूरत है विश्वास की, प्रेम की, भाई-चारे की।

एक अनुयायी : गुरुवर, ये बातें तो भोंपू लगाकर रोज चिल्लाई जाती हैं? क्या 1008 बार ऐसा जाप करने से काम हो जाएगा?

***सत्गुरु* :** मैं पाखण्ड की बात नहीं कर रहा हूँ वत्स!

वही अनुयायी : धृष्टता के लिए क्षमा करें गुरुदेव!

***सत्गुरु* :** वत्स! We have to transform self and world. यानी हमें स्वयं और समाज को बदलना होगा। यूँ तो परमात्मा कण-कण में व्याप्त है, लेकिन हमें वह हर जगह नहीं दिखाई देता।

एक अनुयायी : क्यों गुरुजी?

धर्मगुरु : क्योंकि हमने अपने आपको प्रशिक्षित किया है परमात्मा को महज धार्मिक स्थलों में देखने के लिये।

एक अनुयायी : फिर हमें क्या करना चाहिए?

***सत्गुरु* :** इसके लिए हमें स्वयं कुछ सिद्धान्त बनाने होंगे और ईमानदारी से उन्हें जीवन में उतारना होगा।

एक अनुयायी : जैसे?

सत्‌गुरु : जैसे सभी धर्मों का यह शाश्वत विचार है-सत्य, अहिंसा, नैतिकता, निःस्वार्थ सेवा, बिना शर्त प्रेम वगैरह। इन तत्त्वों को जीवन में अपनाते ही तुम्हारा मस्तिष्क, विचार एवं हृदय सब शुद्ध हो जाएगा और इसके बाद यह सिद्धांत ही तुम्हें समाज की तमाम चुनौतियों, सामाजिक दबावों के बीच सही निर्णय लेने का दिशा निर्देश देगा और वो भी बिना तुम्हारे जीवन की प्राथमिकताओं के बदले।

एक अनुयायी : मगर इसे आगे कैसे बढ़ाएँ?

सत्‌गुरु : वत्स! जैसे ही तुम इस सिद्धांत को अपने जीवन में लागू करने का अभ्यास करने लगोगे, तुम्हारे व्यवहार में स्वयं ही परिवर्तन दिखेगा। तुम्हारे विचार शीशे की तरह पारदर्शी होने लगेंगे। तुम्हारे शब्द, बॉडी लैंग्वेज और सोच में एक सामंजस्य पैदा हो जाएगा। तुम्हारे आस-पास के लोग तुम्हें अच्छे लगने लगेंगे। लोग तुमसे मित्रता बनाने में आनंदित होंगे। ये सब तुम्हारे अन्तःकरण की पारदर्शिता की वजह से होगा।

एक अनुयायी : मन को बड़ी शान्ति मिल रही है। आगे कहें गुरुजी।

सत्‌गुरु : वत्स! जब हम अपने अन्तःकरण की बात सुनने का अभ्यास कर लेते हैं तो स्वयं आत्म-नियन्त्रण हो जाता है। हम अपने विचारों, भावनाओं और इच्छाशक्ति पर नियन्त्रण करना सीख लेते हैं और फिर तुम अफवाहों, नकारात्मक विचार, प्रलोभन और लालच के बहाव में नहीं बह पाओगे। तब तुम पाश्चात्य की उपलब्धियों को अपनी स्वार्थ सिद्धि हेतु, उन पर इतराना छोड़ दोगे क्योंकि तब तुम्हारे विचार और व्यवहार में समन्वय बन जाता है। तुम्हारे भीतर से चुम्बकीय धारा दूसरों में प्रवाहित होने लगती है। तुम एक अद्‌भुत आनंद की अनुभूति करने लगोगे। तुम्हारे भीतर पैराडिम शिफ्ट (**मूलभूत परिवर्तन**) महसूस होगा। लगेगा कि भीतर अनगिनत तरंगें, धैर्य, सहिष्णुता, प्रेम, स्वतंत्रता,

भ्रातृत्व, निःस्वार्थता की बयार बह रही हो। तुम जन्म-मृत्यु के आवागमन से ऊपर उठ जाओगे। आत्मज्ञान होते ही तुम एक सरल, सभ्य समाज के प्रणेता बन जाओगे। इस समय आवश्यकता है-सहनशक्ति की, आवश्यकता है-कठोर मेहनतकशों की, आवश्यकता है-समाज में सरल, जीवन जीने वालों की, आवश्यकता है-विषम परिस्थितियों में धैर्य रखने वालों की और आवश्यकता है-फैली गन्दगी को साफ करने वालों की। तभी जीने योग्य समाज का सपना साकार कर पाएंगे। हे वत्स! आओ आँखें मूँदकर ऐसे तत्त्वों को पाने का चिंतन करते हैं और मार्ग ढूँढ़ते हैं।

[सभी अनुयायी चिंतन की मुद्रा में। पार्श्व से धीमी आवाज में यह गीत उभरेगा-इंसान से इंसान का हो भाईचारा, यही पैगाम हमारा...।]

एक अनुयायी : **(आँखें मलते हुए)** गुरुजी हमें मार्ग मिल गया।

सत्गुरु : उवाच वत्स, कहो...।

एक अनुयायी : सहनशीलता, धैर्य, ईमानदारी, परिश्रम जैसे तत्त्वों को प्राप्त करने के लिए हम कठोर तपस्या करेंगे।

दूसरा अनुयायी : हम वेदों, पुराणों की शरण में जाएँगे, महायज्ञ करेंगे।

सत्गुरु : क्यों भूल-भुलैया में फँसते हो वत्स! ये सारे तत्त्व तो हमारे-तुम्हारे बीच ही बिखरे हैं।

एक अनुयायी : वो कहाँ गुरुवर?

सत्गुरु : सहस्रों वर्ष पूर्व जिन्हें हमने सुनियोजित ढंग से षड़यंत्र रचकर पददलित किया था।

एक अनुयायी : वो कौन शूद्र?

रामदास, कालू एवं रज्जू : **(एक साथ)** हमें गुलाम बनाए रखने के लिए बनाया शूद्र?

सत्गुरु : हाँ-हाँ, वही शूद्र। ईमानदारी, सच्चाई, मेहनत, लगन, सहनशीलता, सरल जीवन जैसे तमाम तत्त्वों के वे ही मालिक हैं। हमें न तो तपस्या के लिए वनों में जाने की जरूरत है और न वेदों, पुराणों एवं धर्मग्रंथों की शरण में जाने की।

एक अनुयायी : तो हम कहाँ जाएँ?

सत्गुरु : **(दोनों हाथ ऊपर उठाकर)** मेरे साथ आओ और बिना शर्त शूद्रों से क्षमा माँगो। मन से प्रायश्चित्त करो। मेरे साथ-साथ बोलो-बुद्धम् शरणम् गच्छामि।

सभी : बुद्धम् शरणम् गच्छामि।

सत्गुरु : शूद्रम् शरणम् गच्छामि।

सभी : शूद्रम् शरणम् गच्छामि।

[इसी समूह गीत के साथ सत्गुरु एवं उनके अनुयायी संगीत की लय पर धीरे-धीरे रामदास, कालू एवं रज्जू से क्षमा-याचना की मुद्रा में शनैः-शनैः उनके गोल चक्कर लगाते हुए मंच के पीछे चले जाते हैं। उसी क्रम में रामदास, रज्जू एवं कालू तीनों अपने-अपने दाएं हाथ को ऊपर उठाकर जनता को क्षमा करते हुए आशीर्वाद देते हैं। एक-दूसरे के हाथों में हाथ देकर एकता में शक्ति के प्रसार का संकेत देते हैं। संगीत की लय पर सभी झूमते हैं एवं एक-दूसरे को गले लगाते हैं। पर्दे के पीछे से 'शूद्रम् शरणम् गच्छामि' की ध्वनि लगातार तेज होती जाती है और धीरे-धीरे धीमी होकर समाप्त हो जाती है। रह जाएगा प्रोजेक्टर से CYCLORAMA पर डॉ. भीमराव अम्बेडकर और बुद्ध की तस्वीर।]

रज्जू, कालू : **(रामदास से)** : ये सब कौन हैं?

रामदास : ये सब........।

रज्जू एवं कालू : अब आदमी हैं।

पॉलिथिन मेरी जान!

कहानी की अवधारणा

प्लास्टिक या पॉलिथिन जो कभी इंसानों की भलाई के लिए वरदान साबित हुई थी, वही पॉलिथिन और उससे बने बैग अब पर्यावरण के लिए खतरनाक चुनौती बन गये हैं। एक दौर था, जब प्लास्टिक की फैक्टरी लगाने के लिए सरकार उद्यमियों को सहूलियतें देती थी। छोटे-छोटे कमरों में प्लास्टिक कंघी, बॉल पेन के उद्योग लग गए। रोज़मर्रा से लेकर स्थायी इस्तेमाल होने वाली वस्तुएँ भी प्लास्टिक की बनने लगीं। मैटल या धातु से बनी चीजें जो गरीबों की क्रयशक्ति से परे थीं, वहीं प्लास्टिक ऐज ने उन्हें जन-जन के करीब पहुँचा दिया। कागज, कपड़ों, डिग्रेडेबल मैटेरियल से बनने वाले थैलों की मार्किट पर प्लास्टिक की थैलियों ने कब्जा कर लिया और तब दिखना शुरू हुआ इन प्लास्टिक की थैलियों का अभिशप्त रूप। कूड़े के ढेर से, जानवर प्लास्टिक खा-खाकर मरने लगे, नालियाँ जाम होने लगीं। प्लास्टिक डिग्रेडेबल न होने के कारण भूमंडल कूड़े के ढेर में तब्दील होने लगा।

पॉलिथिन बैग के अपवय (Degrarde) होने में सैकड़ों साल लग जाते हैं, इसीलिए वह पर्यावरण विदों के लिए एक चिंता का विषय बन चुका है। 'एंटी प्लास्टिक आंदोलन' के द्वारा, लोगों में पर्यावरण के प्रति जागरुकता लाने के प्रयास में यह एक व्यंग्यात्मक लघु नाटिका है।

मंचन-अवधि : 30 से 60 मिनट।

पात्र-परिचय

महिला पात्र

1. लेडी डॉक्टर-एक
2. नर्स-एक
3. टी.वी. एंकर-एक
4. माँ

पुरुष पात्र

1. वार्ड बॉय
2. पेशेंट
3. पेशेंट का पिता
4. पेशेंट का रिश्तेदार नं. 1
5. पेशेंट का रिश्तेदार नं. 2

दृश्य एक

[टी.वी. पर एक कार्यक्रम चल रहा है इसी बीच एनाउंसमेंट होता है]

एनाउंसर : *मिलते हैं, एक कमर्शियल ब्रेक के बाद।*

[लाइट स्टेज के दूसरी ओर जाती है जहाँ एक खूबसूरत लेडी डॉक्टर के साथ में एक नर्स तथा एक वार्ड बॉय नजर आते हैं। डॉ. पाँव पसारे अखबार पढ़ रही हैं, उसी समय कटे हुए हाथ के साथ एक पेशेंट को दो लोग लेकर आते हैं। कटा हुआ हाथ पुराने अखबार में अच्छी तरह से लिपटा हुआ है।]

पेशेंट की माँ : डॉ. साहिबा, डॉ. साहिबा, हमारे बचुआ का हाथ कट गया है।

लेडी डॉ. : अच्छा! कैसे?

पेशेंट की माँ : गाड़ी से कट गवा।

नर्स : ये तो पुलिस केस का मामला है डॉ. साहिबा।

रिश्तेदार नं. 1 : पुलिस, नहीं सिस्टर, यह तो रेल दुर्घटना का मामला है।

रिश्तेदार नं. 2 : डॉ. साहिबा, इनके कहने का मतलब यह है कि रेल से इसका हाथ कट गया।

वार्ड बॉय : रेलगाड़ी को हाथ से रोक रहे थे कि खींच रहे थे?

पेशेंट : **(कराहते हुए)** भैंस चराते समय हम रेल की पटरी के पास पेड़ के नीचे छाँव में थोड़ी देर के लिए लेट गए थे, बस ससुरी आँख लग गई और जब खुली तो माल गाड़ी हमरा ही हाथ काट के खटरखट-खटरखट चली जा रही थी।

रिश्तेदार नं. 2: और इनका कटा हाथ रेल की पटरी के बीच में अइसन फड़क रहा था जइसन बिन पानी के मछरियाँ। हम वहीं खड़े थे। बचुवा गाय के बछड़े की तरह रंभा रहा था, बस हम पास में पड़े कटे हाथ को उठाए और एक अखबार में लपेट के इहवां ले आए।

रिश्तेदार नं. 1 : अरे खाली हाथ लाने से का होता? डाक्टरनी जी कटल हथवा का अचार डालती? हम तो बचुवा को उठाए लाए हैं ना अम्मां?

माँ : हमार बचुवा बॉली-बाल का शेंपन है। अब कइसे खेलि है–बॉली-बाल।

लेडी डॉ. चलिये, बाहर निकलिए, मुझे ऑपरेशन करना है। ये दोनों कौन हैं?

माँ : डॉक्टर साहिबा, इ दूनो हमरे रिश्तेदार हैं। हमरे चाची के नानी के बुआ के बहिन के बेटवा के...।

लेडी डॉ. : ठीक है, ठीक है, यहाँ रिश्तेदारी मत गिनाओ। नर्स, इसे तुरन्त ऑपरेशन थिएटर में ले चलो।

नर्स : यस डॉक्टर साहिबा। **(पेशेंट के रिश्तेदारों से)** अच्छा आप लोग अब बाहर जाएँ।

दोनों रिश्तेदार : हमें यहीं रहने दीजिए।

लेडी डॉ. : इसे ऑपरेशन में दो घंटे लगेंगे, इसलिए आप लोग दो

दोनों रिश्तेदार : जी डॉ. साहिबा।

(प्रस्थान का अभिनय)

दृश्य दो

वही रिश्तेदार दो घंटे के बाद डॉ. के पास पहुँचते हैं और नर्स से पूछते हैं।)

रिश्तेदार नं.1 : सिस्टर-सिस्टर, मेरे बचुए के हाथ का ऑपरेशन होइ गवा का?

सिस्टर : डॉ. साहिबा बैठी हैं, उनसे पूछ लो।

रिश्तेदार नं.2 : डॉ. साहिबा! होई गवा ऑपरेशन बचुवा का?

लेडी डॉ. : ओ यस, उसका ऑपरेशन डेढ़ घंटे में ही हो गया था।

माँ : डॉ. साहिबा, अब उसका हाथ काम तो करेगा न?

लेडी डॉ. : ऑपरेशन सफलतापूर्वक हुआ है तो बिल्कुल करेगा।

रिश्तेदार नं.1 : तो हम मिल लें अपने बचुआ से?

लेडी डॉ. : नो-नो, अभी मिल नहीं सकते।

रिश्तेदार : **(आश्चर्य एवं घबराहट से)** क्यों?

नर्स : जब डॉक्टर साहिबा ने कह दिया कि नहीं मिल सकते पेशेंट से तो नहीं मिल सकते।

वार्ड बॉय : चलिए-चलिए, बाहर जाइए। यहाँ भीड़ मत लगाइए।

रिश्तेदार एवं माँ : **(एक साथ)** क्यों नहीं मिल सकते अपने बचुवा से?

लेडी डॉ. : क्योंकि ऑपरेशन के जस्ट बाद, वह वॉली-बाल टूर्नामेंट खेलने चला गया। वो देखो टी.वी. पर लाइव प्रोग्राम आ रहा है।

(लेडी डॉ. के कहते ही लेडी के ऊपर की लाइट डिम होती है और स्टेज के ओर स्पॉट लाइट पड़ती है जहाँ वॉली-बाल खेलता बचुआ नजर आ रहा है।)

टी.वी. एंकर : और इसी के साथ बचुवा के इस जबरदस्त शॉट के साथ ही टीम जीत जाती है...आइए, स्पोर्ट के कुछ

और हाई लाइट्स देखते हैं इस कॉमर्शियल ब्रेक के बाद...।

[इसी के साथ स्पॉट लाइट ऑफ और डॉ. के ऊपर लाइट तीव्र हो जाती है। पेशेंट के रिश्तेदार खुशी-खुशी वापिस जा रहे हैं। ठीक उसी समय दूसरा पेशेंट जिसका एक पाँव कटा हुआ है, उस कटे-पाँव को बोरी में लपेटे हुए उसके दो रिश्तेदार लेडी डॉ. के पास पहुँचते हैं।]

पेशेंट का पिता : डॉ. साहिबा, डॉ. साहिबा! आपका सर्जरी में बड़ा नाम सुना है, मेरे बच्चे का कटा पाँव जोड़ दीजिए। हम उम्र-भर आपके आभारी रहेंगे।

नर्स : अभी-अभी एक हाथ कटवाकर आया था और तुम पाँव कटवाकर आ गए?

वार्ड बॉय : कहीं तुमने भी तो लंगड़ी नहीं मार दी रेलगाड़ी को?

पेशेंट : **(कराहते हुए)** भैया! मैं तो रेल के दरवाजे से लटका हुआ था, बस पाँव नीचे फिसल गया।

रिश्तेदार नं.1 : ये सरासर रेल वालों की गलती है, रेल के पहियों पर मडगार्ड लगवाते ही नहीं।

लेडी डॉ. : ओके-ओके! पेशेंट को यहाँ छोड़ दो और इसका कटा हुआ पैर जो बोरी में लपेटकर लाए हो, उसे नर्स को दे दो और डू नोट डिस्टर्ब मी, कम आफ्टर फोर आवर्स। नर्स, ले चलो इसे ऑपरेशन थिएटर में।

[पेशेंट के रिश्तेदारों का प्रस्थान करने का अभिनय तथा आपस में बातें करते हैं।]

रिश्तेदार नं.1: **(दूसरे रिश्तेदार)** सुना है यह डाक्टरनी जितना समय बताती हैं ऑपरेशन उससे कम समय में ही कर देती हैं।

टी.वी. विज्ञापन : वातावरण को साफ-सुथरा रखें और री-साइकिल होने वाली वस्तुओं का ही इस्तेमाल करें।

वेल्कम बैक... आइए, हम आपको ले चलते हैं स्पोर्ट की दूसरी दुनिया में जहाँ एक जबर्दस्त टूर्नामेन्ट होने जा रहा है...।

रिश्तेदार नं.1 : साढ़े तीन घंटे हो गए, अब चलते हैं अस्पताल, ऑपरेशन हो गया होगा!

[पेशेंट के रिश्तेदार अस्पताल पहुँचते हैं जहाँ लेडी डॉ. टाँग पसारे अखबार पढ़ती नजर आ रही है। वार्ड बॉय एवं नर्स अपने काम में मशगूल हैं।]

रिश्तेदार नं. 2: वार्ड बॉय, क्या ऑपरेशन हो गया?

वार्ड बॉय : कौन-सा ऑपरेशन? ऑपरेशन ब्लू स्टार?

रिश्तेदार नं.1 : भिन्डर वाला ऑपरेशन नहीं, ऑपरेशन-ऑपरेशन मेरे विजय का।

वार्ड बॉय : अच्छा ऑपरेशन विजय? मगर कौन-सा ऑपरेशन विजय? 1961 वाला गोवा में पुर्तगालियों के साथ जो हुआ था या फिर 1999 में कारगिल वार में जो हुआ था?

पिता : अरे, दूध पीते बच्चे! ऑपरेशन जो यहाँ बार-बार होता है।

वार्ड बॉय : ओ ऑपरेशन फ्लड्?

रिश्तेदार नं.2 : तुम बहुत बुरे हो...ऑपरेशन नहीं समझते?

वार्ड बॉय : अच्छा-अच्छा, ऑपरेशन बैड? मगर कौन वाला बैड... बी ए डी बैड वाला बुरा या टेररिस्ट एक्टीविटी वाला...बैंगलोर, अहमदाबाद, मुम्बई?

रिश्तेदार नं.1 : वार्ड बॉय, तुम यहाँ सफाई का काम करते हो न तुम नहीं समझोगे क्या होता है ऑपरेशन।

वार्ड बॉय : अच्छा ऑपरेशन क्लीन अप यानी हुसैन सागर के सफाई की बात कर रहे हैं आप?

सिस्टर : मेरे जीनियस वार्ड बॉय, ये अपने लड़के के पाँव के ऑपरेशन के बारे में पूछ रहे हैं।

वार्ड बॉय : तो पूछो डॉक्टरनी जी से। चले आते हैं बेफजूल की बात करने।

रिश्तेदार नं.2 : डॉक्टरनी जी!

[लेडी डॉक्टर अखबार पढ़ रही है और साथ ही टी. वी. की ओर देखती जाती है।]

लेडी डॉ. : हो गया-हो गया ऑपरेशन सफलतापूर्वक हो गया।

रिश्तेदार नं.1 : तो मिल लें अपने पेशेंट से?

लेडी डॉ. : नो, अभी नहीं।

पिता : **(घबराहट से)** क्यों?

वार्ड बॉय : क्योंकि सास भी कभी बहू थी।

लेडी डॉ. : शट अप! आप इसलिए नहीं मिल सकते क्योंकि आपका बेटा... **(टी.वी. की ओर देखते हुए)** गया काम से...।

पिता : **(परेशान होकर)** कहाँ गया डॉक्टर साहिबा मेरा बेटा विजय?

लेडी डॉ. : अरे भाई, पाँव के ऑपरेशन के तुरन्त बाद आपका बेटा फुटबॉल मैच खेलने चला गया। वो देखो टी.वी. पर।

[इतना कहते ही डॉ. पर लाइट धीमी हो गई। स्पॉट लाइट स्टेज के दूसरे कोने पर पड़ती है जहाँ फुटबॉल मैच चल रहा है।]

टी.वी. एंकर : और फिर पेनाल्टी कॉर्नर पर विजय की एक जोरदार किक के साथ ही मैच ड्रॉ हो गया।

दृश्य तीन

[स्पॉट लाइट खत्म होते ही लेडी डॉ. पर लाइट तीव्र हो जाती है और ठीक उसी समय स्ट्रेचर पर एक बॉडी लिटाए हुए तथा हाथ में उसका कटा हुआ सिर लिए नए पेशेंट के रिश्तेदार लेडी डॉ. के पास पहुँचते हैं। कटा हुआ सिर पॉलिथिन में पैक है।]

रिश्तेदार नं. 1 : **(नर्स से)** सिस्टर जी, सिस्टर जी, बड़ा नाम सुना है डॉक्टरनी जी का...बचा लो हमारे बच्चे को...हम जिन्दगी-भर आप सबकी गुलामी करेंगे।

सिस्टर : कहीं इसका सिर रेल से तो नहीं कटा?

वार्ड बॉय : **(स्वगत)** झाँक रहा होगा डब्बे के पैंदे में।

रिश्तेदार : नहीं, नहीं, रेलगाड़ी की छत पर चुपचाप बेचारा बैठा था। रेल के पुल ने काट दिया सिर।

लेडी डॉ. : ओके-ओके, सिस्टर, वार्ड बॉय, इसे जल्दी ऑपरेशन थिएटर में ले चलो।

[सिस्टर, वार्ड बॉय कटे हुए सिर को पॉलिथिन *से निकालते हैं और विशेषकर यह दिखाते हैं कि कटा हुआ सिर 8-10* पॉलिथिन *में लपेटकर कैसे लाया गया है।]*

लेडी डॉ. : **(पेशेंट के रिश्तेदारों से)** अच्छा अब आप लोग जाइए। डू नोट डिस्टर्ब मी। कम आफ्टर 6 आवर्स।

वार्ड बॉय : अब खड़े क्या हो, जाओ, छह घण्टे बाद आना।

[सब हाथ जोड़ते हुए प्रस्थान का अभिनय करते हैं, साथ ही बातें करते जाते हैं।]

रिश्तेदार नं. 1 : चाचू, यह लेडी डॉ. बहुत पहुँची हुई है। हाथ लगाते ही मुर्दा भी चलने लगता है। देखना, 6 घंटे से पहले ही ऑपरेशन करके सब ठीक कर देगी।

टी.वी. विज्ञापन : क्या प्लास्टिक इस्तेमाल करते हैं...? क्यों स्वास्थ्य से अपने खेलते हैं...? क्यों नालियों को जाम करते हैं...? आप री-साइकिल बैग, इस्तेमाल क्यों...नहीं करते हैं?

रिश्तेदार नं. 2 : पाँच घंटे हो गए चाचू, वापस अस्पताल चलते हैं, ऑपरेशन हो गया होगा।

[पेशेंट के रिश्तेदार अस्पताल पहुँचते हैं। सिस्टर, वार्ड बॉय, सभी सिर झुकाए बैठे हुए हैं।]

पिता : **(घबराकर)** डॉ. साहिबा मेरा बेटा कैसा है, ऑपरेशन हो गया?

लेडी डॉ. : हाँ, हो गया।

रिश्तेदार नं. 1 : हम उससे मिल लें?

रिश्तेदार नं. 2 : इनका मतलब हम उन्हें आई.सी.यू. में देख सकते हैं?

लेडी डॉ. : नहीं।

पिता : नहीं का क्या मतलब डॉक्टर साहिबा?

लेडी डॉ. : क्योंकि वह मर गया।

सिस्टर : **(चीखकर अपने सिर पर)** नहीं ई-ई-ई...।

वार्ड बॉय : **(सिस्टर से)** हैं... तू क्यों चिल्ला रही है? तेरा कुछ लगता था क्या?

सिस्टर : नहीं-नहीं, मेरा कुछ नहीं लगता था, लेकिन तुम तो जानते ही हो कि ब्रेन का ऑपरेशन कितना कॉम्प्लीकेटेड होता है!

रिश्तेदार नं. 1 : शायद इसीलिए बच नहीं पाया।

लेडी डॉ. : नो-नो, ऐसी बात नहीं, ऑपरेशन तो सफल हो गया था।

रिश्तेदार नं. 2 : फिर कैसे मेरा पेशेंट मर गया?

पिता : डॉक्टर, तूने मेरे बच्चे को मार डाला।

लेडी डॉ. : मैं डॉक्टर हूँ, हत्यारिन नहीं। तुम कटे हुए सिर को कैसे लाए थे?

पिता : हम तो उसके सिर को अच्छे से पॉलिथिन बैग में लपेटकर लाए थे।

रिश्तेदार नं. 1 : और क्या? एक नहीं छह-छह, सात-सात पॉलिथिन में लपेटकर लाए थे उसका सिर।

रिश्तेदार नं. 2 : अखबार, बोरियों में कटे अंग लाने वाले को तो आप बचा लेती हैं, हम इतने साफ-सफाई से कटा सिर लाए तो नहीं बचा पाईं डॉ. साहिबा?

लेडी डॉ. : हाँ, नहीं बचा पाई मैं उसे क्योंकि...।

पिता : क्या क्योंकि?

लेडी डॉ. : क्योंकि...मेरा वार्ड बॉय ही तुम्हें बता देगा।

वार्ड बॉय : **(गला साफ करते हुए)** लेडीज एण्ड जैन्टलमैन मुद्दा ये है...।

सिस्टर : तुम फिर शुरू हो गए। इन्हें सीधे-सीधे बताओ कि इनका पेशेंट कैसे मरा? भाषण मत दो, ये डैथ केस है।

वार्ड बॉय : वेरी सिम्पल-अखबार, बोरी, ये सब रि-साइकिल होने वाले डिग्रेडेबल मैटेरियल हैं, जबकि प्लास्टिक ऐसा नहीं है। तुम्हारा बच्चा प्लास्टिक में सफोकेशन यानी घुटन से पहले ही मर गया था। इसमें डॉक्टर क्या करेंगी?

सिस्टर : सुना आप लोगों ने?

[सभी कलाकार टी.वी. विज्ञापन करेंगे।]

टी.वी. विज्ञापन : सुनो! सुनो मेरी सरकार!
पॉलिथिन का करो बहिष्कार...।
प्लास्टिक इस्तेमाल की आदत जो हम दस
सेकंड में छोड़ सकते हैं, उसी प्लास्टिक को
दस हजार साल लग जाते हैं गलने-सड़ने में।

सभी : Be fantastic
say no to Plastic.

कितनी जुलेखा?

कहानी की अवधारणा

यह नाटक एक सच्ची घटना पर आधारित है, जिसका संकलन डॉ. किरण बेदी द्वारा रचित 'गलती किसकी?' में किया गया है।

इस एकांकी का कथानक दिल्ली की झुग्गी-झोंपड़ियों में रहने वालों की गरीबी, अशिक्षा, बेरोजगारी, बाल-विवाह, अपराध के ताने-बानों के इर्द-गिर्द घूमता है।

स्लम, ड्रग्स माफियाओं के लिए यह एक माकूल जगह है। कमाई के लिए पुलिस स्मैक बेचने वालों को प्रोत्साहित करती है।

ऐसे में एक गैरसरकारी संगठन 'नव ज्योति नशा मुक्ति केन्द्र' और 'इंडिया विजन फाउंडेशन' ऐसे अपराधियों एवं उनके परिवार के पुनर्वास के लिए अंधेरे में रोशनी की किरण लेकर आए हैं। आज जरूरत है, दीप से दीप जलाकर अंधेरे समाज में रोशनी बिखेरने की, लाल किरण की।

मंचन-अवधि : 90 से 120 मिनट।

पात्र-परिचय

महिला पात्र

जुलेखा	–	एक अनपढ़ महिला, उम्र–23 वर्ष
शन्नो	–	हुसैन की बीवी, उम्र–30–32 वर्ष
लेडी जेलर	–	उम्र–30 वर्ष
काकी	–	जुलेखा की पड़ोसन, उम्र–45 वर्ष
अहमद की माँ	–	उम्र–50 वर्ष
लेडी कांस्टेबल	–	उम्र–35 वर्ष

पुरुष पात्र

अहमद	–	जुलेखा का नशेबाज पति, उम्र–30 वर्ष
हुसैन	–	जुलेखा का मौसेरा भाई, उम्र–35 वर्ष
कालू	–	काकी का नौकर, उम्र–16–17 वर्ष
हवलदार	–	एक
स्मैकिये	–	तीन
बच्चे	–	दो
एन.जी.ओ. कार्यकर्ता	–	एक

दृश्य एक

[स्टेज पर अंधेरा है। संगीत के साथ एक स्पॉट स्टेज के सेन्टर में उभरता है। स्पॉट के बीच सफेद साड़ी पहने जुलेखा खड़ी है, साथ में दो बच्चे उससे चिपटकर खड़े हैं। नेपथ्य से आवाज आती है–]

नेपथ्य से : ये जुलेखा है। हमारे महान देश की विशाल जनसंख्या में जुलेखा आजकल लेडी चेम्बर के सेल नम्बर 23 में वक्त गुजारती है। इसकी दरख़्वास्त पर हमारे देश के मेहरबान कानून ने इसके बच्चों को भी इसके साथ रहने की इजाजत दे दी है। एक एन.जी.ओ. 'इंडिया फाउंडेशन' की इनायत से ये बच्चे तालीम पाने लगे हैं। आजकल जुलेखा भी क्रेच में बच्चों को संभालने का काम करती है। इस काम के लिए इसे हर महीने 800 रुपये मेहनताना भी मिलता है जिसे ये जमा करती है, ताकि एक दिन ये अपना काम शुरू कर सके और अपने बच्चों को लायक बना सके कि वे इज्जत की जिन्दगी जीने लायक बन जाएँ। हम सब भी यही चाहते हैं कि जुलेखा का ये सपना जरूर पूरा हो और हम ये भी चाहते हैं कि इस जुलेखा के साथ जो कुछ भी हुआ हो, इसे देखकर इस जैसी हजारों, लाखों जुलेखाएँ सबक लें और वक्त रहते अपने लिए सही रास्ता चुन लें। आमीन!

[संगीत के साथ स्पॉट धीरे-धीरे खत्म होता है। स्टेज के एक हिस्से में रोशनी आती है। एक कोने में जुलेखा नमाज खत्म करके उठती है, एक महिला पुलिस कांस्टेबल आती है।]

लेडी कांस्टेबल : ए जुलेखा, जल्दी से खड़ी हो जा, नई जेलर साहिबा आ रही हैं। सुना है बेहद कड़क हैं। पहले जहाँ थीं, वहाँ कोई सामना नहीं कर सकता था इनका। बोलती हैं बाद में, शूट पहले करती हैं।

जुलेखा : वो क्या करती हैं उससे मुझे क्या फर्क पड़ता है। आने दे, मेरा क्या कर लेंगी। तुम्हारी अफसर हैं, तुम डरो। सलाम करने की तैयारी करो।

[लेडी जेलर का प्रवेश, पीछे-पीछे एक हवलदार।]

लेडी कांस्टेबल : (सैल्यूट मारकर) गुड मॉर्निंग जनाब। जनाब, ये 23 नम्बर की सेल में अकेली रहती है। इसका नाम है...

लेडी जेलर: जुलेखा...? **(कांस्टेबल और हवलदार चौंक जाते हैं, जुलेखा वैसे ही खड़ी है।)** जुलेखा है ना? वो एन.जी.ओ. है ना, जो इस कैम्पस में वोकेशनल ट्रेनिंग देती है, क्या नाम है? हाँ नव ज्योति, उसी की सैक्रेट्री ने इसके बारे में बताया था।

लेडी कांस्टेबल : ऐ, साहब को सलाम करो, बहुत बड़ी अफसर हैं।

जुलेखा : ये मेरे को आज ही बाहर भेज दें तो मैं एक बार नहीं दो बार सलाम करूँगी। **(मुड़कर कोने में रखे लोटे से पानी पीती है।)**

लेडी जेलर: (अपनी केन से इशारा कर) तुम लोग बाहर जाओ। **(कांस्टेबल और हवलदार चले जाते हैं। जुलेखा वैसे ही धीरे-धीरे पानी पी रही है। अफसर केन घुमाते हुए इधर-उधर टहलते हुए)** हूँ, मुझसे पहले वाले अफसर ने तुम्हारे केस में बहुत सिफारिशें लिखी हैं, इसलिए मैं तुझे देखना चाहती थी।

जुलेखा : देख लिया, बोलो क्या करोगी...? ग्यारह महीने और रहना है मुझे यहाँ। मेरे बारे में तुम्हारे पिछले अफसर ने क्या लिखा है, उससे मुझे कोई फर्क नहीं पड़ता। आज तक मेरे बारे में अगर कुछ लिखा गया है तो वो है, सिर्फ शिकायतें और हर शिकायत ने मुझे सजा दिलाई है, अब सिफारिशों से मेरा कुछ नहीं होना।

लेडी जेलर: इतने साल यहाँ रहने के बाद भी मुझे तो तेरे अन्दर कोई मलाल या सुधार नजर नहीं आ रहा। इन्स्पेक्शन पूरा कर लूँ। तेरी फाइल फिर से स्टडी करनी पड़ेगी, तुझसे बाद में मिलूँगी। [बाहर निकल जाती है। कांस्टेबल अन्दर आती है। जुलेखा अपनी ही धुन में बोले जा रही है।]

जुलेखा : हाँ-हाँ, मिलियो- एक बार नहीं सौ बार मिलियो, तूने नहीं

लेकिन मैंने तुझे पहचान लिया है। तुम्हारी सबकी जात को अच्छी तरह जान गई हूँ। सबके सब खाकी वाले एक जैसे होते हैं, रस्सी को साँप और साँप को रस्सी बनाते हैं। सिफारिश करते हैं। हुँऽऽऽ. और वो भी मुझे। अगर नव ज्योति वाली मैडम ने रोका नहीं होता तो तेरे जैसों को कभी का कच्चा चबा जाती।

लेडी कांस्टेबल : तू नहीं सुधरेगी, जनाब तो तेरी भलाई के ख्याल से तुझसे मिलना चाहती थीं और तूने तो सीधे मुँह बात तक नहीं की उनसे।

जुलेखा : क्यों, क्यों करूँ बात? मैं तो नहीं करती। क्या कर लेगी वो मेरा? कानून ने जो सजा लिख दी है, उसे वो कम करा देगी क्या? नहीं ना, तो मैं क्यों उससे दब के बात करूँ?

लेडी कांस्टेबल : कभी-कभी तो एकदम टट्टू की तरह अड़ियल हो जाती है। इसमें दबने की बात क्या है? ये बड़े अफसर सिर्फ इज्जत चाहते हैं। इनसे नरमी से बात करने में ही फायदा रहता है।

जुलेखा : एक बार मजबूरी से मुझे खामोश रहना पड़ा था जिसकी सजा भुगत रही हूँ। अब मुझे कोई फायदा नहीं चाहिए। तू, तू कर उनकी लल्लो-चप्पो, तुझे वो कोतवाल बना देगी।

लेडी कांस्टेबल : तेरे से तो बात करना भी बेकार है। बदतमीज कहीं की, हर वक्त खुन्दक में रहती है। कभी भी इन्सानों की तरह नहीं रह सकती। बेवकूफ! **(जाने के लिए मुड़ती है।)**

जुलेखा : ऐ ठुल्ली, ये वर्दी उतार के जरा इन सलाखों के पीछे आके रह और देख, मन के अन्दर कैसे-कैसे गुबार उठते हैं। अच्छे से अच्छे तुर्रम खाँ के होश फाख्ता हो जाएँगे। तू तो जो बाहर डंडा चटका के रोब झाड़ती है ना, अन्दर आके रह और देख, दिमाग में सैकड़ों हथौड़े बजते रहते हैं हर वक्त। बड़ी आई नसीहत देने वाली। हूँऽऽऽ...।

कांस्टेबल : **(दरवाजे के निकट पहुँचकर पलटती है।)** अन्दर आने के काम किए थे तो अन्दर हुई ना, किसी ने ब्याह का न्योता देके तो तुझे यहाँ नहीं बुलाया था। किया है सो भुगत। **(चली जाती है।)**

जुलेखा : **(तेजी से दरवाजे के निकट आती है और आक्रोश-भरे स्वर में बोलती है।)** हाँ-हाँ, भुगत लूँगी और ये मैं अपनी मर्जी

से नहीं काट रही, ये भी तेरे हरामी भाई–बन्दों की बदौलत भुगत रही हूँ। अरे, खसम ने ये औलाद मेरे साथ नहीं लगाई होती तो तुम सालों में से, दो–चार को तो टपका के खुद भी डूब के मर जाती। कहती है, ब्याह का न्योता देके नहीं बुलाया, हूँ... **(आगे बढ़ती है और झल्ला कर लोटे में पाँव मारकर उछाल देती है।)**...ब्याह?

(संगीत के साथ फेड आउट)

दृश्य दो

[स्टेज के दूसरे जोन में फेड इन। अहमद की माँ एक बैग या ट्रंक में कुछ तलाश कर रही है। साथ ही वो बड़बड़ा भी रही है। पीछे दरवाजे के पीछे नवयुवती जुलेखा खड़ी है।]

माँ : मेरी तो किस्मत ही फूट गई। पता नहीं किसने चुरा लिए? कौन आएगा? एक ही तो है, वो सत्यानाशी। इस घर को खा के जाएगी। पहले तो आते ही मेरे लौंडे को मुझसे छीन लिया और अब इतनी हिम्मत हो गई कि मेरी कमाई भी चुराने लगी। *(अहमद अन्दर आता है, उसके हाथ में एक लिफाफा है।)*

अहमद : ये किससे बात कर रही है। यहाँ तो कोई भी नहीं है। लगता है तुझे फिर से बकने का दौरा पड़ा है? ले जलेबी खा। *(लिफाफा आगे करता है।)*

माँ : जलेबी खा तू और खिला अपनी उस छमियाँ को। काम की ना काज की, दुश्मन अनाज की।

अहमद : जब देखो तब तू किसी-ना-किसी की शिकायत करती रहेगी, अब क्या तूफान आ गया जो मिसमिसा रही है। चल, छोड़ इन बातों को और जलेबी खा, ले। **(लिफाफे से एक जलेबी निकाल के खाता है और माँ के आगे लिफाफा बढ़ाता है।)**

माँ : मुझे तो तू थोड़ा-सा जहर ला दे, खा लूँगी। क्या नसीब है?

अहमद : अरे अब क्या हो गया, जो नसीब को धुनने बैठ गई है? कभी तो चैन से रहा कर।

माँ : सही फरमाया तूने, मुझे चैन कहाँ है! मेरी तो रातों की नींद उड़ गई है और तुझे कुछ सूझता ही नहीं। लौंडे का निकाह ये सोच के किया था कि लड़की अपने साथ कुछ दहेज लाएगी, मगर क्या पता था कि वो कमीना हुसैन अपनी मीठी-मीठी

बातों के सब्जबाग दिखाके हमें ही धोखा दे जाएगा। कहता था कि मेरी खाला की बेटी है, बेहद कमेरी है, सब काम कर सकती है। इस घर में आएगी तो घर को जन्नत बना देगी। खाक में मिले, नासपीटा। भूखे-नंगे घर की लड़की लाके धर दी और हमारे लिए अनाज का खर्च बढ़ा दिया।

अहमद : अब तुम्हें ही जल्दी पड़ी थी मेरे निकाह की, तब तो कहती थी कि मैं सब कुछ बन चुकी हूँ, फूफी, नानी, काकी, सब। बेटा, किसी काले सिर वाली को ले आ और जल्दी से दादी बना दे।

(जलेबी खाता है।)

माँ : हाँ, तू भी मेरा ही कुसूर निकाल, अरे, मेरे दादी बनने से पहले तुझे भी तो बीवी मिल जाती। मगर मुझे ये थोड़े ही पता था कि हमारे नसीब में इतनी बड़ी दगा लिखी है। ये दरजी की बेटी चीथड़ों में लिपटी आएगी और दुनिया में हमारी इज़्ज़त का जनाजा निकलवाएगी।

अहमद : अब छोड़ो न इन बातों को। जो हुआ सो हुआ, अब दिन-रात इन बातों को गाने से क्या फायदा?

माँ : फायदा? अब मन का गुबार निकाल के अपने कलेजे को तो ठंडा कर लूँ। जब भी इस जनमजली की सूरत देखती हूँ, तो खून खौल उठता है। जी करता है सोती हुई का टेंटुआ दबा दूँ, मगर मेरा तो बस नहीं चलता, इसलिए हर वक्त इस मनहूस की सूरत देख के जलने के बजाय मैं खुद ही बाहर निकल जाती हूँ। आज चार महीने हो गए हैं, घर में ठहरना मुहाल हो गया है।

अहमद : कोई और चाँद से मुँह वाली ढूँढ़ लाती ना? जिसे घर में बैठ के हर वक्त देख सकती।

माँ : हाँ, चाँद से मुँह वाली तो कई देख रखी थी, मगर सबके घरवाले ये पूछते थे कि आपका लौंडा क्या करता है? क्या जवाब देती उन्हें कि नवाबी खानदान का एक ही चिराग है, उसे कुछ करने की क्या जरूरत है, दिन-भर बीड़ियाँ फूँकता है और ताश खेलने में उस्ताद है, मैं काम करती हूँ और वो निखट्टू घूमता है।

अहमद : **(झल्लाकर)** मुझे ये ताने मारने बन्द कर दे, इतनी मेरी उम्र

नहीं हुई है जितने ताने मैं सुन चुका हूँ। ***(जलेबी का लिफाफा फेंक देता है।)*** मुझे कोई काम नहीं मिलता तो इसमें मैं क्या कर सकता हूँ?

माँ : ये आँखें किसे दिखा रहा है, कमबख्त। ढूँढ़ने से बीवी कैसे मिल गई तुझे, काम भी ढूँढ़ लेता, ताने नहीं सुनने पड़ते।

अहमद : हर वक्त मेरे पीछे मत पड़ा कर, ब्याह ना किया मुसीबत मोल ले ली। कह तो छोड़ दूँ इसे।

माँ : छोड़ देगा तो सारा दिन किसकी गोद में मुँह छिपाएगा। काम-धन्धा तो तेरे पास कोई है नहीं। ब्याह हो गया तो एक ही काम रह गया है तेरे पास। छोड़ेगा कैसे?

अहमद : फिर, फिर ताने मारने शुरू कर दिए। मुझे तो तू जीने ही नहीं देगी। आज मैं इस रोज-रोज के टंटे को ही खत्म कर देता हूँ। मेरा तो जीना ही मुहाल कर दिया है तूने। अल्लाह कसम, आज कुछ ना कुछ जरूर होगा।

(तेजी से जाने लगता है, माँ रोकती है।)

माँ : कहाँ जा रहा है, ठहर जा। मुझे कहने का भी हक नहीं क्या?

अहमद : **(गुस्से से)** हट जा, मैं इस बकबक को खत्म कर दूँगा। हर वक्त तू मेरी मर्दानगी पे जुमले कसती है। आज मैं कुछ करके रहूँगा। **(दोनों मैं छीना-झपटी होती है। अहमद माँ को धक्का देता है और छूटकर दीवार पर टँगा हँसिया उतार लेता है, तभी माँ आकर उसे पकड़ लेती है।)**

माँ : **(चिल्लाकर)** अरे, ये क्या कयामत ढा रहा है तू? मुझे माफ कर दे, मैं तेरी गुना हगार हूँ, तूने कुछ करना है तो मेरी गर्दन उड़ा दे, मगर तू...नहीं, या अल्लाह! रहम कर। अरी ओ कलमुँही तू वहाँ क्या कर रही है? देख, तेरा मरद क्या कर रहा है?

(जुलेखा भागी हुई अन्दर आती है और ठिठककर रुक जाती है, उसकी समझ में नहीं आता कि वह क्या करे, फिर वह भी अहमद का हाथ पकड़ हँसिया छुड़ाने की कोशिश करती है।)

जुलेखा : ये क्या हो गया है तुम्हें? क्या करने पे आमादा हो गए हो? तुम छोड़ो इसे, छोड़ो।

(कुछ देर कशमकश होती है, फिर अहमद कुछ शांत होता है।)

अहमद : मैंने कह दिया, आज आखिरी बार सुन लो सब, मैं जैसा भी हूँ, निखट्टू हूँ या नवाबी हूँ, ऐसा ही रहूँगा, बस। मगर किसी को भी मुझे ताने मारने की जरूरत नहीं है, समझे! मैं ये बर्दाश्त नहीं कर सकता। मेरी मर्जी कि काम ढूँढूँ या नहीं, करूँ या नहीं, जिसे दिक्कत हो, वो पतली गली से निकल ले।

जुलेखा : तुमने ये अन्दाजा कैसे लगा लिया कि मुझे कोई दिक्कत होगी। मैंने तो कभी तुमसे कोई शिकायत नहीं की। जब मैंने काम करने की बात कही थी तो तुमने ही मुझे रोक दिया था कि मैं अगर लोगों के घर बरतन माँजने जाऊँगी तो तुम्हारी बेइज्जती होगी। मैं तो आज भी काम करने के लिए तैयार हूँ।

माँ : क्या खाक तैयार है। काम करेगी तो ऐसा कि खानदान की नाक कट जाए। अपने घर कुछ देखा होता तो इज्जत-बेइज्जती का फर्क मालूम होता और मुझे तो ये भी यकीन नहीं कि अपने यहाँ कौन-सा काम-धंधा करती थी।

जुलेखा : समझ लो, हर तरह के काम किए। अब्बा के मरने के बाद अम्मी कढ़ाई के कपड़े लाकर गुजारा करती थी, जब अम्मी की टाँग टूटी तो भुखमरी से बचने के लिए मुझे ही छोटी-सी उम्र में बाहर जाकर काम करना पड़ा।

माँ : तो तेरे बाप को किसने कहा था कि सात-सात बच्चे पैदा करे? उसका किया किसी को तो भुगतना ही था। हमारी ही किस्मत में लिखी थी ये भुखमरी से निकली सौगात। वो तेरे खालाजाद भाई हुसैन ने तेरी तारीफों के इतने पुल बाँध दिए थे कि हम झाँसे में आ गए। अब तू कुछ करेगी नहीं, अहमद की मर्जी नहीं है, तो जनमजली मैं ही लोगों के बच्चे जनती रहूँगी और तुम धींगड़ों को पालती रहूँगी।

जुलेखा : इसमें मेरा क्या कुसूर? पहले अपने बेटे से...? मुझे...ये ताना..। **(अहमद को देखती है और चुप हो जाती है और पलटकर चल देती है।)**

माँ : देखा, कैसे दबी आग को छेड़ के अलग हट गई, इसे कहते हैं-'भुस में आग लगा के जमालो दूर खड़ी'। मैं ही नजर आती

हूँ सबको ताने मारने वाली। अल्लाह भी नामालूम किस बात का बदला ले रहा है मुझसे। अपने पेट से जने लौंडे की बात तो सुनूँ, उसकी जोरू की लम्बी जुबान भी झेलूँ, अल्लाह मुझे उठा क्यों नहीं लेता!

अहमद : अम्मा! तू भी खामख्वाह ही बात का बतंगड़ बना रही है। अच्छे-भले घर में बैठे थे कि बेकार की बात पे बवाल खड़ा कर दिया।

माँ : बेकार की बात पे, अपने बैग में 85 रुपये बचा के रखे थे कई दिन से, आज वो कहीं नहीं मिले। मैंने किसी का नाम तो नहीं लिया, मगर अहमद, मेरे-तेरे सिवाय इस घर में और कौन है, कौन है जो चुरा सकता है?

अहमद : ये, मगर इसे चुराने की क्या जरूरत? कुछ चाहिए तो मुझे कह देगी, चुराएगी क्यों?

माँ : अरे, जिसे आदत पड़ जाए तो मुँह से क्यों कहेगा। मैंने तो तुझे बताया नहीं, पिछले महीने जब मुझे खाँसी हुई तो हकीम साहब के कहने पर मैं खजूर लाई थी अपने खाने के लिए, सेर-भर में से मुझे पाव भी नहीं मिले और वो, जो तेरा मामू मेरठ की नान खताइयाँ लाया था, दो ही दिन में कहाँ चली गईं?

अहमद : चार-छह तो मैंने खाई थीं।

माँ : चार-छह बस, अल्लाह कसम मैंने छुई तक नहीं, तो बाकी क्या आसमान सूँघ गया? हम तीन जनों में कोई तो चोर होगा ना? वो तो होगी नहीं, बचे तू या मैं? उम्र-भर के अरमान थे कि तेरा घर बसेगा और मैं चैन की नींद सोऊँगी, मगर मेरी बदनसीबी मुझे वो दिन नहीं देखने देगी। औलाद को इसी दिन के लिए पाला कि ब्याह होते ही जोरू ही सब कुछ हो जाएगी और माँ झूठी बन जाएगी।

अहमद : जुलेखा! इधर आ, **(जुलेखा आती है।)**...तूने माँ के पैसे चुराए हैं?

जुलेखा : पैसे? कौन से पैसे? मुझे नहीं मालूम कहाँ रखे थे और मैं क्यों चुराऊँगी? मेरे माँ-बाप ने मुझे मेहनत करके, भूखे रह के जीना सिखाया है, चोरी करना मैंने नहीं सीखा।

माँ : तेरे माँ-बाप ने जुबान लड़ाना सिखा दिया, झूठ बोलना सिखा दिया। उन्होंने जो सिखाया वो तो तूने सीखा ही, बाकी हुनर तूने खुद ही सीख लिए, है ना? चोट्टी कहीं की।

जुलेखा : ***(जुलेखा गुस्से से माँ को देखती है।)*** मैं गरीब घर से जरूर हूँ मगर हमने हमेशा मेहनत करके गुजारा किया है। मेरे मोहल्ले में किसी से पता कर लो, हमने कभी चोरी नहीं की। मेरे ऊपर इल्जाम मत लगाओ।

अहमद : तो तेरा मतलब है कि अम्मी झूठ बोल रही हैं, वो खजूर, वो खताइयां तूने खाई तो कोई बात नहीं, खा ली तो खा ली, लेकिन बताने में क्या बुराई है? **(माँ को देखकर)** किसी को शक तो ना रहे?

जुलेखा : **(अपने कंठ को पकड़कर)** अल्लाह कसम ! मैं सच कह रही हूँ, मुझे कुछ नहीं पता। इस घर में दो जून दाल-रोटी के अलावा मैं कुछ नहीं जानती। तुम दिन-रात यहीं रहते हो, फिर भी मुझ पर शक करते हो?

अहमद : हाँ, ये बात तो सही कह रही है। मैं इसके लिए कैसे इसे कुछ कहूँ?

माँ : **(चीत्कार कर)** अल्लाह, मुझे आज की रात ही उठा ले। मैं करमजली, इस बात को सुनने से पहले ही खाक में क्यों नहीं मिल गई। अहमद के अब्बा, अपने साथ मेरा भी जनाजा ले जाते। **(रोते हुए)** क्यों मुझे इन जल्लादों के पास छोड़ गए? **(जमीन पर बैठकर विलाप करती है)** जोरू सब कुछ हो गई। आज माँ को बेटे ने झूठी साबित कर दिया, झूठी साबित कर दिया, अल्लाह, मेहरबानी कर, मुझे इसी वक्त उठा ले, मुझे मरना है। ऐ मोहल्ले वालो मेरी मइयत में अहमद का कंधा मत लगने देना। अल्लाह! मेरे को जीते-जी दफन करवा दे।

(अहमद! और जुलेखा भौंचक्के से देखते हैं।)

अहमद : **(माँ को पकड़ते हुए)** खामोश हो जा, ये सब क्या ड्रामा शुरू कर दिया? मैंने तो तुझे कुछ नहीं कहा, तू क्यों मलाल कर रही है?

माँ : मलाल! अरे नामाकूल! अब ये सब देखने के बाद तो मेरी जिन्दगी एक मलाल बन गई है। अल्लाह, मुझे उठा ले। अब ये दोजख मैं नहीं झेल सकती।

जुलेखा : **(अहमद से)** अगर इनकी मंशा ये है कि मैं चुपचाप सब इल्जाम अपने सिर उठा के चली जाऊँ तो तुम्हें कसम है मेरे पेट में पलने वाले बच्चे की कि इसी वक्त मेरा कत्ल कर दो।

अहमद : चुप, इस वक्त कुछ मत बोल, मेरा भेजा खराब हो चुका है। मैं इस वक्त कुछ भी कर सकता हूँ।
[फिर से हँसिया उठा लेता है।]

माँ : हाँ, जोरू को तो लाड़ करेगा, अपनी माँ पे ही वार कर। कर, ले मैं अपना सिर झुका लेती हूँ, मेरा सर कलम कर...।

जुलेखा : **(आगे आते हुए)** ऐसा कभी मत करना, आऽऽऽ, आऽऽऽ!
[हंसिया जुलेखा की कोहनी पर लगता है, वह चीखती है। अहमद हाथ में हँसिया लिए आँखें फाड़े उसे गुस्से से देख रहा है। *दरवाजे पर दस्तक होती है और हुसैन अन्दर आता है। अन्दर का दृश्य देख वह स्तब्ध रह जाता है।*]

हुसैन : जुलेखा...!**(नजदीक आकर उसे संभालता है, वह दर्द से कराह रही है।)** अहमद, अबे तू आदमी है या हैवान...चन्द महीने ब्याह को नहीं हुए और बीवी पे ये जुल्म ढाने लगा। मुझे ये पता होता कि तुम लोग इतने कमीने निकलोगे तो कभी तेरा निकाह ना करवाता। **(जुलेखा को संभालता है।)**

माँ : अरे अहमद! ये तूने क्या कर दिया..., ये क्या कर दिया कमबख्त। तेरा गुस्सा मुझपे था तो मुझे खतम करता। जो बेचारी मुझे बचाने आई थी, तूने उसी को खूनमखून कर दिया। हुसैन, ले जा, इसे यहाँ से अभी ले जा। इसके सिर पे इस वक्त खून सवार है, जल्दी से इसे ले जा।

हुसैन : ***(हुसैन जुलेखा की घायल बाजू पकड़कर ले जाने लगता है। दरवाजे के पास पहुँचकर।)*** अहमद! सुन ले, इस वक्त तो मैं इसे ले जा रहा हूँ, मगर एक बात बता दूँ, अगर इलाज करवाते वक्त पुलिस ने पूछा तो मैं तेरा नाम ले दूँगा और गवाही भी दूँगा। साला कुत्ता निकला तू तो।

अहमद : अबे जा, इस वक्त तू दफा हो जा। खून सवार है मेरे सिर पे, वरना मैं तुझे भी चीर के रख दूँगा, जा दफा हो जा।

हुसैन : अबे! याद रखियो, एक बखत दुम हिलाता आएगा मेरे दरवाजे पे, जैसे पहले आया था। नाक रगड़ी थी कई दिन कि

(चिढ़ाकर) भाईजान, कहीं निकाह करवा देंगे तो अहसान मानूँगा। अबे ग़लीज, ठलुए, मैंने सोचा था कि ब्याह के बाद तू बन्दा बनके हाथ-पाँव हिलाने लगेगा। मगर तू तो हद हराम बिरादरी का सरदार निकला। कत्ल की कोशिश की है बच्चू, मैं तेरी माँ के कहने पे इस वक्त तो जा रहा हूँ, मगर तू दुम हिलाता आएगा और तेरे गले का पट्टा मैं ही बाँधूँगा। चल री, **(खींच के चल देता है।)**

[जुलेखा मुड़कर अहमद को देखती है। अहमद हँसिया पटक कर अन्दर चला जाता है, स्टेज पर अकेली माँ बैठी रह जाती है।]

माँ : **(खड़े होते हुए)** हूँ...औरत की जिन्दगी में तो इस तरह के तमाशे होते ही रहते हैं। मेरी सास ने बहुत किया मेरे साथ, बहुत ठुकाई करवाती थी मेरी। अब अगर मैं कसर निकालूँ तो कोई गुनाह थोड़े? **(आगे बढ़कर लिफाफा उठाती है और एक जलेबी खाती हुई)** ये तो दुनिया का दस्तूर है, हुँअ...। **(चली जाती है।)**

(फेड आउट)

दृश्य तीन

[स्टेज के दूसरे भाग में फेड इन होता है। कोने में एक टूटी चारपाई पर हुसैन लेटा हुआ है। अन्दर से बरतन गिरने की आवाज आती है। हुसैन उठकर बैठ जाता है और बीड़ी निकालता है, फिर माचिस तलाशता है, माचिस खाली है, वह माचिस फेंकता है और अन्दर की ओर देखता है।]

हुसैन : शन्नो, ओ शन्नो, माचिस ला। **(दो पल बाद शन्नो अन्दर आती है।)**...क्या तोड़ डाला रसोई में?

शन्नो : **(माचिस देते हुए)** लो, तुम्हारी बहन के हाथ से पतीला छूट गया था। पता नहीं कहाँ खोई रहती है। कहो कुछ और करती है कुछ। **(जमीन पर बैठ जाती है।)**

हुसैन : उसकी तो ये हालत होनी ही है। अरे, जिसे ब्याह के चार महीने बाद ही मियाँ मार-पीट के निकाल दे, उस पे क्या बीतेगी। सोच के देख।

शन्नो : तो क्या सारी उम्र बिठा के खिलाने का इरादा है, अपने रोजगार का ठौर-ठिकाना नहीं, औरों की बेगार और आ गई। कोई काम-काज सिखा के क्यों नहीं हिल्ले से लगाते। कल को मेरठ में तुम्हारा काम बन गया तो क्या इसे भी अपने साथ ढोओगे?

हुसैन : क्यों ढोऊँगा अपने साथ? मैं तो इन्तजार कर रहा हूँ, अहमद का। अल्लाह उसे अक्ल देगा और वो आएगा और देखियो, माफी भी माँगेगा।

शन्नो : हाँ, वो आ लिया और तुमसे अपने किए की माफी भी माँग ली। तुम जानते नहीं कि किस मिट्टी के बने हैं वो माँ-बेटे। देख लेना, उसकी माँ मौका मिलते ही उसका दूसरा ब्याह कर देगी।

हुसैन : अजी ऐसे कैसे कर देगी और जो अपनी बेटी देगा, वो ये भी

तो पूछेगा कि जुलेखा का क्या हुआ? इतना आसान नहीं है सब।

शन्नो : इसकी फिक्र वो करते हैं, जो आस-पड़ोस में सिर उठा के चलते हैं।

हुसैन : अरे, वो तो उस वक्त मैं लिहाज कर गया, वरना पुलिस में खबर कर देता तो अन्दर हो जाता।

शन्नो : लिहाज करके अपने लिए परेशानी मोल ले ली। अब क्या करोगे?

हुसैन : इतने दिन इन्तजार कर लिया है, सोचता था ब्याह को ज्यादा दिन नहीं बीते हैं, बीवी की याद उसे यहाँ खींच लाएगी। मैंने तो ये भी सोच रखा था कि अगर एक बार आ गया तो उसे ही किसी हिल्ले से लगवा दूँगा।

शन्नो : हाँ, जिसने जिन्दगी में मूँगफली ना तोड़ी हो, उससे तुम काम करवाओगे, दिन में ख्वाब मत देखो। खामख्वाह यहूदियों के मसीहा बनने की कोशिश मत करो।

हुसैन : कोशिश करने में क्या जा रहा है। एक-ना-एक दिन तो पेट की आग हाथ-पाँव चलाने पर मजबूर कर देगी। समझी!

शन्नो : मैं तो समझ गई मगर तुम भी समझ लो कि ना तो वो आएगा और ना ही वो दिन आएगा। तुम बेकार में इन्तजार करते रहो, मैं तो चली सोने।

[खड़ी हो जाती है, चलने लगती है कि बाहर से आवाज आती है, हुसैन, हुसैन भाई।]

शन्नो : कौन आ गया इस वक्त?

हुसैन : **(लेटे हुए ही)** आवाज तो अहमद की लग रही है। जा, जा के दरवाजा खोल।

शन्नो : मैं क्यों जाऊँ, तुम्हारी खाला का जँवाई है, तुम देखो। **(अन्दर जाती है।)**

[हुसैन उठकर दरवाजे तक जाता है, परदा हटाता है, सामने अहमद खड़ा है।]

हुसैन : आओ अहमद, आ जाओ। **(दोनों अन्दर आते हैं)** अरे शन्नो, देखो कौन आया है? पानी-वानी लाओ। **(चारपाई की तरफ इशारा करता है)** बैठो। **(अहमद बैठ जाता है)**...पता नहीं क्यों, आज ही मुझे लग रहा था कि तुम आने वाले हो।

अहमद : हुसैन भाई, आना तो मैं कई दिनों से चाह रहा था, मगर जो सलूक मैंने जुलेखा के साथ किया, उसकी मुझे इतनी शर्मिन्दगी थी कि पाँव ही नहीं उठ पा रहे थे। काम के लिए सीलमपुर आया था, किसी तरह हिम्मत करके यहाँ आ गया।

[शन्नो पानी का गिलास लाती है। अहमद हाथ के इशारे से आदाब करता है और पानी का गिलास लेकर पीता है। हुसैन बीड़ी जलाता है।]

हुसैन : सुना शन्नो, अहमद काम के लिए सीलमपुर आया था। मैं जो सोचता हूँ, सही सोचता हूँ। अरे इतनी दुनिया देखी है, अल्लाह के फजल से इतना तजुर्बा है मुझे कि सब अन्दाजा हो जाता है कि कब क्या होना है, क्या करना है।

शन्नो : ये तो बहुत खुशी की बात है, अल्लाह करे काम बन जाए और हर तरह से तरक्की हो।

अहमद : काम तो बना-बनाया है, बस शुरू करने-भर की देर है।

हुसैन : तो इसमें सोचना कैसा मियाँ, शुरू कर दो, फौरन से पेश्तर शुरू कर दो। आज के जमाने में सबसे जयादा कीमत वक्त की है। इसे जाया मत करो। मैं तो कहता हूँ कि कल ही शुरू कर दो।

अहमद : मैंने तो हाँ कर दी है, कल शाम चार बजे से अपना काम शुरू!

हुसैन : अरे, कमाल है, लोग तो अपना काम सुबह से शुरू करते हैं और तुम...शाम से?

अहमद : दरअसल, सुबह से शाम चार बजे तक रिक्शा कोई और चलाता है...उसके बाद मुझे मिलेगी, जब तक मर्जी, चलाऊँ। माँगने वाले तो बहुत थे, मगर वो प्यारेलाल बांग्लादेशियों के बजाय यहाँ वालों को ज्यादा पसन्द करता है, इसलिए मेरे को हाँ कर दी।

हुसैन : प्यारेलाल, हाँ पता है, वो खजूरी वाला! ये तुमने बहुत अच्छा किया अहमद। अब मेहनत करोगे तो रोटी खाने में भी बहुत मजा आएगा और फिर जो नींद आती है, उसके आगे जन्नत भी फेल हो जाती है। बहुत खूब! मुबारक हो!

शन्नो : मुबारक हो! चलो कुछ तो शुरुआत हुई, अल्लाह ने पेट भरने

का इन्तजाम कर दिया है तो सिर के ऊपर और आसमान के नीचे एक छत का बन्दोबस्त भी हो जाएगा।

अहमद : उसका बन्दोबस्त भी हो जाएगा। बात तो छेड़ी है, बस कोई मेरी गवाही दे दे कि मुझे जानता है तो कल ही पुश्ते के पीछे झुग्गी मिल जाएगी। पाँच सौ रुपये पेशगी देनी पड़ती है, सो गवाही की एवज में वो माफ हो जाएगी।

शन्नो : अजी, गवाही का इन्तजाम हो जाएगा मगर एक शर्त है **(दोनों उसे देखते हैं)** और वो ये कि सबसे पहले तुम अन्दर जाके अपनी दुल्हन को मना लो, बहुत तकलीफ उठाई है बेचारी ने।

अहमद : **(खड़ा होकर)** इसमें कोई शक नहीं है, मैं उसका खतावार हूँ, गुनहगार हूँ, मगर गलती तो इन्सान से ही होती है। **(अन्दर जाते हुए)** मुझे यकीन है कि अब कभी उसे शिकायत का मौका नहीं मिलेगा।

[दरवाजे पर पड़ा परदा उठाकर अहमद अन्दर चला जाता है। हुसैन बुझी हुई बीड़ी जलाने के लिए माचिस तलाशता है। शन्नो मुँह दबाकर मुस्कराती है।]

दृश्य चार

[स्टेज के दूसरे जोन में फेड इन गर्भवती जुलेखा चारपाई पर लेटी है। पड़ोसन काकी पास में खड़ी है।]

काकी : देख जुलेखा, तू बिल्कुल भी फिक्र मत कर, बच्चा भी हो जाएगा और तेरे को कोई दिक्कत भी नहीं होगी।

जुलेखा : वो तो शन्नो भाभी और हुसैन भैया मेरठ चले गए, वरना मुझे कोई चिन्ता नहीं थी। भाभी होतीं तो सब संभाल लेतीं, उनके यहाँ कोई परेशानी नहीं थी।

काकी : दुनिया की नजर में ये झुग्गी-झोंपड़ी बस्ती है, मगर पिछले छह महीनों में तू ये तो समझ ही गई होगी कि इस बस्ती में पूरी एक दुनिया है। अरे, बड़ी-बड़ी कोठियों वाले जिन चीजों को ढूँढ़ने दूर-दूर जाते हैं, वो सब तो यहाँ की गलियों में ही मिल जाती हैं। तुझे कोई फिक्र करने की जरूरत नहीं है।

जुलेखा : काकी, मैं तो सिर्फ सोचती हूँ कि मेरा आदमी दिन-भर मेहनत करता है, घर में सूखी रोटी खा के सो जाता है। मैं किसी काबिल भी नहीं कि कुछ कमा सकूँ, ऊपर से जापे का खर्च, कहाँ से होगा, कैसे होगा?

काकी : पागल हो गई है क्या? मैंने कह दिया ना कि सब ठीक हो जाएगा, सो बस सब कुछ भूल जा।

[बाहर साइकिल की घंटी की आवाज।]

जुलेखा : लगता है वो आ गए। **(उठती है।)** थके-हारे आएँगे, उनके लिए रोटी बना देती हूँ। **(बैठ जाती है।)**

काकी : आज तेरी तबीयत ठीक नहीं है, तू आराम कर, खाने की चिन्ता मत कर, हमारे यहाँ से आ जाएगा, तू लेट जा। **(काकी उसे लिटा देती है।)**

[अहमद का प्रवेश। गमछे से माथा पोंछते हुए।]

अहमद : अच्छा, काकी, तुम हो, आज इसका क्या हाल है? खैर, मुझे क्या परवाह, तुम हो ना।

काकी : हाँ, अच्छा, देख आज इसे आराम करने दे और तू हमारे घर आ जाइयो, खुद खाना खा लियो, इसके लिए ले आइयो। अब तू भी आराम कर। मैं चलती हूँ और अहमद, जल्दी आइयो।

अहमद : बस हाथ-मुँह धो लूँ, फिर आता हूँ।

[पड़ोसन चली जाती है। अहमद जुलेखा के नजदीक आता है।]

जुलेखा : आज दिन कैसा रहा? **(उठकर बैठ जाती है।)**

अहमद : अरे, जिस दिन तुम्हारा मुँह देख के निकलता हूँ, वो अच्छा ही होता है। ये देख, आज दो पंचर लगवाए, ठुल्ले को बीस रुपये देने पड़े, 13 रुपये बनिए का उधार उतारा, फिर भी 72 रुपये बन गए, ये रख। **(जेब से पैसे निकाल जुलेखा को देता है। जुलेखा पैसे लेकर माथे से लगाती है।)**

जुलेखा : अल्लाह मेहरबान रहे, तुम्हारी मेहनत की कमाई में बरकत बनी रहे।

अहमद : **(उसके गाल पे हाथ फेरते हुए)** ये सब तुम्हारा जमाल है, जानेमन!

जुलेखा : **(एक हाथ पेट पे रखते हुए)** नहीं, ये सब इसकी किस्मत का कमाल है, जब से पेट में आया, तुम्हें जिम्मेदारी का अहसास हुआ। मेरे लिए तो तुम और ये, दोनों ही अजीज हो। ***(दूसरे हाथ से अहमद की कलाई पकड़ती है।)***

अहमद : मैं तो बस ये दुआ माँगता हूँ कि सब ठीक हो जाए, यासीन भाई से बात कर ली है, हजार-दो हजार तो दिन-रात किसी भी वक्त हाजिर कर देंगे। मुझे बहुत पसन्द करने लगे हैं। परसों कह रहे थे कि अहमद, तुम्हारा बर्ताव अच्छा रहा तो दो- एक महीने में रिक्शा तोहफे में ही दे दूँगा। अगर ऐसा हो गया तो चालीस रुपये रोज के तो बच जाएँगे और फिर तो हम बादशाह हो जाएँगे।

जुलेखा : अल्लाह करे, वो दिन जल्दी आ जाए, बादशाह ना सही फकीर ही सही, अल्लाह दो वक्त सुकून की रोटी बख्शता रहे, वो ही बहुत है। आज मैं उठ नहीं पा रही हूँ। काकी बुला गई

है, जाओ रोटी खा आओ। बेचारी बहुत ख्याल रखती है इतना तो मेरी माँ भी नहीं करती शायद।

अहमद : ठीक है, मैं रोटी खा के आता हूँ, फिर रिक्शा छोड़ आऊँगा।

जुलेखा : क्यों? आज रात की सवारी नहीं देखनी क्या?

अहमद : मुरादाबाद पैसेंजर ग्यारह बजे आएगी, आजकल इतने थ्री व्हीलर वाले सरदार आ जाते हैं कि पाँच-पाँच रुपये में सवारी कहीं भी ले जाते हैं। रात के वक्त सवारी रुकती नहीं और हम जैसे रिक्शा वाले मुँह टापते रह जाते हैं। तो क्या फायदा रात-भर बेगारी उठाने का। बस थोड़ी देर में आता हूँ।

[चला जाता है। जुलेखा धीरे से खड़ी होती है। हाथ में लिए पैसों को देखती है, फिर आसमान की तरह देखती है।]

(फेड आउट)

दृश्य पाँच

[एक कोने में दो पतले-दुबले आदमी पीठ किए हुए कसमसा रहे हैं। उनकी बेचैनी इस कदर बढ़ जाती है कि वो एक-दूसरे को नोंचने लगते हैं। रिक्शा की घंटी की आवाज सुनाई देती है। वे दोनों एकदम पलटकर खड़े हो जाते हैं और आने वाले का इन्तजार करते हैं। जब कोई नहीं आता तो उनकी बेचैनी और भी बढ़ जाती है। अहमद की आवाज सुनाई देती है, 'आ रहा हूँ।' दोनों खुश हो जाते हैं। अहमद आकर उन्हें एक पुड़िया दिखाता है, दोनों ऐसे लपकते हैं जैसे भूखे भिखारी को रोटी मिल रही हो। पुड़िया छीन के दोनों सिगरेट निकालते हैं, फिर पुड़िया से कुछ निकालकर सिगरेट में भरकर जलाते हैं और सिगरेट के कश खींचते हैं। एक अहमद को भी सिगरेट सौंपता है, वह भी इधर-उधर देखने के बाद उनके साथ बैठ जाता है और संगीत के साथ रोशनी की आँख-मिचौली के बीच वे नशे में आ जाते हैं। दोनों व्यक्ति धीरे-धीरे नशे में इधर-उधर निकल जाते हैं। अहमद भी झूमता हुआ स्टेज के पार हो जाता है।]

[जोन में फेड आउट होता है और साथ ही फ्रंट में फेड इन होता है। एक सिपाही डंडा चटकाते हुए आता है, जेब से खैनी निकालकर घिसता है, खाता है, फिर इधर-उधर देखता है तभी उसका ध्यान एक ओर जाता है।]

सिपाही : अरे ऐ रिक्शा...अबे ओ, बहरा है क्या? इधर आ? (**अनमना-सा अहमद नजदीक आता है।**)...साले, रिक्शा में लेटा सो रहा है, तेरे को सुनाई नहीं देता कि तेरा बाप आवाज दे रहा है।

अहमद : नींद बड़ी जोर से आ रही थी।

सिपाही : चल मेरे साथ, अन्दर और भी अच्छे से सुलवा दूँगा। बहुत चढ़ा रखी है क्या? आज कुछ ज्यादा ही चढ़ा रखी है क्या?

अहमद : अरे नहीं हुजूर, अब तुमसे क्या छुपाना, बस दोस्तों ने एक महारानी लगवा दी।

सिपाही : घर में कोई नहीं है, जो महारानी लगा ली।

अहमद : घर है, सब हैं, दो बच्चे हैं। एक दो साल का, एक दस महीने का, बाकी सब महारानी का...अब तो सोने दो।

सिपाही : **(उसकी गर्दन पकड़ के हिलाता है।)** तो एक काम कर, यूँ समझ ले...अबे तू कैसे समझेगा, तेरी तो अपनी समझ स्मैक के धुएँ में उड़ गई। तू एक काम कर, आज मेरे साथ चल। वहीं आराम से सोएँगे।

अहमद : ओए, ओए नहीं हुजूर, तुमने, तुमने...बहुत अच्छा किया मुझे जगा दिया। कहाँ चलना है... अभी, अभी चलता हूँ। पहले काकी को बता के आता हूँ कि तुम्हारे साथ जाना है। वो, वो सबका ध्यान तो रखेगी।

सिपाही : सबका ध्यान, कौन-सी काकी की बात कर रहा है?

अहमद : वोई, जिसने मुझे महारानी से मिलवाया था, पुस्ते की बस्ती में, बहुत अच्छी है। काकी बहुत अच्छी है...और महारानी तो उससे भी अच्छी है।

सिपाही : तो एक काम कर, जरा हमारे महाराजा के पास चल, तेरी तलाशी लेनी है और मेडिकल कराना है, अपनी ड्यूटी बनेगी **(अहमद की गर्दन पर हाथ फेरता है।)** और थाने का रिकॉर्ड भी अच्छा हो जाएगा। चल।

अहमद : देखो हुजूर, अभी...अभी, क्या बजा है? खैर, कुछ भी बजा हो, अभी तो मैं कहीं नहीं जाऊँगा, **(उबासी लेता है, गर्दन पर से सिपाही का हाथ हटाता है।)** आज मुरादाबाद पैसेंजर लेट है, डेढ़ घंटे, उसके बाद ही बात करूँगा। **(चल देता है, लटकता झूमता स्टेज के बाहर जाता है।)**

सिपाही : कहाँ जा रहा है, अबे रुक! **(उसके पीछे-पीछे जाता है।)** साले, आज पैसेंजर तो बाद में आएँगे, पहले तू मुरादाबाद पहुँचेगा।

[डंडा चटखाते हुए उसी दिशा में आगे बढ़ते हुए बाहर हो जाता है।]

(फेड आउट)

दृश्य छह

[स्टेज के एक जोन में फेड इन होता है। प्लास्टिक की एक कुर्सी पर काकी बैठी है, एक बच्चे की उंगली पकड़े और एक बच्चा गोद में लिए जुलेखा खड़ी है।]

काकी : देख भाई, इतना कुछ तो हमने कर दिया, तेरे को, तेरे मियाँ को, तेरे घर-बार, बच्चों को हर तरह मदद की। तेरे मियाँ को छुड़वाने में तीन हजार लगा दिए थे, मगर वो फिर से अन्दर चला गया। एक्सीडेंट में टूटी रिक्शा की मरम्मत में आठ सौ रुपये दे दिए, सिर्फ इसलिए कि तू हमारे करीब है। तेरे छोटे बच्चे हैं, इन्हें छोड़ के तू किसी काम पर जा नहीं सकती, अब बता कि मैं क्या करूँ?

जुलेखा : काकी, तुमने हर मुसीबत में हमें सहारा दिया है। हमारे लिए तो अल्लाह से पहले तुम हो या यूँ कह लो कि अल्लाह ने तुम्हें फरिश्ता बना के हमारे लिए भेजा है।

काकी : मगर जुलेखा, फरिश्ता भी तो एक हद के बाद हाथ खड़े कर लेता है। तू कोई काम क्यों नहीं करती?

जुलेखा : मैं... काकी! मैं करमजली अगर किसी काम के लायक होती तो मेरे आदमी को इस तरह अकेले ही भोगना नहीं पड़ता। वक्त पड़ने पे मैं अकेले ही बहुत काम कर सकती हूँ। आज वो अन्दर है तो मैं रिक्शा तो चला नहीं सकती, पर कुछ जरूर करना चाहती हूं। मैं अपने को तो खाली पेट सुला सकती हूँ, पर इन दो मासूमों का क्या करूँ?

काकी : जाके इनके बाप की जान को रो, जब खिला नहीं सकता था तो पैदा क्यों किया था? जब रोटी नहीं थी तो क्यों मौज-मस्ती से पेट भरते रहे मियाँ-बीवी?

जुलेखा : काकी, तुम्हारी इस बात का मेरे पास कोई जवाब नहीं है। ये

तो दुनिया के हर मियाँ-बीवी करते हैं। आने वाले वक्त का किसी को पता थोड़े ही होता है?

काकी : हाँ, सही कह रही है, मगर इतनी अक्ल तो आ ही जाती है कि **(इशारे से)** ये होगा तो ये भी होंगे, इनके लिए नहीं सोचा?

जुलेखा : अब, जो होना था सो हो गया, मुझे तो कोई रास्ता दिखाओ।

काकी : **(मुस्कराकर खड़ी हो जाती है।)** मैं तुझे... तुझे क्या? किसी को भी हैरान-परेशान नहीं देख सकती। क्या करूँ, मेरा तो मन ही कुछ ऐसा है। तू फिक्र मत कर। ये बस्ती है ना, अपने में पूरी दुनिया है इसमें। ऊपर वाले की इनायत से हर चीज मिल जाती है इसमें। बस, तरक्की करने का जज्बा होना चाहिए।

जुलेखा : **(गोद में लिए बच्चे को चिपटाकर)** अपने बच्चों के लिए मैं कुछ भी करने को तैयार हूँ। मजबूरी है, किसी तरह इन्हें पालूँगी, उन्हें छुड़वाऊँगी।

काकी : **(जुलेखा के सिर पर हाथ फेरते हुए)** मुझे पता था कि तू बहुत अच्छी औरत है। अरे कालू, ओ कालू **(एक लड़का आता है)** अरे ले, इस छोटू को ले जा, कैम्पा पिला के ला।
[लड़का छोटू को उंगली पकड़ के ले जाता है।]

जुलेखा : तुम जो कहोगी, मैं करूँगी, बस मुझे पैसा कमाना है। कोई भी काम-धंधा करूँगी।

काकी : देख, बुरा मत मानियो, तू इतनी ढल चुकी है कि धंधा तो चलेगा नहीं। हाँ, अगर काम करना चाहती है तो उसका बन्दोबस्त मैं देख लूँगी। हाँ, एक काम है, समझ ले कि बिजनेस है, आज लगा, शाम को काम, बेहद पुख्ता धंधा है, शुरू में थोड़ी दिक्कत आएगी, मगर बाद में मजा आएगा। पैसा भी बहुत, पहचान भी और चौधराहट भी। ये ठीक रहेगा।

जुलेखा : मगर काकी, मेरे पास लगाने को फूटी कौड़ी भी नहीं है। इसके अब्बा होते तो शायद बात कुछ और होती। यासीन भाई ने वादा करके भी रिक्शा नहीं दी, वरना उसे ही इस मुसीबत में बेच देते।

काकी : अरे तू क्यों चिन्ता करती है तेरी तरफ पौने चार हजार हैं, साढ़े चार हो जाएँगे तो कोई आफत थोड़े ही आ जाएगी।

जुलेखा : करना क्या होगा मुझे? कहाँ जाना होगा?

काकी : तुझे कहीं नहीं जाना होगा, मैं तुझे कागज की पुड़िया में एक दवा ला दूँगी, तूने उसे बेचना है, बस।

जुलेखा : मगर मैं उस दवा के लिए मरीज कहाँ से ढूँढ़ के लाऊँगी? मैं तो किसी को जानती तक नहीं।

काकी : **(हँसते हुए)** बहुत भोली है तू, अरे! एक बात बता, जब फूल खिलते हैं तो भँवरे को कौन पता देता है? वो खुद ही खुशबू सूँघते हुए आ जाता है। तू अब सब मुझ पर छोड़ दे। आराम से घर जा और चैन की नींद सो।

जुलेखा : काकी, जिस औरत का मियाँ आने वाला ना हो, घर में फूटी कौड़ी ना हो, बच्चे भूख से बिलख रहे हों, वो भला चैन की नींद कैसे सोएगी?

काकी : सोएगी, जरूर सोएगी। **(कालू छोटू को लिए आता है। छोटू के हाथ में फैंटे की बोतल।)** अरे कालू, एक काम कर। जा, जाकर लंगड़े से दो पुड़िया महारानी ले आ। जा, जल्दी से भाग के जा, कहियो मैंने मंगाई हैं, खाते में लिख लेगा, जा। **(कालू भाग जाता है।)**

जुलेखा : लंगड़ा महारानी? मेरी समझ में कुछ नहीं आ रहा? कल को कोई फसाद न हो जाए, मुझे बेवजह की जिल्लत उठाने का शौक नहीं है। कोई नई मुश्किल ना आन पड़े। कम-से-कम खुलासा तो कर दो कि ये सब है क्या, कल को पुलिस-वुलिस की कोई जहमत ना हो जाए।

काकी : जुलेखा, तू तो बस आम खा, पेड़ के तोते मत गिन। समझी, मैं तेरे को साफ बता दूँ कि जो पुड़िया मंगाई है, वो पुलिस को मालूम है कि क्या है, कौन दे रहा है, कौन खरीद रहा है? उसे इस बात से कोई मतलब नहीं कि आम कौन खा रहा है या किसने बेचा है, उसे सिर्फ ये चाहिए कि गुठली उसे मिलती रहे, ताकि वो और फसल तैयार कर सके।

जुलेखा : तुम कुछ भी कहो, मुझे तो ये सब गड़बड़ लग रहा है, ये गुठली, आम, फसल? इससे तो बेहतर है, मैं पटपड़गंज में बर्तन मांजने के दो घर ढूँढ़ लूँ।

काकी : वहाँ घुसने से पहले पुलिस से तसदीक करानी पड़ती है। कौन

करेगा उस औरत की तसदीक जिसका आदमी सैर पे गया हो, अन्दर?

[हवलदार अन्दर आता है।]

हवलदार : अरे काकी, इस छोरे को कहाँ भेज दिया? एक बात बता दूँ, आजकल एक नई दारोगा आई है, बहुत सख्त है, लंगड़े को तो फरार होने के लिए कह के आया हूँ, तू भी अपना कुछ इन्तजाम कर ले।

काकी : अबे जा, तीन फीते लग गए तो तीसमारखाँ तो नहीं बन गया तू, जो काकी को नई दारोगा का खौफ दिखाएगा। तूने नए पैदा हुए बछड़े को देखा है? बहुत उछल-कूद करता है, फिर माँ का दूध पीते-पीते उसकी कूद-फाँद ठंडी हो जाती है। वो ही हाल नई जगह आने पे पुलिस वालों का होता है।

हवलदार : इस चक्कर में ना रहियो काकी, तेरे को तो पता ही है, हमारे महकमे की कुछ मजबूरियाँ होती हैं, अपने रिकॉर्ड को कंट्रोल रखना पड़ता है। आखिर कानून की हिफाजत करना हमारा फर्ज है।

काकी : अबे जा रे गिरगिट! खाकी वर्दी पहन के तू खुद कानून बन जाता है, जबकि तेरे खुद के लिए कोई कानून नहीं है।

हवलदार : क्या बोले जा रही है काकी? हमारे लिए हमारा सीनियर अफसर ही कानून होता है।

काकी : और उसी के नाम पे तू, तेरे जैसे गिरगिट काम-धन्धे फैलवाते हैं, फिर छापे डलवाते हैं, जो हाथ लगता है, डकार जाते हैं और जब जवाबदेही आती है तो गरीब लोगों को सामने पेश करके खुद सुर्खरू हो जाते हैं। सालो, जल्दी ही वो वक्त आने वाला है, जब तुझ जैसों को, दुनिया बकरीद पे हलाल होने वाले बकरों की तरह ढूँढ़ेगी।

[कालू अन्दर आता है और एक लिफाफा काकी को दे निकल जाता है।]

हवलदार : काकी, तेरे से पुराना व्यवहार चल रहा है तो इतनी बात कर रहा हूँ, वरना तो...तुझे सब मालूम है। एक मिनट में साँप को रस्सी और रस्सी को साँप साबित कर सकता हूँ।

काकी : अबे जा सुसरे, इतनी डींग ना हाँक, जिस दिन असली का साँप

चढ़ गया तो घिग्गी बँध जाएगी, तू तो डर के मारे ही ऊपर सरक जाएगा।

हवलदार : देख री काकी, बहुत लिहाज कर लिया तेरा, अब तू ज्यादा बकवास तो कर नहीं और कान खोल के मेरी बात सुन ले। **(जुलेखा को देख)** ये, ये भी तेरी किराएदार है क्या?

काकी : है तो नहीं, जल्दी ही हो जाएगी।

जुलेखा : **(बच्चों को संभालती है।)** काकी, मैं चलती हूँ फिर आऊँगी।

काकी : अरे, कहाँ जा रही है? इसकी चिन्ता ना कर, इससे डरने की जरूरत नहीं है। हमारे काम-धंधों में ये कानूनी मुखबिर का काम करता है। बेफिक्र रह, ये ले **(लिफाफा उसके हाथ में देती है)** और अपना काम शुरू कर। दो ही दिन में चाँदी बरसने लगेगी।

हवलदार : बात तो सुनती नहीं है, बोले जा रही है। कुछ दिन के लिए बस्ती को थाम के रख, नई दारोगा का एक राउंड लग जाने दे, उसके बाद फिर से उजाला हो जाएगा। अभी तो कुछ राम-राम कर दे।

काकी : आ गया ना अपनी औकात पे, हमारे काम बन्द करवा के राम-राम माँगता है। जा, अपनी बीट पे चला जा, जब उजाला होगा, तभी हमारी तेरी राम-राम होगी।

हवलदार : काकी, तेरी ये सौदेबाजी ठीक नहीं है। हमारी नई मैडम जनाब को पता चल गया, तो सोच ले। वो बहुत जालिम है, कोई नहीं बचा पाएगा।

काकी : उसकी तो फिक्र करना सीखा ही नहीं बच्चू! एक बार राउंड पे आने तो दे, तुम लोगों को ही नंगा कर दूँगी। पूरी बस्ती की गवाही करा दूँगी कि तू हर रोज राम-राम के नाम से रिश्वत लेने आ जाता है। तेरी नौकरी कौन बचाएगा?

हवलदार : इस मुगालते में ना रहियो, काकी। यहाँ तो हमारी ही तूती बोलेगी। अरे, जहाँ बस्ती की हर दीवार के पीछे या तो फुकरे लोग रहते हों या हिस्ट्रीशीटर, तो उनकी सुनने कौन आएगा?

काकी : आएगा, बोल फोन करूँ, अभी के अभी आएगा। वो कलुआ जो सफेद कपड़े पहन के हाथ जोड़ के आता है, जिसने हमें इन झुग्गियों की पर्चियाँ दिलवाईं, जिसने हर झुग्गी में बत्ती

लगवाई, पानी के नल ठुकवा दिए। बोल, तेरे उस ताऊ को फोन करूँ। उसके आगे तो तू और तेरी नई दारोगा भी नाचते फिरोगे।

हवलदार : अब तुझसे कौन बहस करे, तेरी राम-राम फिर कभी ले लूँगा, अच्छा चल एक काम कर, आज उधार ही दे दे, अपने सब-इंस्पेक्टर के घर किसी का जन्मदिन है, चार बोतलें ले के जाना है।

काकी : हाँ, अब आ गया ना अपनी असलियत में। सालो, तुम इसी लल्लो-चप्पो में बर्बाद हो जाओगे और दुनिया को नोच-नोच के खा जाओगे। देख लेना। जिस दिन मुँह में कुछ भी खाने के लायक दाँत नहीं रहेंगे, उस दिन अपना एक-एक गुनाह याद आएगा।

हवलदार : वो दिन तो तेरे को भी देखना पड़ेगा। सबके साथ होता है, अब जल्दी कर, निकाल हजार रुपये, दो-चार दिन में दे दूँगा।

काकी : **(ब्लाउज में से बटुआ निकाल पाँच सौ के दो नोट निकालती है और उसे थमाती है।)** ले, मगर ये उधार हैं, याद रखियो, वरना तेरी राम-राम काट लूँगी।

हवलदार : **(नोट नचाते हुए)** काकी, कभी-कभी तू बोलती बहुत कड़वा है, असल में होता तो मीठा ही है। **(चलने लगता है।)**

काकी : वो तो लगेगा ही, दुनिया का सबसे मीठा जहर जो तूने हाथ में ले रखा है, अब तो गोबर भी मलाई लगेगा। **(हवलदार मुस्कराता हुआ धीरे-धीरे दरवाजे की तरफ बढ़ता है।)** जुलेखा, तू आज से ही काम शुरू कर।

जुलेखा : मगर मुझे करना क्या है?

काकी : इसमें जो पाउडर है, पता है उसकी कीमत क्या है, पूरे दो हजार। **(इशारे से)** बस, इतना-सा लियो और 60 रुपये से कम का मत बेचियो। तुझे तो आज उधार मिल गया है मगर तू ग्राहक से कतई उधार मत करियो। अड्डा पता लगते ही खरीदने वालों की भीड़ लग जाएगी।

जुलेखा : मगर, ये खत्म हो गया तो। लंगड़े को तो इन्होंने फरार करवा दिया, फिर कहाँ से आएगी?

हवलदार : **(दरवाजे के निकट पहुँचकर)** उसकी क्या चिन्ता है, काकी के पास हर बात का तोड़ है और ये जिस पे हो जाए मेहरबान तो...।

काकी : हाँ-हाँ, तुझ जैसे भी हो जाएं पहलवान! अब जा, दफा हो जा। हमें काम की बातें करनी हैं।

[हवलदार मुस्कराता है और बाहर चला जाता है।]

हवलदार : **(मुस्कराते हुए)** ओए नई किराएदार, हमारा ख्याल रखियो, हम तेरा ध्यान रखेंगे, हर तरह से, बस फिर खूब जमेगी, चखाचख।

काकी : अबे, जाता है कि नहीं? **(चप्पल उतारती है, हवलदार चला जाता है, काकी चप्पल पहन लेती है।)**

जुलेखा : काकी, मुझे भी क्या तुम्हारी तरह बनना पड़ेगा। इस काम में क्या यही सब होता है?

काकी : आज के वक्त में हर काम में यही सब होता है। बड़ी मछली बड़ी होती जा रही है और छोटी, बस चारा बन के फ़ना होती जा रही है। ये हैं हालात कि कमीने लोग पाप के काम भगवान के नाम से शुरू करते हैं और ईमानदारों को इसी धरती पे नरक झेलना पड़ता है।

जुलेखा : काकी, मेरे तो मन में आ रहा है कि अपने बच्चों को ले के जमुना में कूद जाऊँ। **(लिफाफा आगे करती है। काकी लिफाफा फेंक देती है।)**

काकी : **(तैश में)** जमुना के पास जाना था तो कमबख्त, मेरे पास क्यों आई? **(धक्का देते हुए)** जा, दफा हो जा, **(बच्चे को धकेलते हुए)** जा, अभी की अभी चली जा, ले जा इन बदकिस्मत ठीकरों को भी। जाने के लिए रिक्शा के पैसे चाहिए तो ले। **(फिर ब्लाउज में से बटुआ निकालती है और बीस का नोट उसकी ओर फेंकती है।)** जा, चली जा। मैं जीने का तरीका उसे सिखा रही हूँ जो मरने पे आमादा है। जमुना में कूद या रेल के नीचे कट। जा, तू मेरे लिए अभी से मर गई।

[अन्दर चली जाती है।]

जुलेखा : **(ऊपर देखती हुई)** या अल्लाह, मैं क्या करूँ? कुछ समझ में नहीं आता, किधर जाऊँ?

[बच्चों को सीने से लगाती है, फिर झुककर लिफाफा उठाती है। धीरे-धीरे वह बाहर की ओर बढ़ती है।]

दृश्य सात

[एक जोन में फेड इन होता है। एक ओर से दो-तीन पतले-दुबले फटेहाल आदमी आते हैं। वे सीधे नहीं चल पा रहे हैं।]

पहला : अभी तक दरवाजा बन्द है, मैं तो यहीं बैठा हूँ **(उकडूँ बैठ जाता है)** आजा, **(सिर आगे की तरफ झुकाता है, फिर दो पल बाद ही)** कब आएगी? **(जोर से)** महारानी...ई...ई...ई...। **(पीछे की तरफ लुढ़क जाता है।)**

दूसरा : **(उसके नजदीक आता है, झुकता है।)** क्या? क्या हो गया बे तुझे? इतना पुराना खिलाड़ी हो के थोड़ा-सा इन्तजार नहीं कर सकता, बस लुढ़क गया।

[तीसरा उनके पीछे आके खड़ा हो जाता है, उसकी उंगली में एक सिगरेट दबी है।]

तीसरा : सालो, अब देखो, हरामीपन्थी दिखाते हैं। कुत्तो, वापस जाओ। जाओ, अभी महारानी नहा रही है, फिर सिंगार करेगी, फिर तैयार होके हमारे सामने आएगी।

पहला : **(गिरते-पड़ते उठते हुए)** आ गई, महारानी आ गई, मैं, पहले मैं, कहाँ है? **(इधर-उधर देखते हुए)** कहाँ है, ओ हरामी कहीं के...झूठ बोलता है। **(दूसरे को थप्पड़ मारता है।)**

दूसरा : **(आधा गिरता हुआ संभलता है।)** हरामी की औलाद, तूने मुझे मारा। **(उसकी कमीज पकड़ धकेलता हुआ तीसरे से टकराता है।)** कमीने! जी.टी. रोड पे अपने थ्री व्हीलर के नीचे नहीं दे दिया तो मैं भी एक बाप की औलाद नहीं। तू जानता नहीं, मैं कितना खुन्दकी आदमी हूँ। मुझ पे हाथ उठाता है?

तीसरा : **(दोनों को अपने ऊपर से धकेलता है, दोनों हिल जाते हैं। वह उनकी जेबों से पैसे निकाल लेता है।)** लड़ो, पहले तुम

महारानी ले जाओ। मैं बाद में आ जाऊँगा। **(वापस चल देता है।)** मैं तुम सालों का बाप हूँ, जाओ लड़ो।

दूसरा : **(पीछे-पीछे आकर)** भाई, ये तेरी बात ठीक नहीं है। **(कान पकड़ते हुए)** देख मेरे से गलती हो गई, **(पहला भी नजदीक आ जाता है।)** वो तो, देख, इस कमीने... **(पहले को थप्पड़ मारते हुए)** इस हरामी की वजह से तुम पे गिर गए, वरना **(पाँव छूते हुए)** मैं तो तेरी बहुत इज्जत करता हूँ। मेरे पैसे दे दे।

पहला : **(झूमता हुआ खड़ा होकर)** दादा, दादा! मेरे पैसे वापस कर दे, वरना मुझे महारानी नहीं मिलेगी। वो नहीं मिली तो मैं...मर जाऊँगा, मर गया तो तुम्हें ही तो मुझे फूँकने जाना पड़ेगा, दे दे ना, लो **(हाथ जोड़कर झुकता है।)** मुझे सौ जूते मार लो, पर मेरे पैसे लौटा दो। कल रात बड़ी मेहनत करके कमाई की है।

तीसरा : साले, तेरे से सीधे खड़ा तो होया नहीं जाता, रात में क्या मेहनत करता होगा। जरूर किसी की जेब काटी होगी।

पहला : भाई, मेरे से बड़े हो, अभी तो कुछ भी कह सकते हो। तुम्हारी तरह चलाने के लिए कोई टेम्पू तो मेरे पास है नहीं, मगर मैं अपनी मेहनत की कमाई लाता हूँ, किसी की जेब काटना मेरे लिए हराम है।

दूसरा : हाँ, भाई! ये सच कह रहा है, बहुत ईमानदार है, ये तो मैं भी कहता हूँ, ये किसी की जेब नहीं काटता। रात को कमेटी की लोहे की रेलिंग के डंडे, ड्रम, लोगों के बर्तन वगैरह उठा के लाता है और सुबह कबाड़ी को बेच के महारानी से मिलने आता है।

पहला : देखा, कितनी मेहनत करनी पड़ती है, भाई, **(उसकी ठोड़ी को हाथ लगाते हुए)** अब तो मेरे पैसे दे दो, चाचा।

[तीसरा जेब से पैसे निकाल दोनों को लौटाता है कि भागते कदमों की आवाज सुनाई देती है, कालू भागता हुआ आता है।]

कालू : **(हाँफता हुआ)** अबे, दबिश पड़ गई, उड़ जाओ, आज ठंड रहेगी। **(दूसरी ओर निकल जाता है। तीसरा और दूसरा**

आपस में एक दूसरे को देखते हैं और निकलने का इशारा करते हैं। दो पुलिस वाले कुछ ढूँढ़ते आते हैं, जिनमें से एक हवलदार है। दूसरा सीटी बजाता हुआ बालों में कंघी करता हुआ चल देता है, तीसरा खड़ा होकर सिगरेट मुँह से लगाता है, फिर माचिस ढूँढ़ता है, फिर सिपाही से इशारों में माचिस माँगता है।)

सिपाही : **(उसे माचिस देते हुए)** यहाँ, स्मैक कहाँ बिकती है? **(तीसरा सिगरेट जलाता है, कंधे उचकाकर मना कर देता है और माचिस लौटाकर निकल जाता है। पहला जो कि नशे में है, कुछ समझ नहीं पाता। सिपाही उसकी टी-शर्ट का कॉलर पकड़ के पूछता है-)** क्यों बे, तू स्मैक कहाँ से खरीदता है? यहाँ क्या लेने आया है? बोल, कहाँ है अड्डा?

पहला : हे... हे, **(हाथ उठाकर)** सलाम साहब। हजूर! इस इलाके में नए आए हो? आज तक जितने माई-बाप आते थे, कोई नहीं पूछता था, सबको पता था।

हवलदार : **(पास आकर)** अबे, तू? तू यहाँ कहाँ मर रहा है, जा भाग जा। **(उसे धकेलता है।)**

पहला : **(आगे चलते हुए)** तो क्या आज महारानी...?

हवलदार : महारानी का मन्दिर आज बन्द है, बाद में खुलेगा, जा भाग।

पहला : खुल जाएगा ना? तुम कहते हो तो जब खुलेगा, तब आऊँगा, जाता हूँ। **(चल देता है। सिपाही दूसरी ओर चलते हैं, पहला स्टेज के किनारे पर पहुँच रुक जाती है।)** हुजूर! रात को आऊँ?

हवलदार : **(अपनी जगह से डंडा दिखाते हुए)** हरामी, जाता है कि नहीं।

पहला : **(वहीं से)** नहीं, अच्छा, मैं अभी जाता हूँ और शाम को भी नहीं आऊँगा, नहीं ना? पक्का, शाम को, ठीक है ना?

हवलदार : **(तेजी से लपकता है।)** कुत्ता, सुअर...हरामी का पिल्ला...। [स्टेज के बीच में पहुँच जाता है, दूसरे कोने से पहला भाग जाता है। हवलदार रुक के उसे देखता है, फिर सिपाही की तरफ लौटता है। अभी दो कदम ही बढ़ाता है कि पहला फिर स्टेज के कोने से सिर निकालता है।]

पहला : हुजूर, इन नए माई-बाप को पता मालूम नहीं है, जरा बता देना। सलाम साहब। **(हवलदार डंडा फेंककर मारता है। पहला गायब हो जाता है। हवलदार डंडा उठाने आता है, सिपाही भी उसके नजदीक आता है।)**

[स्टेज के दूसरे कोने से महिला दारोगा, जुलेखा की गर्दन पकड़े आती है।]

दारोगा : ले चलो साली को, मेरे इलाके में स्मैक बेचती है। मुझे जानते नहीं, मैं बहुत जालिम अफसर हूँ। मुजरिम मेरे नाम से थर्राते हैं, जो एक बार मेरे हत्थे चढ़ गया, वो जन्म-भर मेरे नाम से डरता है। ले चलो साली को। अच्छे से रिमांड पर लिया जाएगा तो अक्ल ठिकाने आ जाएगी। जाके मेरी जीप में बिठाओ इसे।

जुलेखा : पहले ये तो देखो कि मैंने ये काम क्यों शुरू किया? पेट भरने के लिए जब कोई रास्ता नहीं था तो करना पड़ा।

दारोगा : रास्ते तो बहुत होते हैं, ढूँढ़ने की मेहनत करनी पड़ती है, तकलीफ उठानी पड़ती है, मगर तेरे जैसों को तो हरामीपन्थी की आदत होती है ना? अब देख तमाशा। कानून की एक साथ तीन दफाएँ लगेंगी तो कम-से-कम चार साल तक बाहर नहीं निकलेगी।

जुलेखा : मेरे बच्चे छोटे हैं, उनको भी साथ लेने दो। वो मेरे बिना नहीं रह सकते।

दारोगा : ये सब तो जुर्म करने से पहले सोचना चाहिए था, क्यों? जुर्म तू करे और जेल तेरे साथ तेरे बच्चे भी जाएँ। उन्हें तेरे सगे-संबंधी संभाल लेंगे, ले जा बे।

[सिपाही जुलेखा का हाथ पकड़कर ले जाता है। दारोगा इधर-उधर देखती है, फिर डंडा नचाते हुए धीरे-धीरे चलने लगती है।]

हवलदार : जनाब, एक बात है, अगर इसकी जमानत कराने कोई नेता-वेता आ गया तो, सोच लीजिए।

दारोगा : आज शनिवार है, शाम हो गई है। कल कोर्ट बन्द है। सोमवार से पहले जमानत नहीं होगी, तब तक ये रिमांड में रहेगी। सोमवार को अदालत में हम चार्जशीट फाइल कर देंगे। मैं

अपने इलाके में गैरकानूनी काम करने का सबक सिखाके रहूँगी? आज तक मैं कहीं भी रही, मेरा रिकॉर्ड Best है।

हवलदार : हुजूर, लेकिन ये भी सोचना होगा कि 'ह्यूमन राइट्स' वाले हमारी खाल खींच सकते हैं, क्योंकि थाने में लेडीज पुलिस तो है नहीं।

दारोगा : What do you mean? You, idiot, just shut up... मैं नहीं हूँ क्या?

हवलदार : **(नजदीक आके, धीमे से)** जनाब, इस बस्ती से रूलिंग पार्टी को सबसे ज्यादा वोट मिलते हैं, कोई भी एक्शन लेने से पहले, ये तो ध्यान में रखना पड़ेगा।

दारोगा : तू मुझे सिखाएगा कि क्या करना चाहिए और क्या नहीं? अपनी पतलून में रह के बात कर। अब ज्यादा बहस की तो दो मिनट में लाइन हाजिर करवा दूँगी।

[चल देती है। इस बीच धीरे-धीरे बस्ती के कई लोग इकट्ठा हो जाते हैं, उनमें काकी भी है। सब खामोश देखते हैं। चलते-चलते हवलदार इशारों में अपनी झल्लाहट जाहिर करता है। काकी उसे इशारों में निश्चिन्त रहने का भरोसा दिलाती है। सब चले जाते हैं।]

(फेड आउट)

(संगीत की मार्मिक लहरी)

सास, काकी, हवलदार, दारोगा, जेलर अलग-अलग स्पॉट में अपने बयान देते हैं, तीनों स्मैकिए भी अलग-अलग अपने कमेंट देते हैं।

आखिर में जुलेखा का monologue!

नेपथ्य से Closing sentence.

दृश्य आठ

[कोर्ट सीन जुलेखा कटघरे में खड़ी है।]

वकील : मीलॉर्ड, जुलेखा जैसी मुजरिम को सख्त-से-सख्त सजा देनी चाहिए, ताकि दूसरे इससे सबक लें।

जज : जुलेखा, आपको अपनी सफाई में कुछ कहना है?

जुलेखा : जनाब, अल्लाह गरीबी किसी को न दे और गरीबी दे तो उसे बेटी कभी न दे। साला पूरा समाज गिद्ध की तरह नोचने के लिए मंडराता रहता है। गरीबी और ऊपर से तालीम की कमी हमारे जैसे इन्सान को खिलौना बना देती है। मेरे भाई ने मेरा निकाह कम उम्र में ही कर दिया। निठल्ले खसम ने मुझे बच्चे जनने की मशीन समझकर चार-चार बच्चे पैदा कर दिए और एक दिन खुद बीमारी के आलम में अल्लाह को प्यारा हो गया।

वकील : इसमें कौन-सी नई बात है?

जुलेखा : भूख से बिलबिलाते बच्चों का पेट भरने के लिए मैं लोगों के यहाँ काम माँगने गई मगर साले नजरें मेरे पेट के नीचे गड़ा के कहते, जवान और खूबसरत हो, क्या बर्तन मांजोगी? आ जइयो कोठी पर, माल और मजे दोनों देंगे, किस-किससे लड़ती? मेरे चार बच्चों में दो लड़कियाँ भी हैं, उनकी इज्जत-आबरू की चिंता अलग से थी, तभी मेरी काकी ने स्मैक बेचकर अमीर बनने और पुलिस को उंगलियों पर नचाने का गुर सिखाया।

काकी : **(स्पॉट काकी पर)** पुलिस रोज गालियाँ देती, धंधा बढ़ाओ-धंधा बढ़ाओ, स्साला हवलदार कहता कि हफ्ता की रकम बढ़ाओ, कमाई वाली बीट पर पोस्टिंग महँगी हो गई है, रोज धमकी देता कि अंदर कर दूँगा।

हवलदार : **(स्पॉट हवलदार पर)** जनाब, 24 घण्टे ड्यूटी पर रहना होता है। ड्रग माफिया के आदमी को पकड़ो तो उसे ऊपर वाले छोड़

देते हैं, अपराधी सीना ताने थाने से बाहर चला जाता है। सर, कई बार तो उसी अपराधी के लिए चाय मुझे लेने जाना पड़ता है। क्या करूँ, जब अपराधी कहते हैं-रुपया लेना है या ट्रांसफर? सर, एक बार रिश्वत का खून मुँह लगता है तो फिर नहीं छूटता, बीवी-बच्चे भी खर्चे बढ़ा देते हैं। हकीकत तो यह है कि पुलिस भी स्मैक का धंधा करने के लिए प्रोत्साहित करती है।

जुलेखा : जनाब! दिल्ली की झुग्गी-झोंपड़ियों में कचरा, गरीबी, लाचारी की भरमार है। ये बेईमान पुलिस अपराध का पोषण कर रही है, जिसकी समाज को भारी कीमत चुकानी पड़ रही है। मुझे चाहे जो सजा दें, मगर मेरे साथ मेरी दोनों बेटियों को भी जेल में रहने दिया जाए, मैं शुक्रगुजार रहूँगी।

जज : गवाहों के बयानात और तुम्हारी सफाई को मद्देनजर रखते हुए ये अदालत तुम्हें तीन साल की सजा सुनाती है, साथ ही ये आदेश भी देती है कि जेल में जुलेखा की दो नाबालिग लड़कियों को साथ रहने की इजाजत है, जेल प्रशासन इन दोनों बच्चियों के पढ़ने एवं खाने-पीने की व्यवस्था अलग से करे।

सूत्रधार : जुलेखा ने जेल में एक गैर-सरकारी संस्था 'नव ज्योति' द्वारा 'क्रेच' प्रशिक्षण कार्यक्रम में नाम लिखवाकर नव ज्योति से मिलने वाले वजीफे से दोनों बेटियों को भी पढ़ाया। जुलेखा के अच्छे चाल-चलन की वजह से वह 28 महीने में बरी हो गई। रिहाई के बाद जुलेखा ने दूसरी शादी कर ली और खुद नव ज्योति के साथ मिलकर एक बस्ती में 'क्रेच' संभाल रही है। उसके बच्चे 'इण्डिया विजन फाउंडेशन' द्वारा चलाए जा रहे स्कूल में पढ़ रहे हैं। वह नव ज्योति और इण्डिया विजन फाउंडेशन और उसकी संस्थापिका डॉ. किरण बेदी की शुक्रगुजार है। अब उसकी पैनी नजरें ड्रग्स की ओर किसी के भी बढ़ते कदमों को रोक लेती हैं। जहाँ हर शहर-कस्बे में हजारों झुग्गी-झोंपड़ियाँ हैं वहाँ एक नहीं अनेक जुलेखा चाहिए, वरना नशे के समुन्दर में समाज डूब जाएगा। 'आने वाली पीढ़ियाँ' लड़खड़ाते व बहकते कदमों से समाज को रसातल में ले जाएँगी। मैं एक छोटा-सा वादा नहीं, इरादा लेना चाहूँगा-आप सभी से, यहाँ से जाने के बाद आप अपने-अपने क्षेत्र में इस प्रकार की जुलेखा की लड़ाई में अपना सहयोग देंगे-आमीन!

अठन्नी हो गई चवन्नी

(एकांकी)

कहानी की अवधारणा

यह एक हास्य-व्यंग्य प्रहसन है। इसमें चुटीले संवादों के माध्यम से अर्थ-व्यवस्था, शिक्षा तंत्र, बेरोजगारी की ओर जहाँ ध्यान आकर्षित किया गया है, वहीं आम जनता बढ़ती हुई महंगाई और घटते रुपयों की क्रयशक्ति से त्रस्त दिखाई देती है।

दो लड़के हैं, दोनों लड़के जब कॉलेज की डिग्री लेकर भी बेरोजगार, मारे-मारे फिरते हैं तो मुफलिसी में रुपये कमाने के लिए वही धन्धा करते हैं, जो बचपन से सड़कों पर देखा-सुना था। उच्च शिक्षा की डिग्री तो उनके हाथों में है किन्तु व्यावहारिक जीवन में उसका कोई महत्त्व नहीं है। डिग्री एक स्वामत्य मद (Proprietery Article) सा बन गया है। बिना सरकारी नौकरी के डिग्री व्यर्थ है। मस्तमौला युवा पीढ़ी वर्तमान समाज को कहाँ ले जा रही है? क्योंकि जो आज वे बोयेंगे, कल उन्हें ही उसकी फसल काटनी पड़ेगी। अब चाहे रुपये को अठन्नी में बदलें या अठन्नी को चवन्नी में।

मंचन-अवधि : 30 से 60 मिनट।

पात्र-परिचय

1. लड़का नं. 1
2. लड़का नं. 2
3. गुब्बारे वाला
4. एक महिला पात्र
5. इन्स्पेक्टर
6. नेता
7. भीड़ के दृश्य के लिए 8–9 पात्र (लड़के, लड़कियाँ, बच्चे, बुजुर्ग आदि।)

एकांकी

[एक पार्क का दृश्य। पार्क में बेंच पर दो लड़के एक अखबार पकड़कर बैठे हुए हैं। दूसरी बेंच पर एक दम्पती बैठे हैं। एक कोने में एक गुब्बारे वाला खड़ा हुआ गुब्बारे बेच रहा है।]

लड़का-1 : **(अखबार मोड़ते हुए)** यार, आज भी अखबार में हम लोगों के लायक नौकरी का इश्तिहार नहीं निकला।

लड़का-2 : यार, हम लोग कब तक इस तरह खाली बैठे रहेंगे? अब तो हमारे पास ग्रेजुएशन की डिग्री भी है। पैसा कमाने के लिए अब हमें कुछ करना ही पड़ेगा।

लड़का-1 : हाँ यार, कुछ तो पैसा अपनी जेब में होना चाहिए। कम से कम कैफे जाने और पिक्चर देखने के लिए।

लड़का-2 : हाँ यार, अब तो माँ-बाप से भी पैसा माँगने में शर्म आती है। आज तो हम दोनों ठन-ठन गोपाल हैं। आखिर कब तक हम ये अखबार भी मांगकर पढ़ते रहेंगे?

लड़का-1 : मेरी बात मानो, तो जो ये सामने जोड़ा बैठा हुआ है न!

लड़का-2 : हाँ-हाँ, जो चादर बिछाकर बैठा है।

लड़का-1 : उस लड़की के हाथ में रखा हुआ पर्स आसानी से उड़ाया जा सकता है। **(दोनों लड़के-फुसफुसाकर)** हाँ लगता है इस महँगाई, रिसेशन के जमाने में हमें चोरी, उठाईगिरी का काम ही करना पड़ेगा।

लड़का-2 : **(धीरे से लड़की का पर्स उठा लेता है, तब तक आदमी की नजर उस पर पड़ जाती है।)**

आदमी : अरे...यह क्या कर रहा है? पुलिस वाले की घरवाली का ही पर्स उड़ा रहा है।

लड़का : अरे, इन्स्पेक्टर साहब आप! इस सादी ड्रेस में? मैंने तो आपको पहचाना ही नहीं।

आदमी : **(सादी वर्दी में पुलिस इन्स्पेक्टर)** अच्छा, तू वही लड़का है जिसे प्रोफेसर और मैंने पिछले साल यूनिवर्सिटी की परीक्षा में नकल करते हुए पकड़ा था?

लड़का-1 : साहब, वो तो गलती हो गई थी। अब हम पढ़े-लिखे बेरोजगार हैं। मेरे पास डिग्री भी है।

आदमी : किस चीज की डिग्री, पर्स उड़ाने की?

लड़का-2 : नहीं सर, पर्स तो बेंच से नीचे गिर गया था। उसे उठाकर मैडम को देने वाला था।

दोनों लड़के : **(एक साथ ही)** सच कसम से।

लड़का-1 : हाँ-हाँ साहब, ये सच कह रहा है। ये पर्स उठाकर मैडम को देने ही वाला था।

आदमी : **(लड़की से पूछता है।)** क्या तुम्हारा पर्स गिर गया था?'

लड़की : पता नहीं।

आदमी : **(लड़कों से)** ठीक है, इस बार तुमको माफ करता हूँ। आगे से ध्यान रखना। बाई द वे, तुम लोग इस तरह बन्दरों की तरह घूमने-फिरने के बजाय कोई काम क्यों नहीं करते हो? ग्रेजुएट हो, कुछ नहीं तो मदारी-बंदर का नाच करके पैसा कमाओ। ये ले डमरू। चल फूट।

[आदमी गुब्बारे वाले से एक डमरू लेकर लड़कों को देता है। साथ में चादर भी दे देता है और फिर आदमी और लड़की चले जाते हैं। मंच के किनारे पहुँचकर आदमी ठहर कर बोलता है– 'तुम्हारा पर्स बेंच से नीचे कैसे गिरा? बेंच तो पार्क में है ही नहीं।' पर्दे के पीछे चला जाता है।]

दोनों लड़के : चलो, ऐसा ही करते हैं। इन्स्पेक्टर का बच्चा तो मुफ्त में ही आइडिया दे गया।

[एक लड़का डमरू बजाने लगता है। लोग चारों तरफ से इकट्ठे होते हैं, भीड़ जमा होती है।]

लड़का-2 : **(मदारियों के अंदाज में बोलता है।)** मेहरबानों, कदरदानों, दीवानों, पीकदानो, सायराबानो। चले आओ, चले आओ। तुम्हारा हर बिगड़ा काम बनेगा।

लड़का-1 : बनेगा।

लड़का-2 : मुकदमे में जीत होगी।

लड़का-1 : होगी।

लड़का-2 : दुश्मन हारेगा।

लड़का-1 : हारेगा।

लड़का-2 : सैंया वश में होगा।

लड़का-1 : होगा।

लड़का-2 : सौतन से पीछा छूटेगा।

लड़का-1 : छूटेगा।

लड़का 2 : इम्तिहान में पास होगा।

लड़का-1 : होगा।

लड़का-2 : मनपसन्द दुल्हन मिलेगी।

लड़का-1 : मिलेगी।

लड़का-2 : नौकरी में प्रमोशन मिलेगा।

लड़का-1 : मिलेगा।

लड़का-2 : हाँ, आओ मेरे प्यारे-प्यारे भाइयो, माताओ, बहनो और भाभियो! दु:ख की बदली छंट गई। अब आपके शहर में हम यानी कि...।

लड़का-1 : आसाम के जादूगर।

लड़का-2 : बंगाल के भिखारी...।

लड़का-1 : **(लड़के का मुँह बंद करते हुए फुसफुसाकर)** अबे स्साले! भिखारी नहीं मदारी। बंगाल के मदारी आ गए हैं। तुम्हारे बताए बगैर हम तुम्हारी परेशानियाँ बताएंगे।

लड़का-2 : और उन परेशानियों का इलाज भी बताएंगे।

लड़का-1 : और वो भी इतने सस्ते में कि...।

लड़का-2 : जितने में आप पान खाकर थूक देते हैं। थू थू थू...।

लड़का-1 : बीड़ी पीकर धुआँ उड़ा देते हो। फू फू फू...।

[इस बीच में कई दर्शक मदारी के आस-पास इकट्ठा हो जाते हैं।]

लड़का-2 : बीयर पी के कहीं भी कर देते हैं।

लड़का-1 : शू...शू...शू...।

लड़का-2 : शू-शू-शू...जमूरे, तो करें तमाशा शुरू?

लड़का-1 : हाँ, गुरु।

लड़का-2 : ऐ बच्चो! आगे की लाइन में बैठ जाओ। (**लड़का-1 को लिटाकर उस पर वही चादर डाल देता है और फिर शुरू करता है मंत्र पढ़ना।**)

लड़का-2 : (**जादूगरों के अंदाज में**)
गिली-गिली गम,
गिली-गिली गम।
काली, महाकाली, कलकत्ते वाली,
मंत्र न जाए मेरा खाली।
आ...छु...आ...छु...
गिली-गिली गम।
(**इसी बीच लड़का नं. 1 धीरे-धीरे हिलने लगेगा और ऊँची आवाज में बोलेगा।**)

लड़का-1 : या...अली...
तोड़ दुश्मन की नली। (**जोर से चीखेगा...मानो किसी ने पीठ में खंजर भोंक दिया। बिन पानी की मछली की तरह छटपटाते हुए।**) मैं आ गया गुरु। बोलो, क्या हुक्म है?

लड़का-2 : जमूरे!

लड़का-1 : बोल गुरु।

लड़का-2 : इधर आ।

लड़का-1 : आ गया।

लड़का-2 : इन्हें जाना।

लड़का-1 : जाना।

लड़का-2 : पहचाना?

लड़का-1 : पहचाना।

लड़का-2 : ये कौन है?

लड़का-1 : गुरु, ये नुक्कड़ वाले हलवाई हैं। (**हलवाई हाँ में सिर हिलाता है और सभी आश्चर्य करते हैं।**)

लड़का-2 : जमूरे।

लड़का-1 : बोल गुरु।

लड़का-2 : इन्हें क्या कष्ट है?

लड़का-1 : गुरु, ये दिल के मरीज हैं।

लड़का-2 : दिल के मरीज?

लड़का-1 : हाँ गुरु, दिल के मरीज।

लड़का-2 : **(हलवाई से)** क्या ये सच है कि आप दिल के मरीज हैं?

हलवाई : कमाल है! ये सच है।

लड़का-2 : देखा आप लोगों ने! जमूरा सच बोलता है।

हलवाई : भैया, डॉक्टर कहते हैं, घी मत लो, मिठाई मत खाओ। तुम ऐसा इलाज बताओ कि हमें ये सब खाने को भी मिले और हमें दिल के रोग से छुटकारा भी मिले।

लड़का-2 : जमूरे! इसका क्या इलाज है?

लड़का-1 : डैथ यानी मृत्यु।

[हलवाई नाराज होकर चला जाता है।]

लड़का-2 : जमूरे!

लड़का-1 : बोल गुरु।

लड़का-2 : इधर आ।

लड़का-1 : आ गया।

लड़का-2 : इन्हें जाना?

लड़का-1 : जाना।

लड़का-2 : पहचाना?

लड़का-1 : पहचाना।

लड़का-2 : इन साहेबान का नाम क्या है?

लड़का-1 : महापण्डित विद्यासागर।

लड़का-2 : **(उस व्यक्ति से)** क्या आपका नाम महापंडित विद्यासागर है?

व्यक्ति : सत्य वचन।

लड़का-2 : देखा आपने? **(दर्शकों से)**
जमूरे!

लड़का-1 : बोल गुरु।

लड़का-2 : विद्यासागर का घर कहाँ है?

लड़का-1 : गंगासागर।

व्यक्ति : सत्य भैया! सत्य।

लड़का-2 : इनके बाप का नाम?

लड़का-1 : रामानन्द सागर।

व्यक्ति : शत प्रतिशत सत्य।

लड़का-2 : इन्हें क्या परेशानी है?

लड़का-1 : गुरु!

लड़का-2 : बोल।

लड़का-1 : गुरु, ये मैट्रिक में पिछले चार साल से फेल हो रहे हैं।

व्यक्ति : सत्य है, परन्तु परीक्षा में हम अस्वस्थ हो गए थे।

लड़का -2 : इसका क्या इलाज है?

लड़का -1 : इसे फाइव ईयर प्लान बनाने दो यानी पंचवर्षीय योजना। **(वह लड़का भी नाराज होकर भाग जाता है। लड़का-2 भी थोड़ा नाराज होता है।)**

लड़का -2 : जमूरे!

लड़का -1 : बोल गुरु।

लड़का -2 : इधर आ जा।

लड़का -1 : आ गया।

लड़का -2 : इनके हाथ में क्या है?

लड़का -1 : इनकी बीवी का हाथ।

लड़का -2 : वैरी गुड। ***(यह सुनते ही उसकी बीवी अपने पति को मारते हुए ले जाती है। बाकी दर्शक भी अपना भेद खुलने के डर से भाग खड़े होते हैं। लड़का-1 को एक लात जमाते हुए अबे उठ!)***

लड़का-1 : **(हिप सहलाते हुए)** उठता हूँ।

लड़का-2 : हाय-हाय! तुमने तो सारा गुड़ गोबर कर दिया।

लड़का-1 : बात मत बनाओ। बोलो-बोलो, कितना रुपया जमा हुआ?

लड़का-2 : **(सिर थामकर)** जमा क्या होगा खाक? अबे तेरी खोपड़ी में 'वो' जरा भी नहीं है।

लड़का-1 : हुआ क्या?

लड़का-2 : क्या होता? अरे! तुम लोगों के भेद खोलने लगे तो वे सब भाग खड़े हुए।

लड़का-1 : ओ...ह...आई एम सॉरी...।

लड़का-2 : आई एम सॉरी।

लड़का-1 : **(दोनों मिलकर गाते हैं)** आई एम सॉरी... **(साथ ही अभिनय भी करते जाते हैं।)**

लड़का-2 : मसलन एक ने दूसरे को चाँटा मारा और फिर वही धुन गाएगा-आई एम सॉरी-आई...**(एकाएक दोनों रुककर)** अब क्या किया जाए, सारा खेल तो बिगड़ गया?

[दोनों सोचने का अभिनय करते हैं।]

लड़का-2 : एक आइडिया आया!

लड़का-1 : बताओ।

लड़का-2 : हम दोनों में से एक मर जाए।

लड़का-1 : **(व्यंग्य से)** मर जाए? तो तू मर, इस बार तेरी बारी है। मैं जमूरा बन चुका हूँ। वैसे मरने से तो अच्छा है, बिना नौकरी के रहें।

लड़का-2 : अरे, मैं सचमुच मरने को नहीं कह रहा हूँ।

लड़का-1 : तो फिर? अच्छा। समझ गया- यानी यहीं चादर ओढ़कर लेट जाते हैं, कुछ लोग तरस खाकर शायद कुछ रुपये दे दें। **(लड़का नं. 2 लेट जाता है और लड़का नं. 1 चिल्लाकर रोने लगता है, चीख कर रोते हुए)** ओ मेरी माताओ, ओ मेरे पिताओ, मैं लुट गया रे, बर्बाद हो गया। आज सुबह-सवेरे ही यह जवान लड़का चल बसा। भगवान ऐसा दिन किसी को न दिखाए। ये मुर्दा ईसाई या मुसलमान हुआ तो कब्र में दफनाना पड़ेगा और हिन्दू हुआ तो नौ मन लकड़ी लगेंगी। दे दो...दे दो...मेरी माताओ, दे दो मेरी बहनो! जो कुछ भी बन पड़े दे दो, इसके अन्तिम संस्कार के लिए कुछ तो दे दो। अल्लाह तुम पर रहम करेगा। गॉड तुमको थैंक्स देगा। मालिक तुम्हारे बच्चों की उम्र लंबी करे, दे दो-दे दो, कुछ तो दे दो...।

[कुछ लोग पैसा देते हैं। इन्स्पेक्टर इस बार अपनी ड्रेस पहन कर आता है।]

इन्स्पेक्टर : अरे, तुम अब क्या लफड़ा कर रहे हो?

लड़का-2 : **(धीरे से)** अबे सवेरे वाला पुलिस वाला आ गया।

लड़का-1 : अबे चुप! तू मुर्दा है बोल मत। मैं इसे संभालता हूँ। **(और वह पुलिस से कहता है।)** साहब, आपने सुबह जिस

लड़के पर अपनी घरवाली के पर्स की चोरी करने का इल्जाम लगाया था, वह यह सदमा बर्दाशत नहीं कर पाया और मर गया।

इन्स्पेक्टर : मर गया? मगर मैंने तो सिर्फ उसे डाँटा था, थाने में ले जाकर पीटा तो नहीं था।

लड़का-1 : **(रोते हुए)** ये बुद्धिजीवी था इन्टलेक्चुअल, इन्टलेक्चुअल जरा-जरा-सी बात पर मर जाते हैं। अभी टी.वी., प्रेस वाले आएँगे, उसका इंटरव्यू लेंगे मगर ये बेचारा क्या जवाब देगा? मर जो गया है। जो बोलूँगा, मैं ही बोलूँगा। दस हजार रुपये दे दें इसको जलाने के लिए।

इन्स्पेक्टर : हे भगवान! ये मैंने क्या कर डाला, पर तू तो कह रहा था कि ये हिन्दू था या मुसलमान?

लड़का-1 : मेरा दोस्त था मुझे क्या पता हिन्दू था या मुसलमान। जल्दी रुपया निकालो साहब वरना...।

प्रेस रिपोर्टर : **(कैमरा लिए प्रवेश)** हटिए-हटिए। हम प्रेस वाले हैं। **(दो-तीन एंगल से फोटो खींचता है, साथ ही प्रश्न भी पूछता जाता है।)** मरने वाले का नाम क्या था इन्स्पेक्टर?

इन्स्पेक्टर : सर, भारत।

प्रेस वाला : काम?

इन्स्पेक्टर : बेरोजगारी।

प्रेस वाला : कौम?

इन्स्पेक्टर : इन्टलेक्चुअल।

प्रेस वाला : मरने का कारण?

लड़का-1 : इसके मरने का का...र...ण...।

इन्स्पेक्टर : **(पॉकेट से दस हजार रुपये की गड्डी निकालकर लड़के को देते हुए)** का...र...ण का पता तो मैं लगा लूँगा। फिलहाल ये लो दस हजार रुपये, पहले इसका अंतिम संस्कार करो, फिर हम इसका पोस्टमार्टम करवाएंगे।

नेता : **(इस प्रश्न के साथ ही एक व्यक्ति पार्क में पड़ी बेंच पर खड़ा होकर नेता की तरह भाषण देता है।)** मरने के कारणों का पता लगवाया जाएगा। **(प्रेस वाला एवं**

पुलिस इन्स्पेक्टर उस नेता की ओर लपकते हैं। पुलिस उनको सिक्योरिटी देने का अभिनय करती है और प्रेस वाला उसके फोटो विभिन्न कोणों से लेता है। दर्शक/भीड़ नेता के भाषण सुनती है। नेता का भाषण जारी है।) मैं पूछता हूँ, आखिर ये अंधेरगर्दी कब तक चलेगी? यूँ ही सरेआम सड़कों पर हमारे देश के नौजवान, नौनिहाल कब तक दम तोड़ते रहेंगे? ये तो सरासर अंधेरगर्दी है। इस नौजवान के मरने के कारणों का पता लगाने के लिए कमेटी बैठाई जाएगी। जोर से बोलो साथियो-जय हिन्द!

सभी : जय हिन्द!

नेता : जय हिन्द!

सभी : जय हिन्द!

प्रेस वाला : मंत्री जी! मृत्यु का पता तो पुलिस लगा लेगी, फिर कमेटी क्यों बैठाएँगे?

नेता : आपको तो पता ही है कि जब समस्याएँ खड़ी होती हैं तो समितियाँ बैठती हैं।

[इसी बीच वह लड़का जो मरा पड़ा था, सफेद चादर समेत भूत की तरह खड़ा होकर धीरे-धीरे झूमने लगता है। भीड़ उसे भूत समझकर भाग खड़ी होती है। नेता जी की धोती बेंच में फंस जाती है। नेता जी समझते हैं कि उन्हें भूत ने धर दबोचा है। वे चीखते हैं और किसी तरह धोती खोलकर भाग जाते हैं।]

लड़का 1-2 : **(दोनों मिलकर पैसे बटोरते हैं।)**

लड़का-1 : इतना पैसा इकट्ठा हो गया। ये देखो, किसी ने एक खोटा सिक्का भी चला दिया।

लड़का-2 : हाँ गुरु! काफी रुपया इकट्ठा हो गया। अब साल-भर तक तो हमें रुपयों की कमी न होगी।

लड़का-1 : खूब मौज उड़ाएंगे।

अखबार वाला : **(प्रवेश)** आज की ताजा खबर। ताजा खबर। मनमोहन पार्क में इन्टलेक्चुअल की हत्या, हत्यारे फरार, रहमदिल इन्स्पेक्टर ने दस हजार रुपये दिए अन्तिम संस्कार के लिए। इन्स्पेक्टर के खिलाफ आय से ज्यादा रुपये बाँटने के

जुर्म में जाँच कमेटी बनी। **(यह कहता हुआ विंग में चला जाता है और फिर दुबारा प्रवेश करता है।)** आज की ताजा खबर। इन्टलेक्चुअल के भूत से शहर में हड़कंप।

लड़का-2 : ऐ भाई अखबार वाले! एक अखबार देना।

अखबार वाला : अब फ्री में अखबार नहीं मिलेगा। अखबार का रेट बढ़ गया है।

लड़का-1 : अब अखबार में नौकरी ढूँढ़ने की जरूरत नहीं। हमारे पास इतना रुपया इकट्ठा हो गया कि साल-भर तक बैठकर खाएंगे फिर सोचेंगे।

लड़का-2 : अबे, माल ले अखबार दे।

अखबार वाला : पिछला बकाया भी दोगे?

लड़का-2 : आज बहुत माल है, अगला-पिछला सब ले लो। **(अखबार खरीदकर पढ़ता है।)**

अखबार वाला : अगला-पिछला सब ले लें? हे भैया गे! हम नहीं हैं गे (Gay) आज की ताजा खबर, आज की ताजा खबर, ताजा खबर। भारतीय रुपये का अवमूल्यन-डॉलर महँगा, रुपयों की खरीद शक्ति में कमी। आज की ताजा खबर... देश के सामने खड़ी हुई मुद्रास्फीति, सरकार ने बैठाई जाँच समिति...।

लड़का 1-2 : **(दोनों धम्म से जमीन पर बैठ जाते हैं।)** हे राम! रुपयों का फिर अवमूल्यन- 'अठन्नी हो गई चवन्नी।'

अभी तो अँगड़ाई है आगे बड़ी लड़ाई है

कहानी की अवधारणा

इस नाटक में भारतीय गाँव में हो रहे आर्थिक-सामाजिक शोषण का ब्यौरा है। सामाजिक बुराइयों के विरुद्ध जमींदार जालिमसिंह का छोटा भाई हिम्मतसिंह एवं छोटी बहन रेनूसिंह एक मोर्चा बाँधते हैं तो दूसरी ओर गरीबों का प्रतिनिधि जग्गूराम।

हर दृश्य में नाटकीय मोड़ के साथ कथा में सस्पैंस आता है और सस्पैंस से पर्दा उठते ही, सभी पात्र बोल पड़ते हैं-

'अभी तो ये अँगड़ाई है, आगे बड़ी लड़ाई है।'

मंचन-अवधि : 90 से 120 मिनट।

पात्र-परिचय

महिला पात्र

फुलवा	चैथू की बेटी	(उम्र 16 साल)
रेनूसिंह	जमींदार की बहन	(उम्र 20 साल)
चार-पाँच बच्चे		

पुरुष पात्र

जालिमसिंह	जमींदार	(उम्र 55 साल)
हिम्मतसिंह	जमींदार का छोटा भाई (चेखूर)	(उम्र 25 साल)
जग्गूराम	रघु का बेटा (साधु)	(उम्र 45 साल)
दारोगा		
पाँच-छह मजदूर		
चैथू	बँधुआ मजदूर	(उम्र 40 साल)
रघु	बँधुआ मजदूर (चैथू का साथी)	(उम्र 45 साल)
दो कारिन्दे		

प्रथम दृश्य

[सूर्योदय का समय, मंच के किनारे झोंपड़ी, जिसके दरवाजे पर चैथू, टूटी खाट पर खर्राटे ले रहा है। पक्षियों के चहचहाने, बकरियों के मिमियाने एवं गायों के रँभाने की आवाज। दूर से मन्दिर में घंटे की ध्वनि के साथ ही चैथू की युवा बेटी फुलवा, झोंपड़ी से बाहर आती है।]

फुलवा : बप्पा ऐ बप्पा... उठो बप्पा। देखो तनिक, सूरज देवता ऊपर चढ़ आए। **(ठहरकर)** आज मजदूरी पे जाना नहीं है क्या?

रघु : **(प्रवेश करते हुए)** का हुआ फुलवा बिटिया?

फुलवा : देखो न रघु काका। बप्पा दिन ढले तक सो रहे हैं...।

रघु : **(चैथू की ओर घूरते हुए)** हूँ, तो अभी तक म्लेच्छ सोया है। अबे ओ चैथू के बच्चे, उठ।

चैथू : **(नींद में)** ऊँ...कौन रघु? सोने दे। दिक मत कर।

रघु : दिक के बच्चे, उठ, नहीं तो पड़ेगी दुलत्ती।

चैथू : मार ले दुलत्ती! पर सोने दे।

रघु : अबे! तू तो चिकना घड़ा है।

चैथू : अबे घड़ा... हाँ, हमें रहने दे पड़ा।

रघु : ओफ हो। पड़ा नहीं, घड़ा, वो भी चिकना। सो ले, खूब सो ले। भूल गया जमींदार जालिमसिंह को?

फुलवा : **(आश्चर्य से)** का किये जालिमसिंह रघु काका?

रघु : अब तक तो कछु ना किये फुलवा बिटिया, मगर हाँ जब आज दिन-भर में उनका खलिहान से अनाज उठाकर दलान में नहीं रखे तो मजूरी आधी और दो-चार लात कलेवा में, ऊपर से।

फुलवा : हाय दैया, बड़े जालिम हैं। हम चले कलेवा (नाश्ता) बनाने। तुम बप्पा को जगाओ।

रघु : चैथुवा...अरे ओ चैथुवा!

चैथू : चुप कर। क्या ढेचूँ-ढेचूँ लगा रखा है?

रघु : क्या ढेचूँ-ढेचूँ कर रहा हूँ। मैं गधा हूँ?

चैथू : गधा नहीं रे रघुवा, तनिक सामने आवो।

रघु : किसलिए?

चैथू : तेरा चेहरा देखूँगा।

रघु : मेरा चेहरा कोई आईना है, जो तुझे अपना थोबड़ा दिखेगा?

चैथू : **(जम्हाई लेता हुआ)** कहते हैं, सारा दिन चैन से निकल जाता है। जे दिन किसी मनहूस की शक्ल देख लो...**(और फिर चैथू खाट से उठकर झोंपड़ी के अन्दर भागता है।)**

रघु : हम मनहूस हैं। ठहर बतावत हैं...भागता कहाँ है...अच्छा। **(रघु उठकर चैथू की खाट पर बैठ जाता है।)** जा, जल्दी तैयार हो जा। देर मत करिहो...।

साधु : (प्रवेश) देर करिहो तो करिहो, अंधेर मत करिहो। बच्चा!

रघु : राम...राम बाबा!

साधु : राम-राम बच्चा। सुखी भव।

रघु : सुखी! **(लंबी साँस खींचकर छोड़ते हुए।)** अरे, हम क्या सुखी होवेंगे बाबा? सुखी तो है जमींदार जालिमसिंह और दारोगाजी। हम तो बस सूख ही रहे हैं। जब तलक पौरुष है जीयेंगे, नहीं तो टैं...। भाग्य में यही बदा है बस्स।

साधु : बस्स, यही तो तुम सबकी कमजोरी है। भाग्य के भरोसे बैठ जाते हो। तुम्हें ये अच्छी तरह मालूम है कि तुम्हारे खून के एक-एक कतरे को जालिमसिंह जैसे जमींदार और दारोगा जैसे भेड़िये चूस रहे हैं। फिर भी हाथ-पे-हाथ धरे भाग्य के भरोसे बैठे हो। बताओ वो कौन तुम्हारा मसीहा है जिसका इन्तजार तुम सदियों से कर रहे हो? वो कब आएगा और तुम्हारी मानसिक गुलामी की जंजीरों को एक झन्नाटे के साथ तोड़ देगा? बोलो, जवाब दो?

चैथू : **(झोंपड़ी से बाहर, गमछे से मुँह पोंछते हुए)** राम-राम बाबा! काहे का सवाल-जवाब बाबा? कितनी बेर कहा कि मत करो क्रांति, बगावत की बातें हम गरीबों में।

साधु : ये बगावत नहीं। तुम्हारा हक है। ये तुम्हारे हक की लड़ाई है।

चैथू : कहीं जमींदार जालिमसिंह को ये खबर पहुँच गई कि तुम हमें उनके खिलाफ भड़काते हो, तो हमारी धुनाई होगी सो होगी ही, तुम्हारी भी खैर नहीं बाबा।

साधु : **(नाराज होकर)** बस्स, यही डर तुम्हें कोल्हू का बैल बनाए हुए है। अरे जिस दिन अपने हक के लिए मरने-मारने पर उतारू हो जाओगे, खुद अपना इतिहास लिखोगे।

चैथू : पर बाबा, हम तो पढ़े-लिखे जाने नहीं हैं। क्या करेंगे इतिहास, भूगोल लिख के?

रघु : बाबा! जालिमसिंह हमारा शोषण करते हैं। ये हम भी समझते हैं, पर हम उनका नमक खाते हैं। क्या मिलेगा हमें बगावत करके?

चैथू : मिलेगी जमींदार के कारिन्दों की लाठी, दारोगा की गाली और भूख।

साधु : और यही तुम्हारा डर, तुम्हें तिल-तिल मारता रहता है।

चैथू : देखो बाबा! हमें अब देर हो रही है। सांझ को आना तब बतकही होवेगी।

साधु : क्यों डरते हो न, कि देर होगी तो जालिमसिंह के सोटे पड़ेंगे?

चैथू : डर तो है ही बाबा! हम ठहरे बाल-बच्चेदार। अरे, तुम्हारा क्या? आगे नाथ न पीछे पगहा, फिर भला तुम काहे को डरो? तुम्हें तो लोग भूखे भी नहीं मरने देंगे।

रघु : सच बाबा! तुम ठहरे साधु। माँगने से भिक्षा मिल जाएगी। हमें तो भीख भी मयस्सर न होगी। लोग दूर से ही दुत्कार देंगे। हम अछूत जो ठहरे।

साधु : अछूत... हाँ, तुम लोग अछूत हो। मैं चाहूँगा कि तुम आने वाले वक्त में भी अछूत रहो।

रघु : अब कैसे न तेवर बदल रहे हैं। हम जन्म-जन्मांतर तक अछूत रहकर सबकी चक्की पीसें-ऐं?

साधु : नहीं, रघु नहीं। मुझे गलत मत समझो, बच्चा!

चैथू : फिर क्या मतलब है बाबा चच्चा?

साधु : मेरा मतलब है...तुम वो काम कर सकते हो, जो महान पुरुषों के वश में भी नहीं है।

रघु : ऊ क्या है बाबा?

साधु : तुम्हारे पास अपार सहनशक्ति है।

रघु : मजबूरीवश।

साधु : तुम मेहनतकश हो।

रघु : वरना भूखो मरें।

साधु : तुम्हारी अच्छाइयाँ अछूती हैं, उन्हें छूना सबके वश की बात नहीं है।

चैथू : बाबा! मत चढ़ाओ हमें चने के झाड़ पर। हम चने के सत्तू से ही खुश हैं।

[फुलवा कलेवा (नाश्ता) की पोटली लिए झोंपड़ी के अंदर से निकलती है।]

फुलवा : **(पोटली चैथू को देती हुई, साधु से)** अब बस भी करो बाबा! भासन **(भाषण)** सांझ को दे देना। अब उन्हें जाने भी दो मजूरी करने।

साधु : **(दर्शकों की ओर)** तो सुन लो भैया! हमारी बातें उन्हें भासन लगे हैं सच है...

जगतिया में कोई नाहिं अपना,
बनले के सार-बहनोई हो।
जगतिया में कोई नाहिं अपना,
अरे भासन राशन में क्या जानूँ?
बेचूँ मैं तो सपना,
जगतिया में कोई नाहीं अपना।
आगे नाथ न पीछे पगहा,
फिर काहे को रोना।
जगतिया में कोई नाहीं अपना,
बनले के सार...
जगतिया में कोई नाहीं अपना।

द्वितीय दृश्य

[जमींदार जालिमसिंह, अधलेटा हवेली में हुक्का गुड़गुड़ा रहा है। एक कारिन्दा तेल मालिश कर रहा है।]

जालिमसिंह : अरे ओ शिखंडी की औलाद! यों लौंडियों वाला हाथ क्या चलाता है, जोर से रगड़। **(कारिन्दा जोर से रगड़कर मालिश करता है।)** ओ...इतनी जोर से नहीं साले!

[जालिमसिंह कारिन्दे को लात मारता है। कारिन्दा लड़खड़ाता है। उसी वक्त दारोगा पहुँचता है, जो कारिन्दे को गिरने से रोकता है और फिर, जंगली जानवर की तरह बेतहाशा पीटता है। कारिन्दे को पीटने के बाद]

दारोगा : **(जालिमसिंह से)** बात क्या थी हुजूर?

जालिमसिंह : **(तड़प रहे कारिन्दे को देखते हुए)** स्साला इतनी जोर से रगड़ा कि...।

दारोगा : हुजूर की खाल उधड़ गई...हा...हा...हा...।

जालिमसिंह : **(कारिन्दे से)** चल उठ। दौड़कर नाश्ता ला दारोगाजी के लिए। **(कारिन्दा कराहता हुआ चला जाता है विंग में।)** बैठिए दारोगाजी! हाँ कहिए, कैसे आना हुआ? लगता है रास्ता भूल गए हाकिम।

दारोगा : भूला नहीं हुजूर! गाँव में छब्बू के अड्डे पर गया था। लौटते वक्त आपके पास आ गया। कोई गुस्ताखी तो नहीं हुई मुझसे?

जालिमसिंह : गुस्ताखी हा...हा...हा... बहुत खूब। अजी जनाब! आजाद हिन्दुस्तान के आप आजाद कोतवाल हैं। कहीं भी आ-जा सकते हैं और...।

[कारिन्दा नं. 2 एक आदमी को धकियाते हुए लाता है।]

कारिंदा नं. 2 : कहीं भी मुँह मार लेते हैं।

जालिमसिंह : क्या हुआ रे?

कारिंदा नं. 2 : हुजूर! इसकी भैंस आपका खेत चर रही थी।

जालिमसिंह : क्यों बे, तेरी भैंस के बाप की खेती है।

आदमी : गलती हो गवा माई-बाप। ससुरी पगहा तुड़ाकर भाग गई थी खूँटे से।

जालिमसिंह : बहुत कमजोर है तेरा खूँटा, क्यों? **(कारिन्दे से)** जा रे इसकी भैंस को खोल ला और हमारे मजबूत खूँटे से बाँध दे।

आदमी : ऐसा न करें माई-बाप। हम भूखों मरि जइहैं। वही हमारी रोजी-रोटी है। बच्चे भूख से बिलखिहैं...ऐसा मत करें। हम मरि जाइहैं, बरबाद होई जाइहैं।

[कारिन्दा नं. 2 उस आदमी को धकियाता बाहर ले जाता है।]

जालिमसिंह : हाँ...दारोगाजी! आप कहाँ गए थे?

दारोगा : छब्बू के अड्डे पर, गाँव में।

जालिमसिंह : कोई लफड़ा?

दारोगा : लफड़ा... क्या करेंगे स्साले लफड़ा, हुजूर! चोरी से दारू बेचते हैं। माहवारी देने में उनकी जान निकलती है। ऊपर वाले मुझसे हफ्ता देने को कहते हैं। माहवारी तक तो टेम से मिलती नहीं। स्साला देश में ईमानदारी तो रही नहीं। वही...**(हाथ से सिक्का उछालने का संकेत)** वसूलने गया था। आपसे क्या छिपा है, माहवारी के बिना तो घर में चूल्हा न जले।

जालिमसिंह : आपका धन्धा चकाचक है। जमींदारी में तो ससुरी दस तरह की है किच-किच। सरकार ने जमींदारी प्रथा अपने कानून की किताब में खत्म क्या कर दी मानो जमींदार ही खत्म हो गए। सरकार का तो काम ही है कानून बनाना। उससे हमारी सेहत पर कोई अन्तर नहीं पड़ता मगर...।

दारोगा : मगर क्या हुजूर?

जालिमसिंह : **(ठंडी साँस लेकर)** भई, जब मजदूर बेगारी करने से मना करने लगे और नेतागिरी पर उतारू हो जाए तो...।

दारोगा : स्सालों की शामत आई है। कसम माहवारी की। उसका

नाम-भर बता दें। उसकी नेतागिरी उसी के अन्दर डाल दूँगा।

जालिमसिंह : यही तो मुसीबत है। वो मजदूर नहीं, एक साधु है। घूम-घूम कर मेरे खिलाफ मजदूरों को भड़काता है। न जाने कहाँ से टपक पड़ा।

दारोगा : हूँ...वाकई समस्या गंभीर है। कोई मजदूर-वजदूर होता तो जिन्दा दफना देता। साधु-संन्यासी के साथ छेड़-छाड़ ठीक नहीं। भई धर्म से तो खिलवाड़ नहीं हो सकता न।

जालिमसिंह : ठीक कहते हैं आप। लीजिए पान खाइए। **(दोनों तश्तरी से पान उठाकर खाते हैं। इसी बीच रघु, चैथू एवं अन्य मजदूरों का प्रवेश। दरवाजे पर खड़े होकर मजदूर आपस में बातें करते हैं।)**

रघु : हैं तो क्या? **(दबी जुबान में)**

चैथू : अरे भैया! पालग्गी **(प्रणाम)** पहले किसे करें?

सब : हाँ...किसे करें पालग्गी पहले?

चैथू : जमींदार बड़ा कि हाकिम?

रघु : हमारी समझ से तो दोनों बराबर हैं।

सब : कैसे?

रघु : भई, जब जमींदार बिगड़ जात है तो हमारे पेट पर लात पड़े है और जब हाकिम बिगड़त है तो पीठ पर।

मजदूर नं. 1 : केवल पीठ पर? पिछवाड़े... हमारे पिछवाड़े, हमारी समझ से भैया! मत करो पालग्गी केहू को।

सब मजदूर : क्यों?

मजदूर नं. 1 : हमें तो लात खाने से मतलब, चाहे जालिमसिंह मारे या हाकिम।

मजदूर नं. 2 : भैया हमरी राय में तो हाकिम को पालग्गी पहले करें।

सब मजदूर : कैसे?

मजदूर नं. 2 : वो कैसे? अगर तुम्हें जमींदार और हाकिम दोनों का बुलावा एक साथ आ जावे तो, तू सबसे पहले किसके पास जाएगा?

सब मजदूर : हाकिम के पास।

मजदूर नं. 2 : बस, हो गया फैसला। हाकिम बड़ा जमींदार छोटा।

जालिमसिंह : **(दरवाजे पर मजदूरों को देखकर)** वहाँ क्या खुसर-फुसर लगाया है रे?

सभी मजदूर : **(घबराकर)** राम-राम हुजूर, हाकिम, हुजूर।

जालिमसिंह : इतनी देर क्यों हुआ आने में चोट्टों। आज सूरज ढलने तक खलिहान से अनाज की सारी बोरियाँ इस दलान में नहीं रखीं तो...।

दारोगा : तुम सबको अंदर कर देंगे हा... हा... हा...।

जालिमसिंह : खूब तुक्का भिड़ाया आपने। हा...हा...हा... आइए, उस कमरे में चलें।

[चलते हुए ठिठककर मजदूरों से]

जालिमसिंह : ध्यान रहे, किसी ने मुट्ठी-भर भी अनाज फाँका तो...!

दारोगा : हम उसे पताका बना देंगे। **(हाथ से झण्डी हिलाने का संकेत और फिर हँसते हुए प्रस्थान।)**

चैथू : देख रघु! तनिक भी अनाज मत फाँकना। याद है पिछले साल जग्गू ने अनाज फाँका था तो जमींदार ने कितना पीटा था।

मजदूर नं. 1: भला हो जमींदार के छोटे भाई का। क्या नाम रहा?

मजदूर नं. 2 : हिम्मतसिंह।

मजदूर नं. 1 : हाँ, हिम्मतसिंह। वो ही बीच में आकर जमींदार का सोटा थाम लिहें, वरना खाल उधड़ गयी थी जग्गू की।

चैथू : सुना है कि जग्गू वाली बात पर दोनों भाई में कहा-सुनी भवा।

मजदूर नं. 2 : हाँ भैया! हिम्मतसिंह जमींदार से अंग्रेजी में कछु बोल के घर से चले गए।

रघु : बतकही बाद में। पहिले काम शुरू करो।

सब मजदूर : हाँ...हाँ...शुरू करें काम।

[सभी मजदूर दो-दो की जोड़ी बनाकर अनाज से भरी बोरी उठाकर दलान/आँगन में फैलने का अभिनय करते हैं और गाते हैं-]

सभी मजदूर : जोर लगा के हैया,
दूनों हाथे भैया।
छूटे नाहिं भैया,
जोर लगा के हैया।

पाव-भर सत्तू खैया,
पार लगावे नैया,
जोर...।
फेंक झुला के भैया।
जोर...,
खून चूसे भैया,
भैया को चूसे भैया,
जोर...
बदले ना रवैया,
हाय मोरी दैया।
जोर...
हैया ऊपर हैया,
सुन ले खेवैया।
जोर...
नैया में मोटे भैया,
नैया गई टूट।
भैया गया डूब,
बुड़क बुड़क।
जोर...

[सारे मजदूर नाचते-गाते थककर हाँफते हैं।]

मजदूर नं. 1 : अनाज तो सारा रख दिए। गला सूख रहा है। चलो, चलकर पोखर पर प्यास बुझावें।

रघु : हम तो थक के चूर होई गए हैं। अब कौन उतनी दूर पोखर पर जावे। जमींदार साहब के लोटा से ही पानी पी लेत हैं।

चैथू : तू भी जमींदार का धर्म भ्रष्ट करेगा।

रघु : कैसा धर्म-कर्म। साधुजी रोज तो प्रवचन में बतावत हैं कि हम सब एक ही हैं।

मजदूर नं. 2 : जमींदार के लोटा से नाहिं पीओ पानी भैया! कहीं देख लिए गए तो...।

रघु : काले पानी की सजा होगी, यही न। अरे...इस नरक से वो बेहतर ही होवेगा, काला पानी। साधु बाबा ठीक ही कहते हैं। अधिकार के लिए लड़ना सीखो मगर तुम सब साला कुक्कुर का पिल्ला है।

मजदूर नं. 1 : **(कुत्ते की आवाज)** भौं...भौं...।

मजदूर नं. 2 : है हिम्मत तो रघु तुम लोटा छूकर दिखाओ?

मजदूर नं. 1 : चढ़ जा बेटा सूली पे।

मजदूर नं. 2 : गई भैंसिया पानी में।

मजदूर नं. 1 : दूधो न मिला जवानी में।

[रघु आगे बढ़कर पानी से भरा लोटा उठाता है।]

रघु : लो, देखो, छूता हूँ लोटा और पीता हूँ पानी।

[इससे पूर्व कि रघु पानी पिए, जमींदार, दारोगा का प्रवेश। जमींदार रघु को पानी पीने से रोकता है और दारोगा उसे पीटता है। शेष मजदूर डरकर दुबक जाते हैं। रघु मार खाता रहता है, फिर भी पानी पीकर ही लोटा छोड़ता है।]

दारोगा : हूँ,... अछूत स्साला! छू दिया लोटा... ठहर दिलाता हूँ याद तेरी नानी। जमींदार साहब ने लोटा छीनने में देर की मगर मैं तुम्हें अन्दर करने में देर...।

साधु : **(सहसा प्रवेश करके, दारोगा के तने डण्डे को पकड़ते हुए।)**

देर करिहो तो करिहो
अंधेर मत करिहो
क्यों दारोगा जी?

(दारोगा बगलें झाँकता है।)

हां...हां...दारोगा जी उर्फ रमाशंकर पांडेजी और आप श्री श्री चालीस गाँवों के अवैध मालिक श्री जालिमसिंह जी! क्यों रोकते हो इन्हें पीने से पानी?

दारोगा : तो क्या इन स्सालों को चम्मच से गंगाजल पिलवाऊँ?

जालिमसिंह : अरे, इन हरामखोरों को पानी पीना ही था, तो पोखर में जाके पीते, हम रोकते हैं वहाँ?

साधु : किस पोखर-तालाब की बातें करते हो? उस तालाब की जहाँ जानवर भी पानी पीने से कतराते हैं?

उस पोखर में जहाँ बदबू से नाक फटती है?
उस तालाब में जिसमें मरे जानवर तैरते रहते हैं?
उस तालाब में जो पानी नहीं, जहर का समुंदर है?

जालिमसिंह : अबे, तो क्या हमारा खून पिएंगे?

साधु : घबराओ मत, वो भी पिएंगे। वक्त पर खून भी पिएंगे। अगर तुम इन्हें पानी की जगह इसी तरह जहर पिलाओगे तो देखना यही लोग तुम पर विष उगलेंगे।

दारोगा : देखो बाबा! हमारे मामले में टाँग मत अड़ाओ। ये लो सौ रुपया और यहाँ से चलते-फिरते नजर आओ।

साधु : सौ का नोट अपने पास ही रखो। काम आएगा कफन के लिए।

जालिमसिंह : इन अछूतों के मामले में अपनी टांग अड़ाकर काहे को बेवकूफी करते हो बाबा! जाओ कहीं धूनी रमाओ। ये बेवकूफ बनते रहे हैं और आगे भी बेवकूफ बनेंगे।

साधु : बेवकूफ, हाँ बेवकूफ। तुम कुछ लोगों को कुछ समय तक बेवकूफ बना सकते हो मगर सभी को हमेशा के लिए बेवकूफ नहीं बना सकते।

जालिमसिंह : तुम चाहते क्या हो बाबा?

साधु : सिर्फ इतना कि गरीबों का शोषण बंद हो। कुकुरमुत्ते की तरह कमजोर इन्सानों पर पनपना छोड़ दो, मेहनतकशों के साथ कंधा मिलाओ।

दारोगा : अर्थात् हम जीना छोड़ दें। बहुत सुन्दर प्रवचन है।

साधु : यह प्रवचन नहीं, चेतावनी है। ये मजदूर कल अपना हिसाब माँगेंगे तो क्या जवाब दोगे?

दारोगा : उसकी हम नौबत ही नहीं आने देंगे।

साधु : नौ...ब...त ही नहीं आएगी, बहुत खूब! मगर एक बात जान लो। नौबत, नगाड़ा तो अब तुम्हारा ये बजाएँगे क्योंकि मुर्गा बाँग दे या न दे, सवेरा तो होकर ही रहेगा। अभी इतनी लंबी काली रात ईजाद नहीं हुई है, जो सवेरे के अस्तित्व को ही खत्म कर दे।

जालिमसिंह : ले जाओ इस अंधेरे के सूरज को।

[जालिमसिंह ताली बजाता है। दो कारिन्दे आते हैं, जो जालिमसिंह के इशारे पर साधु को बाहर ले जाते हैं। साधु ये कहता जाता है...]

साधु : भगवान के घर देर है, अन्धेर नहीं। देर करिहो तो करिहो। अन्धेर मत करिहो।

जालिमसिंह : **(डरे और खड़े मजदूरों को डपटते और दुत्कारते हुए)** दुर्र...भाग...दुर्र! **(मजदूर घबराकर भागते हैं।)** दारोगाजी! आपने अपनी आँखों से आज सब देख लिया। मुझे डर है, कहीं इन मजदूरों में बगावत के बीज न बो दे वह साधु।

दारोगा : अरे, वो क्या बोयेगा बगावत का बीज इन कौवों में। अगर किसी ने सिर उठाने की कोशिश भी की तो किसी केस में इनकाउंटर करवा देंगे स्सालों को।

जालिमसिंह : वाह! और मैं साधु के सीने में गोलियाँ भर दूंगा। **(हाथ से रिवॉल्वर चलाने का अभिनय फ्रीज।)**

तृतीय दृश्य

[रिवॉल्वर से गोली छूटने का दृश्य एवं आवाज। चैथू की झोंपड़ी। सायंकाल का समय। चार-पाँच बच्चे दौड़ते हुए झोंपड़ी के पास पहुँचते हैं।]

बच्चा नं. 1 : फुलवा बहन, फुलवा, ऐ फुलवा! तनिक बाहर आओ...।

फुलवा : **(आवाज झोंपड़े से)** कौन है रे? ठहर आवत हैं।

बच्चा नं. 1 : जल्दी आ फुलवा बहन, जल्दी।

फुलवा : **(दरवाजे पर आकर)** का चिचियात है रे? कहीं भूडोल आ गया क्या?

बच्चा नं. 2: भूडोल नहीं बहन। पटाखा छुटे है पटाखा।

फुलवा : तो जा तू सब देख कनफोड़वा पटाखा, म्हारे को डर लगे है।

बच्चा नं. 2 : फुलवा, फुलवा वो आ रहे हैं।

फुलवा : वो कौन रे झगड़ुआ?

बच्चा नं. 3 : वो, वो अरे, वो फुलवा वो...।

फुलवा : वो कौन भूत?

बच्चा नं. 1 : वो भूत नहीं है। तेला मंगेतर है, जिससे तेला बियाह होगा। चेखूर।

फुलवा : बक! हाय दैया। झूठ हुआ न, तो तुम्हें झापड़ मारूँगी। *[चेखूर दाढ़ी-मूँछ वाले जवान का प्रवेश। चेखूर और फुलवा आमने-सामने चुप खड़े हैं। बच्चे एक साथ गर्दन घुमाते हुए एक बार फुलवा की ओर, दूसरी बार चेखूर को देखते हुए धीरे-धीरे विंग में चले जाते हैं और चेखूर-फुलवा अकेले खड़े रहते हैं।]*

चेखूर : फु...ल...वा...!

फुलवा : **(नजर नीचे, उंगली ऐंठती हुई)** अँऽऽऽ।

चेखूर : कैसी हो?

फुलवा : जिन्दा हूँ। रास्ता कैसे भूल गए इधर का?

चेखूर : देख फुलवा, ताना मत मार। तेरे लिए खुशखबरी लाया हूँ।

फुलवा : क्या?

चेखूर : रेलवई में हमार नौकरी लग गई।

फुलवा : सच?

चेखूर : और क्या!

फुलवा : **(चहककर)** गाड बाबू झंडी हिलाने वाले।

चेखूर : नहीं।

फुलवा : तो टी.टी. बाबू की?

चेखूर : ये भी नहीं। रेलवे के साहब के बंगले पर चपरासी लग गए। बहुत मजा है। मेम कभी बच्चा खिलावे को देती है तो कभी बच्चे को स्कूल पहुँचावे को। जानती हो फुलवा, साहब और मेम दोनों फर्राटेदार इंग्रेजी बोलते हैं। अब तो हम भी सीख लिए हैं इंग्रेजी।

फुलवा : अच्छा...।

चेखूर : और क्या डार्लिंग! तुम हमारी मेम बनोगी?

फुलवा : धत्! हमें शर्म आवे है।

चेखूर : नो-नो डोंट शर्म-वरम। चै-चैथू काका, सॉरी, अंकल से शादी की बात करूँगा।

फुलवा : हूँ, बात करेंगे। बप्पा तुम्हारी जात, पात, कुनबा, गाँव और जमीन-जायदाद सब पूछेंगे।

चेखूर : सब कुछ बता दूँगा डार्लिंग! कसम से टाइम देखकर बात करेंगे।

फुलवा : टेम बाद में देखना। पहले अपनी दाढ़ी-मूँछ कटवा आओ।

चेखूर : क्यों, इसने क्या बिगाड़ा है डार्लिंग?

फुलवा : धत्! गंदे कहीं के। अब जाओ। बप्पा और रघु काका के आने का टेम हो गया है। देखो, सूरज देवता डूब रहे हैं। देर करोगे तो अंधेरा हो जाएगा।

साधु : **(प्रवेश करते हुए)** देर करिहो तो करिहो। अंधेर मत करिहो।

चेखूर : अरे साधुजी! हेयर-वेयर? मेरा मतलब यहाँ कहाँ?

साधु : लगता है, हम मिले हैं एक-दूसरे से!

चेखूर : साधुजी, हमें पहचाना नहीं, थोड़ी देर पहले आपने नहर पर हमसे बीड़ी माँगकर पी थी।

साधु : ओह! पहचान गया। मगर तुम किसी लड़की से प्रेम वगैरह की बातें कर रहे थे। क्या वह, ये ही लड़की है, क्यों मिस्टर?

चेखूर : जी, यस सर।

साधु : तो आजकल हेयर-वेयर, यानी कि इधर-उधर चल रहा है?

फुलवा : **(बाबा से)** इंग्रेजी ना बोलो। ये नहीं समझेंगे।

चेखूर : फुलवा डार्लिंग हमें भी अंग्रेजी आती है। व्हेन आई टॉक आइये टॉक, डोंट टॉक इन सेन्टर-सेन्टर समझी। अच्छा साधुजी, डू यू हैव बीड़ी एंड माचिस।

साधु : बीड़ी, हाँ ये रही बीड़ी और ये माचिस।

चेखूर : ओ.के., ओ.के., साधु जी बीड़ी मुँह में रखींग एंड देन माचिस से फायर।

साधु : फायर?

चेखूर : **(साधु मुस्कराता हुआ बीड़ी सुलगाकर चेखूर को देता है) अच्छा से पूर्व ही सारे बच्चे वापस आ जाते हैं।)**

बच्चे : टा-टा-टा-टा, पाहुन टाटा। पाहुन टा टा!

साधु : ओ.के. चेखूर, ओ.के.।

फुलवा : अरे बाबा जी! आप इनका नाम कैसे जाने हैं?

साधु : हम...बस जान गए।

फुलवा : हम भी जान गए एक बात। **(भेद-भरी मुस्कान)**

साधु : **(परेशान-सा)** क्या जान गईं तुम?

फुलवा : हम सब जानते हैं। क्यों बच्चों?

बच्चे : हाँ... बाबा! सब जानते हैं, हम सब जानते हैं।

फुलवा : सच। बिल्कुल सच। बाबा! आप सही-सही बताएं। बिराजिए।

साधु : पता नहीं क्या जानती हो? अच्छा बच्चों हम चलते हैं। *[ज्यों ही साधु अपना तकियाकलाम शुरू करने को होता है, सारे बच्चे बोल पड़ते हैं।]*

सारे बच्चे : देल कलिहौ तो कलिहौ। अन्धेल मत कलिहौ। *[सारे बच्चे हँसते हैं, साधु का प्रस्थान।]*

बच्चा नं. 1: फुलवा बहन, हम घघ्घो रानी खेलेंगे।

बच्चा नं. 2: चलो ना...हम घघ्घो रानी खेलें।

फुलवा : अच्छा चल। सब गोलाई में खड़े हो जाओ। मैं बीच में रहूँगी। एक-दूसरे का हाथ पकड़ो।

[फुलवा के चारों तरफ खड़े गोलाकार बच्चे एक-दूसरे का हाथ पकड़े हैं। फुलवा गीत गाती है। हाथों से पानी की गहराई बताती जाती है। बच्चे घूमते हैं और हाथों को आगे-पीछे करते हैं।]

फुलवा : **(हाथ से इशारा करते हुए पानी की गहराई दिखाती है।)** इतना पानी।

बच्चे : **(घूमते हुए)** घघ्घो रानी।

फुलवा : छोटी पताल।

बच्चे : बड़ी पताल।

फुलवा : बड़ी पताल।

बच्चे : छोटी पताल।

फुलवा : इतना पानी।

बच्चे : घघ्घो रानी।

फुलवा : ***(फुलवा ख्यालों में खो जाती है।)*** मेरी शादी होगी।

बच्चे : घघ्घो रानी।

फुलवा : सात फेरे होंगे।

बच्चे : घघ्घो रानी।

उद्घोषणा : चेखूर दूल्हा बनेगा।

बच्चे : घघ्घो रानी।

[चैथू, रघु एवं अन्य मजदूरों का प्रवेश।]

रघु : अरे बचवन! जा अपने-अपने घर। बंद करो खेला, अंधेरा हो गया है। **(साधु का प्रवेश। वह ज्यों ही अपना तकियाकलाम देर करिहौ' बोलने के लिए हाथ उठाता है। बच्चे एक साथ बोल पड़ते हैं। साधु का हाथ उठा रह जाता है।)**

बच्चे : देल कलिहौ तो कलिहौ, अन्धेल मत कलिहौ। **(इसे दोहराते हुए बच्चे बाहर चले जाते हैं।)**

साधु : आज हम बहुत प्रसन्न हैं।

चैथू : क्यों, रघु के मार खाने से या ज्यादा मार खाने से बच जाने से?

साधु : चैथू, शुभ-शुभ बोलो। मैं संन्यासी हूँ तो क्या। रघु हमारे पिता तुल्य हैं।

रघु : बाबा, मुझे पिता बोलकर, तुमने हमार बेटा याद दिला दिया। आज वो होता तो जमींदार और हाकिम पर बिजुरी बन के टूट पड़ता। सत्यानाश कर देता उनका। हे भगवान, जहाँ भी हो, वो सुखी रहे।

साधु : कहाँ है तुम्हारा बेटा?

रघु : बैठ जाओ बाबा! लंबी कहानी है। जग्गू हमार बेटवा है। इस गाँव क्या, कई गाँव दूर तक केहू उतना नहीं पढ़ा-लिखा है अपनी बिरादरी में।

एक मजदूर : कऊन दर्जा तक जग्गू पढ़े हैं काका?

रघु : बी.ए. तक भैया! पिछले साल सूखा पड़ा रहा। हम सब दाना-दाना के मोहताज रहे। भूख से हम बिलबिला रहे थे। खेत पर भी कोई काम-धाम नहीं। एक दिन जमींदार जालिमसिंह के यहाँ से बुलावा आया अनाज की बोरियाँ ढोने का। हम सब जमींदार साहब की हवेली पहुँचे। हमार जग्गू ने हमें कहा, बप्पा तुम आराम करो हम ढोएँगे बोरी। कई दिन से भरपेट खाना नहीं मिले रहा। ऐसे में हमार जग्गू एक मुट्ठी अनाज फाँक लिए। बस्स, इसी पर जग्गू को हंटर से जालिमसिंह ने पीटा। इसी बीच जालिमसिंह का छोटा भाई हिम्मतसिंह और उसकी बहन रेनूसिंह आकर हमार बेटवा को बचा लिये, वरना जालिमसिंह उसे मार... **(सिसकी)**

साधु : हिम्मत रखो। धैर्य से सब बताओ...।

रघु : धैर्य कैसे रखें बाबा? हमार जवान बेटा, यही घटना के बाद गाँव छोड़कर कहीं चला गया। न कोई चिट्ठी न कोई पाती, कहाँ खोजूँ? मैं इतने पैसे वाला नाहिं कि शहर जाऊँ। दारोगा तो जमींदार के ही आदमी हैं, रिपोर्ट भी नहीं लिखते, क्या करूँ?

चैथू : दिल छोटा मत कर। तेरा जग्गू जहाँ भी होगा अच्छा ही होगा। धीरज धरो एक दिन जरूर लौटेगा जग्गू।

साधु : रघु, तुम्हारा बेटा जग्गू, जो क्रांति का बीज बो गया है, आज तुमने जमींदार का लोटा छूकर, उसे दरख्त बना दिए है। तुम सब बरगद की तरह फैलो। एकता लाओ। सदियों तक जिन लोगों ने तुम्हारा शोषण किया, वे सुविधाभोगी तुम्हें आसानी से नहीं छोड़ेंगे। गुलाम बनाए रखने के लिए वे तरह-तरह के नए-नए हथकंडे अपनाएंगे, विचारधाराएँ देंगे, हारेंगे तो हुरेंगे, जीतेंगे तो थूरेंगे, ताकि तुम्हें मानसिक गुलाम बनाए रखें। आज तक जिन्होंने भी तुम्हारे उत्थान का बीड़ा उठाया, वो खुद तो महान हो गए और तुम वही के वही हो। भूख, बेगारी, लात-घूँसे, जिल्लत की जिन्दगी तुम्हें मिली। They have raised the dust not your level. इसी पर तुम्हें एक गीत सुनाता हूँ ध्यान से सुनो। इस गीत में तुम्हारे जीवन संघर्ष की ही कथा है। एक शूद्र था।

चैथू : था या है?

साधु : है भई, है।

लोगों ने कहा, तुम्हें शुद्ध करेंगे।
शुद्धिकरण में स्वयं महान हो गए,
शूद्र, अछूत हो गया।
गांधी ने कहा मल साफ करेंगे,
मैला जो उठाया बापू भगवान हो गए।
अछूत, हरिजन हो गया।
नेता ने कहा, उत्थान करेंगे,
भाषण जो दिए, चर्चाएमान हो गए,
हरिजन, गिरिजन हो गया।
राजनीति ने कहा, वोट दो,
सरकार बनाएँगे।
योजना बनाएँगे,
समानता दिलाएँगे।
गिरीजन वोट जो दिए,
सरकार फास्ट हो गई।
तुम शेडूलकास्ट हो गए,
ब्रॉडकास्ट हो गए।

टेलीकास्ट हो गए,
धोती और टाट हो गए।
दाल-भात हो गए,
पाँच साल के लिए लॉक हो गए।

सब : वाह...वाह...वाह!
मजा आइ गवा।

साधु : आया न मजा? अब दूसरी बात सुनो, कल क्या-क्या करना है, उसकी तैयारी हो चुकी है न?

सब : हो चुकी है बाबा!

साधु : तब ठीक है, सभी को राम-राम। **(प्रस्थान)**

सब : राम-राम बाबा!

फुलवा : भोजन तैयार है बापू। **(फुलवा झोंपड़ी के अंदर जाती है।)**

चैथू : भोजन परोसो फुलवा! हम भी खाने को तैयार हैं। रघु!

रघु : क्या?

चैथू : आज हमारी फुलवा बहुत बड़ी हो गई है रे। उसके ब्याह की चिन्ता खाए जात है। अरे, हम गरीब के बहू-बेटी ही तो इज्जत है। ऊपर वाला कैसो फुलवा के हाथ पीले करा दे बस्स।

रघु : चैथू! परेशान मत हो। सुना है चेखूर का रेलवई मा नौकरी लग गई है। वो फुलवा के लिए अच्छा लड़का है।

चैथू : लड़का अच्छा होए से का होत है? घर-द्वार, खानदान तक का पता नहीं, कौन जात है ओकरा?

रघु : चैथू, तू जन्मपत्री के चक्कर में मत जा। चेखूर होनहार लड़का है। कमासुत है, हमरी फुलवा ओकरे साथ खुश रहेगी। भंगी, तेली, बाभन, क्षत्रिय कुछ भी हो। का अन्तर पड़ता है? यही न अपनी बिरादरी मा हुक्का-पानी बन्द। किसके पास उतना रुपया है जो बिरादरी को भोज देते फिर रहे हैं। वैसे भी हम गरीबन के पास दो बर्तन-भांडों के सिवा है ही क्या?

चैथू : तूने तो हमारे मन की बात कह दी रे रघु! कई दिन से यही ऊहापोह में हम भी पड़े रहे। अब समझ आ गया।

मगर रघु, गाँव-घर को भोज देने के लिए रुपया कहाँ हमरे पास?

रघु : जमींदार जालिमसिंह से उधार ले लो।

चैथू : जालिमसिंह के कर्ज से तो हम पहले ही दबे हैं, पिछला बकाया है अभी।

रघु : बकाया कभी चुका नहीं पाओगे। इसलिए कल और उधार माँगेंगे, थोड़ा बोझ और सही।

चैथू : **(ठंडी आह)** हाँ भइया, थोड़ा कर्ज और सही। चलो भोजन कर लें, कल की कल देखेंगे।

चतुर्थ दृश्य

[समय प्रातःकाल। जालिमसिंह जमींदार की हवेली। जालिमसिंह के नौकर बन्दूक की नाल साफ करते हुए। दोनों कारिन्दे दंड पेल रहे हैं। जालिमसिंह की खूबसूरत बहन रेनू का हाथ में पूजा का थाल लिए प्रवेश।]

रेनू : लो भइया! प्रसाद।

जालिमसिंह : शिव मन्दिर गई थी?

रेनू : हाँ, शिव का ही प्रसाद है।

जालिमसिंह : तुझे कई बार समझाया, शिव मन्दिर अकेले मत जाया करो।

रेनू : क्यों?

जालिमसिंह : जमाना बुरा है।

रेनू : मगर तुमसे तो कम।

जालिमसिंह : बित्ते-भर की होकर जबान चलाती है। जा अपने कमरे में और सुन, रामनगर के जमींदार और उनका बेटा तुझे देखने आएंगे। हवेली के बाहर मत जाना।

रेनू : मैं तुम्हारी गुलाम नहीं हूँ भैया, जो तुम चाहोगे वही होगा। मुझे शादी नहीं करनी है उससे।

जालिमसिंह : बको मत। **(दारोगा को आते देखकर)** आओ-आओ दारोगा जी! **(दारोगा का प्रवेश)** बैठिए दारोगा जी! **(रेनू का गुस्से में प्रस्थान।)**

दारोगा : **(विनीत स्वर में)** हुजूर, आज एक जरूरी काम से आना हुआ है।

जालिमसिंह : काम तो सभी आपके जरूरी होते हैं। पले नाश्ता-पानी लें, फिर काम होगा तसल्ली से।

[दरवाजे पर साधु खड़ा है।]

साधु : अलख निरंजन... कुछ भिक्षा मिले बच्चा! कुछ मिलेगा या जाऊँ बच्चा।

रेनू : ठहरिए बाबा! लाती हूँ भिक्षा।

[रेनू भिक्षा देने के बहाने एक चिट्ठी साधु की झोली में डाल देती है। साधु चला जाता है, अलख निरंजन करते। हुए।]

जालिमसिंह : जैसे भी हो, पता लगाइए हमारे भाई हिम्मतसिंह का। आज पूरा एक साल हो गया उसको घर छोड़े।

दारोगा : घर छोड़ गए? ऐसा भी क्या आपने हिम्मतसिंह को लगने वाली बात कह दी, जो वे घर छोड़ गए?

जालिमसिंह : कलेजे को लगने वाली बात तो उसने कही थी। जब अनाज चोर जग्गू को मैंने पीटा तो हिम्मत मुझसे बोला कि जग्गू और उसके बाप से माफी माँगू। थी न डूब मरने वाली बात? हिम्मतसिंह और मेरी बहन रेनू दोनों लगे समानता, न्याय, रहम और समाजवाद की बातें करने। अरे, गवर्नमेंट ने जमींदारी प्रथा खत्म कर दी तो क्या जमींदार भी खत्म हो गए? हमारे संस्कार, आदतें भी खत्म हो गए।

दारोगा : नए जमाने के लौंडे, दो अक्षर पढ़ते ही बड़ी-बड़ी बातें करते हैं। खैर...हिम्मतसिंह को खोजने की पूरी कोशिश में हूँ।

[इसी बीच साधु, रघु, चैथू एवं अन्य मजदूरों का नारे लगाते हुए प्रवेश।]

रघु : इन्कलाब...।

सब : जिन्दाबाद!

रघु : इन्कलाब...।

सब : जिन्दाबाद!

रघु : हमारी जमीनें...।

सब : वापस दो।

रघु : हम बेगारी...।

सब : नहीं करेंगे।

रघु : नहीं करेंगे...।

सब : नहीं करेंगे।

रघु : तानाशाही...।

सब : नहीं चलेगी... नहीं चलेगी।

दारोगा : चोप्प, स्सालो! चोप्प। **(सभी मजदूर चुप हो जाते हैं। साधु से-)** क्यों बकरियों के लीडर?

साधु : कहिए, जंगल के गीदड़।

जालिमसिंह : अच्छी तुकबंदी करता है? दारोगा जी, इसका इलाज करिए।

दारोगा : ओए साधु, काहे को सीधे-साधे लोगों से बलवा कराता है। लगता है हुजूर की ताकत को जानता नहीं।

जालिमसिंह : बाबा! संभल जाओ। वरना अंजाम बुरा होगा।

साधु : अंजाम, हा...हा...हा...अंजाम से तो तू बेखबर है। जरा सोच। आज ये तेरे सामने सीना ताने खड़े हैं। कल तुझसे अपना हिसाब माँगेंगे, तो क्या जवाब दोगे?

जालिमसिंह : जवाब देंगी मेरी गोलियाँ।

साधु : शोषित, भूखे, नंगे तेरी गोलियों से डरकर इरादा नहीं बदलेंगे। भलाई इसी में है कि वक्त के रहते तू बदल जा, संभल जा, वरना हमें मत कहियो, क्या?

सब : **(साधु के पीछे से निकलकर)** देर करिहो तो करिहो, अंधेर मत करिहो।

दारोगा : बहुत तगड़ा गैंग है रे तेरा। हम भी तो देखें। कितने बुलन्द हैं इनके इरादे? हरामजादो! जो जमींदार साहब की तरफ है, इधर और जो इस साधु के साथ हैं, उधर खड़े हो जाओ। जल्दी, वरना उधेड़ता हूँ तुम्हारी चमड़ी।

[सभी मजदूर डर से जालिमसिंह की ओर खड़े हो जाते हैं। साधु अकेला खड़ा रह जाता है।]

जालिमसिंह : हा...हा...हा, देख लो। तुम्हारे क्रांति के सिपाही, हमारी ओर मुड़ गए। क्या कहते हो अब?

साधु : तुम्हारे खेतों में बेगारी करने के अलावा और कोई रोजगार नहीं है इनके पास। इनकी लाचारी और पेट की आग ने इनके जमीर को छीन लिया है। जिसकी वजह से आज तो तुमने इन्हें अपनी ओर मोड़ लिया। मगर क्या वक्त की धारा को मोड़ पाओगे, जालिमसिंह?

जालिमसिंह : खामोश! इस इलाके की हर ताकत मेरे कदमों पे लोटती है। ये स्साले तो सुअर के बच्चे हैं, बच्चे। तुम अगर साधु नहीं होते तो...**(ताली बजाता है। दो कारिन्दे आते हैं।)** इस साधु को टीले पार के जंगल में छोड़ आओ। इस गाँव में दुबारा ये आने न पाए।

[दोनों कारिन्दे ज्यों ही साधु की ओर बढ़ते हैं, रेनू का प्रवेश।]

साधु : सुअर की ताकत का अन्दाज नहीं है तुझे। यही सुअर Swine Flue जब फैलाएँगे तो तेरे सारे मास्क फेल हो जाएँगे। पढ़ा कर अखबार भी ठाकुर।

रेनू : रुक जाओ। खबरदार, जो किसी ने हाथ लगाया बाबा को। माफ करना बाबा! आइए, मैं आपको बाहर तक छोड़ दूँ। **(दोनों बाहर चले जाते हैं।)**

जालिमसिंह : हूँ तो हमारे खिलाफ बगावत करने चले थे। क्या नाम है तेरा? **(उससे पहले कि वह मजदूर कुछ बोले, जालिमसिंह का झन्नाटेदार थप्पड़ पड़ता है उसे, फिर दूसरे मजदूर से)**...क्यों बे तुझे तेरी जमीन चाहिए?

मजदूर : हकलाकर नहीं, माई...बाप।

जालिमसिंह : ले-ले **(चटाक, रघु से)**...मैं तानाशाह हूँ, क्यों? **(इससे पहले कि रघु को चाँटा मारे, रेनू का पुनः प्रवेश के साथ ही...)**

रेनू : ठहरो भैया! बहुत हो चुका। कमजोरों पर मर्दानगी दिखाते शर्म नहीं आती।

दारोगा : रेनूजी! ये कमजोर नहीं कामचोर हैं, स्साले हरामखोर...।

रेनू : तुम चुप रहो, तुम रक्षक नहीं भक्षक हो। धिक्कार है तुम्हें। **(प्रस्थान)**

जालिमसिंह : इन हरामजादों से कहो, जाकर बेगारी करें, वरना जिन्दा जला दूँगा।

दारोगा : **(मजदूरों से)** भागो, काम पर जाओ। **(सभी जाते हैं।)** हुजूर! गुस्सा थूक दें, और वो जरूरी बात सुनें, जिसके लिए हम आए हैं।

जालिमसिंह : बोलो, बोलिए।

दारोगा : याद है, पिछले साल आपने जग्गू के मामले में चमरौटी में आग लगवाई थी जिसमें 40 लोग अपनी झोंपड़ियों में ही जल गए थे?

जालिमसिंह : तुम भी तो थे मेरे साथ। इसमें खास क्या है? केस तो कब का बंद हो चुका है।

दारोगा : ठंडे हो जाओ हुजूर! पुलिस हैडक्वार्टर से गोपनीय चिट्ठी आई है। केस का इन्वेस्टिगेशन फिर शुरू हो रहा है।

जालिमसिंह : यह नहीं हो सकता।

दारोगा : हो रहा है हुजूर! सी.आई.डी. इन्स्पेक्टर आने वाले हैं। मुझे भी सी.आई.डी. को सहायता करने का आदेश हुआ है। मैंने मामले को दुबारा दबाने के लिए एम.एल.ए. तिवारी जी से बात की है।

जालिमसिंह : फिर?

दारोगा : फिर क्या? उन्होंने दो टूक जवाब दिया कि जिन लोगों की झोंपड़ियाँ जली थीं, उन्हें सरकारी सहायता से बनवाने का 10 लाख रुपये का ठेका भी तो आपको ही मिला, हिसाब बराबर।

जालिमसिंह : तिवारी को अगले चुनाव में देख लेंगे। उसके खिलाफ मैं चुनाव लड़ूँगा।

दारोगा : हुजूर! ये सब सियासत की चालें हैं। वक्त का तकाजा है, पहले हम अपनी गर्दन को फाँसी से बचाएँ।

जालिमसिंह : कुछ सोचिए दारोगाजी! कुछ सोचिए।

दारोगा : सोच चुका हूँ। दो-चार मजदूरों को मार-पीटकर कबूल करवाना होगा कि आग उन्होंने ही लगाई थी, पर मुश्किल यह है कि फाँसी पर चढ़ना चाहेगा कौन?

कारिन्दा : **(प्रवेश करते हुए)** हुजूर, रघुआ, चैथुआ आए हैं।

जालिमसिंह : ठीक है, भेज दो उन्हें।

कारिन्दा : **(दरवाजे पर जाकर)** आ रे। **(और स्वयं वहीं खड़ा हो जाता है। रघु-चैथू का हाथ जोड़े प्रवेश।)**

चैथू : माई-बाप! हमसे भूल होई गवा। साधु बाबा के बहकावे में हम आ गये रहे। अबरी माफी दे दें माई-बाप, माफी।

जालिमसिंह : और कुछ?

रघु : और हुजूर, चैथू की बिटिया फुलवा के हाथ पीले करने हैं, कुछ रुपया उधार मिल जाए तो...।

चैथू : हम जल्दी लौटा देंगे माई-बाप।

दारोगा : हुजूर! इसे उधार दे दो।

जालिमसिंह : क्या कह रहे हैं? इन्हें...।

दारोगा : हाँ हुजूर, इन्हें दे ही दें उधार। मेरी मानिए। इसकी बेटी की शादी का सवाल है।

[दारोगा जालिमसिंह को एक आँख दबाकर इशारा करता है।]

जालिमसिंह : चलिए, आप कहते हैं तो दे देते हैं। कितना चाहिए?

चैथू : यही कुल दो हजार रुपये माई-बाप।

दारोगा : चैथू और रघु, तुम्हें ये रुपया मैं दिलवा रहा हूँ। कब तक इन्हें वापस करोगे?

चैथू : साल-भर में हाकिम।

दारोगा : भई, लेन-देन में लिखा-पढ़ी पक्की होनी चाहिए।

रघु : हाँ हाकिम! खाय-पिये एक में, हिसाब रखें अलग।

दारोगा : **(कागज और पेन मँगवाता है। उस पर कुछ लिखता है और फिर पढ़कर सुनाता है।)** रघु, चैथू। इसमें लिखा है कि चैथू ने जमींदार जालिमसिंह से 13 तारीख चैत्र सन् 2009 को दो हजार रुपये रघु और दारोगा के सामने उधार लिया, जो एक साल में वापस होगा। कहो ठीक है न?

रघु और चैथू : बरोबर है हाकिम! बरोबर। **(दोनों साथ बोलते हैं)**

दारोगा : तो, लो यहाँ अंगूठा लगा दो।

[रघु-चैथू दोनों अंगूठा लगाकर खुशी-खुशी चले जाते हैं। दारोगा ठहाका लगाता है ।]

जमींदार : क्यों पागलों की तरह हँस रहे हो?

दारोगा : आप सुनेंगे तो खुद पागल हो जाएंगे। लीजिए, ये कागज पढ़िए। **(जालिमसिंह कागज पढ़ता है।)** हम चैथू वल्द हस्सू तथा रघु वल्द फग्गू पूरे होश-हवास में इकबालिया बयान देते हैं कि 12 तारीख महीना माघ, सन् 2008 की रात में, चमरौटी में आग लगाए थे। आग लगाने का कारण हमारी पुरानी रंजिश थी। यह इकबालिया बयान हम जमींदार श्री जालिमसिंह के सामने थाने में दिए हैं।

जमींदार : अरे वाह! दारोगाजी। आपने तो एक झटके में ही पासा पलट दिया मगर...।

दारोगा : मगर क्या?

जालिमसिंह : वे दोनों कचहरी में मुकर गए तो?

दारोगा : हुजूर! हम भी पुलिस वाले हैं। कच्ची गोलियां नहीं खेलते, मेरा अगला कदम होगा- रघु, चैथू को अपनी ही जिन्दगी से नफरत कराना। जब उन्हें लगेगा कि उनकी जिन्दगी से बेहतर मौत है, तो वे खुद-ब-खुद वही बयान देंगे कचहरी में, जो हम चाहेंगे।

जालिमसिंह : मगर वो होगा कैसे?

दारोगा : बहुत आसान। कल रघु और चैथू को मैं किसी केस में पूछताछ के बहाने थाने में ले जाऊँगा। वहाँ उनकी ठुकाई होगी और दूसरी ओर आप फुलवा की फूल-सी जवानी को मसल रहे होंगे। जब रघु, चैथू को फुलवा की इज्जत लूटे जाने की खबर होगी तो वे अपने होशो-हवास खो बैठे होंगे। ठीक ऐसे ही समय उन्हें मजिस्ट्रेट के सामने पेश कर देंगे। उस वक्त वे सब कुछ कुबूल कर लेंगे, क्योंकि अपनी जिन्दगी से बेहतर उन्हें मौत लगेगी।

जालिमसिंह : वाह! वाह क्या आइडिया है? मान गए भाई, मान गए।

दारोगा : **(दरवाजे की ओर)** उधर कौन छिपा है? सामने आओ।

जालिमसिंह : कौन है? **(दौड़कर दरवाजे तक जाता है। वहाँ कोई नहीं होता।)**

दारोगा : लगता है, हमारी बातें कोई छिपकर सुन रहा था।

जालिमसिंह : यहाँ कौन होगा? आपके कान बजे होंगे।

दारोगा : था कोई जरूर। इसकी चर्चा कहीं न करें। कल हम काम शुरू कर देंगे। अच्छा, हम चलते हैं। नमस्ते!

जालिमसिंह : नमस्ते।

[दारोगा बाहर और जालिमसिंह अपने कमरे में चले जाते हैं। दबे पाँव दरवाजे की ओर से रेनू निकलती है, जो एक कागज पर कुछ लिखकर दरवाजे के पास मरोड़कर फेंक देती है। जिसे वहाँ छिपा साधु उठाकर चल देता है।]

पंचम दृश्य

[चैथू और रघु झोंपड़ी के सामने बैठे ताश खेल रहे हैं। रघु का मन ताश से उचट जाता है।]

चैथू : का भवा रघु? आज दाँव-पे-दाँव हारे जा रहे हो? तबीयत तो ठीक है न?

रघु : मन भारी होय रहा है चैथू!

चैथू : काहे भला?

रघु : जग्गू की याद आवे है। राम जाने कहाँ मारे-मारे फिर रहा होगा?

चैथू : हम तो कहत हैं रघु भैया, जग्गू पढ़ा-लिखा है। शहर में कहीं नौकरी कर ही रहा होगा।

रघु : कोई चिट्ठी-पाती भी तो नहीं आवा।

चैथू : सब्र करो। कभी तो आएगा ही।

रघु : जालिमसिंह के डर से नहीं आएगा वह। हैजा हो इस जालिमसिंह को। काली माई उठा ले जाय। हमरे बेटा के जान का दुश्मन हो गया भैया।

चैथू : कहते हैं कि चमड़े की भाथी (धौंकनी) से लोहा पिघल जाता है। हम तो मनई (मनुष्य) हैं, हमारे आह का असर जरूर होवेगा एक दिन। देखना, वैसे असर तो दिख ही रहा है। जालिम सिंह का भाई हिम्मत सिंह भी तो जग्गू की तरह लापता है। हमें बेटे का दुःख है तो उसे भाई का दुःख तो होगा ही।

रघु : पर हिम्मतसिंह रहा भला मनई।

चैथू : सो तो है। भले मनई का जमाना नहीं है। भले तो हम लोग भी हैं। ये ही वजह से सब हमें नरम-नरम चारा समझत हैं।

चैथू : **(ठंडी आह भरकर)** राम जाने कैसा चलन है? जो दबे है, उसे और दबावे हैं लोग।

रघु : हमें तो साधु बाबा की बातें ही सही लागे हैं। लड़ो हक के लिए, लड़ो जीने के लिए। बिना लड़े हमरी हालत बद से बदतर होती जाएगी। भैया! कब तलक हम इनके तलुवे चाटेंगे? कहते हैं न कि बिना मरे स्वर्ग नहीं मिलता। तो भैया! तब हमें अपने हक की खातिर लड़ना ही होगा।

चैथू : लड़ें तो कौन बलबूते पर, भूख के मारे पेट और पीठ तो एक रहत हैं। का खा के लड़ें?

रघु : कुछ-कुछ याद आवत हैं हमार जग्गू अक्सर गुनगुनात रहा-

हम खेतों में लड़ेंगे,
खलिहानों में लड़ेंगे।
कुओं पर लड़ेंगे,
बागानों में लड़ेंगे।
सूदखोरों से लड़ेंगे,
जमींदारों से लड़ेंगे।
भेड़ियों से लड़ेंगे,
दरिन्दों से लड़ेंगे।
जोंकों से लड़ेंगे,
हम कारिन्दों से लड़ेंगे।
निहत्थे लड़ेंगे,
हथियार से लड़ेंगे।
भगवान से लड़ेंगे,
सरकार से लड़ेंगे।
झूठे प्रचार से लड़ेंगे,
इन्हें बता दें साथियों!
आखिरी दम तक लड़ेंगे
और अपना हक लेके रहेंगे।

फुलवा : **(झोंपड़ी से निकलती हुई)** बहुत याद आवे है न जग्गू भइया काका?

रघु : ना...रे फुलवा! ना। हमें जग्गू याद नाहिं आवे है। आँख तो बस यूँ ही भर आवे है। बुढ़ापे का शरीर जो ठहरा।

फुलवा : खाओ मेरी कसम कि तुम जग्गू भइया को याद नहीं कर रहे थे?

चैथू : इसमें कसम की क्या बात है बिटिया?

रघु : तुम्हारी कसम, बिटिया फुलवा। हम जग्गू को याद नहीं कर रहे थे। अरे पगली! याद तो उन्हें करें, जिन्हें भूल जाएँ। जग्गू को तो हम कभी भूले ही नहीं तो याद कहाँ से करें?

फुलवा : दैया रे दैया! साधु बाबा की सोहबत में उन्हीं जैसी बातें बनावे लगे हैं काका। हम तो चले खाना बनावे। **(प्रस्थान)**

चैथू : रघु, फुलवा के ब्याह के बाद हम किसके सहारे बाकी जिन्दगी काटेंगे? ले-देकर फुलवा ही अपनी माँ की एकलौती निशानी बची है।

रघु : भगवान नजर ना लगावे। जैसे-जैसे ब्याह का दिन नजदीक आ रहा है, वैसे-वैसे मेरी फुलवा फूल की तरह खिल रही है।

चैथू : फुलवा का हाथ पीले करने के बाद हम तीरथ यात्रा पर चलेंगे।

दारोगा : **(प्रवेश)** तीरथ यात्रा बाद में जाना, पहले हमारे साथ चलो थाने।

चैथू : रघु! हाकिम। **(आश्चर्य से)**

रघु : हमसे कोई गुस्ताखी भवा हाकिम?

दारोगा : डरो मत। कुछ पुराने केसों के बारे में पूछताछ करनी है। चलो।

चैथू : कै दिन तक पूछताछ होवेगा हाकिम?

दारोगा : घण्टे-दो घण्टे में छोड़ देंगे तुम्हें।

रघु : फुलवा, मोटी वाली सदरी देना अन्दर से।

फुलवा : वो सदरी जिसको पहनने पर सोटा से कम चोट लगता है वही?

रघु : हाँ वही।

फुलवा : **(सदरी देते हुए)** दारोगा जी! धीरे से सोटा मारिएगा। बहुत कमजोर है ये।

दारोगा : मारेंगे नहीं। पूछताछ करेंगे।

चैथू : तो चलिए हाकिम। फुलवा बिटिया, हम काम से जा रहे हैं। घण्टे-दो घण्टे बाद आएंगे।

फुलवा : अच्छा बप्पा।

(दारोगा के साथ रघु और चैथू का प्रस्थान।)

[जालिमसिंह और उसके कारिन्दे एवं पीछे-पीछे बच्चों का प्रवेश।]

कारिन्दा : **(झोंपड़ी के बाहर खड़ा होकर)** अरे चैथुआ, चैथुआ।

फुलवा : **(झोंपड़ी से बाहर निकलती हुई)** कौन है रे? कौन चिचियात है? **(जमींदार को देखकर)** अरे आप मालिक?

कारिन्दा : जमींदार साहब प्यासे हैं। पानी मिलेगा?

फुलवा : पानी म...ग...र...हम तो अछूत हैं सरकार!

जालिमसिंह : हम तो बस प्यासे हैं। प्यास बुझाने से मतलब है, चाहे वह तालाब का पानी हो या कुएँ का।

फुलवा : बैठिए खाट पर। मैं पानी लाती हूँ। **(फुलवा का झोंपड़ी के अन्दर प्रवेश। उसके पीछे-पीछे जालिमसिंह भी अन्दर जाता है। बाहर कारिन्दा बच्चों को पैसे बाँट देता है। बच्चे पैसे लेकर चले जाते हैं। झोंपड़ी के अन्दर से आवाजें आती हैं।)**

फुलवा : **(आवाज)** मालिक, आप अन्दर?

जालिमसिंह : हाँ मेरी छम्मक-छल्लो! हम अन्दर ही प्यास बुझाएँगे। आओ मेरी छप्पन छुरी।

फुलवा : मेरा हाथ छोड़िए।

जालिमसिंह : छोड़ने के लिए नहीं पकड़ा रानी!

फुलवा : उई माँ! छोड़ दो मुझे। छोड़ कुत्ते, हरामी। बचाओ-बचाओ दौड़ो बप्पा। बचाओ...बचाओ।

[झोंपड़ी के बाहर गाँव वालों की भीड़, कारिन्दा हवा में लाठी लहराता है।]

कारिन्दा : खबरदार! जो आगे बढ़ा, दो इंच छोटा कर देंगे नीचे से।

[फुलवा की चीख जारी। साधु एवं चेखूर का रेनू के साथ प्रवेश।]

कारिन्दा : आओ साधु बाबा! आओ। तुम भी इन तमाशबीनों में खड़े हो जाओ...। देखो, फुलवा का नथ उतारा जा रहा है।

चेखूर : **(जोर से चिल्लाकर)** जालिमसिंह...निकल बाहर। देख तेरी मौत सामने खड़ी है। बाहर निकल, वरना झोंपड़े में आग लगाकर जलाकर राख कर दूँगा तुझे।

[जालिमसिंह फुलवा का हाथ पकड़कर घसीटते हुए बाहर आता है। फुलवा के कपड़े फटे, बाल बिखरे हैं।]

जालिमसिंह : बहुत जलन हो रही है रे? मंगेतर को फटे कपड़े में देखकर? मार स्साले को।

रेनू : खबरदार! जो किसी ने हाथ उठाया तो।

जालिमसिंह : वाह! तो तू भी मेरे दुश्मनों के साथ हो गई। तेरी खबर लेता हूँ।

साधु : जिसे खुद की खबर नहीं, वो क्या दूसरों की खबर लेगा? मारो।

[चेखूर उछलकर जालिमसिंह को लात मारकर फुलवा को छुड़ा लेता है। गाँव वाले कारिन्दों को पीटते हैं। उसी समय दारोगा का रघु और चैथू के साथ प्रवेश। रघु और चैथू बुरी तरह पीटे नजर आ रहे हैं।]

दारोगा : **(रूल से मारते हुए)** खामोश। **(गाँव वाले दारोगा को देखकर डर जाते हैं।)** गाँववालो! ये देखो आस्तीन के साँप रघु और चैथू को। इन्हीं दोनों ने पिछले साल गाँव में आग लगाई थी। **(रघु से)** बोलो, बोल हरामजादे!

साधु : ठहरो, रघु और चैथू! तुम्हारी बेटी फुलवा ठीक है। उस पर कोई आँच नहीं आई है। अब बोल निडर होके।

[फुलवा दौड़कर चैथू से लिपटकर रोती है।]

चैथू : कुत्तो! तुमने हमसे झूठा बयान लिया। ये दारोगा झूठा है। आग हमने नहीं लगाई थी।

जालिमसिंह : तो किसने लगाई थी?

चेखूर : तुमने लगाई थी आग और इसका चश्मदीद गवाह भी मौजूद है।

साधु : तेरे दिन लद गए जालिम...!

जालिमसिंह : **(झपटता है साधु पर, उसकी दाढ़ी नोंचते ही अलग हो जाती है।)** तेरी तो, अरे ये क्या?

गाँव वाले : अरे जग्गूराम? साधु के वेश में?

जालिमसिंह : अच्छा तो तुम हो जग्गू...? तुझे अब मैं नहीं छोड़ूँगा। *[झपटता है...चेखूर आगे आ जाता है। जालिमसिंह खंजर निकालता है। चेखूर रिवॉल्वर निकाल लेता है।]*

चेखूर : हैंड्स अप! खबरदार जो किसी ने भी हिलने की कोशिश की। **(ज्यों ही दारोगा ने हाथ हिलाया...)** दारोगा जी! डोन्ट लंठई, नॉट बर्दाश्त... समझे।

दारोगा : तुम पुलिस के साथ मजाक कर रहे हो। अंजाम बुरा होगा। अंदर कर दूंगा तुम सबको।
[चेखूर अपनी दाढ़ी नोंचकर अलग करता है।]

सब : अरे हिम्मतसिंह।

जालिमसिंह : हिम्मतसिंह, मेरे भाई!

दारोगा : हिम्मतसिंह बाबू!

हिम्मतसिंह : हिम्मतसिंह बाबू नहीं, सी.आई.डी. इंस्पेक्टर हिम्मतसिंह।

दारोगा : **(हकलाते हुए)** क...क... क्या?

हिम्मतसिंह : ककहरा मत पढ़ो। हां, मैं घर से चले जाने के बाद सी.आई.डी. इंस्पेक्टर बन गया और इसी गांव के अग्निकांड का केस मुझे सौंपा गया। अब तुम्हारे सारे खेल खत्म।

रेनु: हिम्मत भैया! जालिमसिंह को कड़ी-से-कड़ी सजा दिलवाना। बहुत पाप किए हैं इसने।

जालिमसिंह: हां...हां...हां... तू डायन! तू भी इसकी बातों में आ गई। मुझे सजा देने का कोई कानून नहीं है इस देश में। कानून हम खुद हैं। क्यों दारोगा जी?

दारोगा : बिल्कुल ठीक, मालिक।

हिम्मतसिंह : गांववालो! पकड़ लो इन्हें। **(गांववाले दारोगा, जालिमसिंह और कारिन्दों को पकड़ लेते हैं।)** ले चलो, इनका फैसला अदालत में होगा।

रघु : अदालत से तो बरी हो जाएंगे। पैसे ले-दे के।

हिम्मतसिंह : हमारे यहां भ्रष्टाचार जरूर फैला है, लेकिन उतना नहीं कि अदालती न्याय से विश्वास उठ जाए।

चैथू : भैया! केस चलेगा....सालों।

हिम्मतसिंह : हां, चलेगा। मगर हमारे यहां न्याय मिलने में देर है, पर अंधेर नहीं! ले चलो इन्हें।

ग्रामीण : बेचारी फुलवा। अब कौन फुलवा से शादी...?

चेखूर : गांव वालों...मैं आप सबकी नजरों में एक राजपूत हूं मगर अपनी नजर में एक इंसान हूं। यदि आप हमें योग्य समझें तो फुलवा का हाथ मैं थामने के लिए तैयार हूं।

ग्रामीण-1 : केवल आपके तैयार होने से क्या होगा? ऐसे रिश्तों के लिए अभी समाज तैयार नहीं है।

रेनू : चलो, मैं आती हूँ आगे। जग्गू जी उर्फ साधु जी अपनी कुटिया में मुझे जगह देंगे? मैं आपकी पत्नी बनना चाहती हूँ।

ग्रामीण-2 : जग्गू भैया, हाँ कह दो...हाँ।

साधु/जग्गू : एक शर्त है?

जालिमसिंह : मुझे अपनी बहन की खुशी के लिए तुम्हारी हर शर्त मंजूर है।

साधु/जग्गू : इन गरीबों की जमीनें उन्हें वापस करनी होगी।

हिम्मतसिंह : मंजूर है। और कुछ?

साधु/जग्गू : मेरी बहना को हमेशा खुश रखना होगा।

हिम्मतसिंह : अगर ऐसी बात है तो मेरी भी एक शर्त है।

साधु/जग्गू : कैसी शर्त?

हिम्मतसिंह : मेरी प्यारी बहन को तुम्हें भी खुश रखना होगा।

साधु/जग्गू : मंजूर है। (यह कहकर जग्गू एक सेक्सी अंगड़ाई लेता है।)

सब : अभी तो ये अंगड़ाई है,
आगे बड़ी लड़ाई है।

मैंनु फाँसी दे दो!

कहानी की अवधारणा

इस नाटक में मैंने स्पष्ट संकेतों के माध्यम से विश्व में हो रहे मानवीय मूल्यों का (ह्रास) पतन दिखाने की कोशिश की है। जिन्दगी की आपा-धापी में हमें ये भी पता नहीं रहा कि जीने का उद्देश्य क्या है? किसके लिए जी रहे हैं? क्यों जीना चाहते हैं? स्वार्थी जीवन जीने की चाह में हमें तिल-तिल मरना गंवारा है। मशीनों की गड़गड़ाहट में मानवता की आवाज दब गई। संगीत के कंठ अवरुद्ध हो गए। फिरकापरस्ती ने हमें अन्धा कर दिया। धर्म अन्धा हो चुका है, कर्म के दोनों हाथ काटकर उसे जिल्लत की जिन्दगी जीने पर मजबूर कर दिया गया। प्रेम महज एक छलावा हो गया, उसे वेश्या के कोठे पर धकेल दिया गया और इन्सानियत, उस माँ की तरह बिलख रही है जिसका एकमात्र बेटा मर गया हो और वो भी भरी जवानी में। विश्व में सम्पूर्ण मानव समाज विनाश के कगार पर आ पहुँचा है। रहा-सहा मानवीय मूल्य भी अब पनाह माँग रहा है। उनके जाते ही हमारा अस्तित्व नेस्तानाबूद हो जाएगा तो फिर हम क्या करें? बिखरते मानवीय मूल्यों को कैसे सँजोएँ...इस सवाल का जवाब आपको देना है, सिर्फ आपको...आपको और आपको...!

मंचन-अवधि : 60 से 90 मिनट।

पात्र-परिचय

1.	उद्घोषक :	पार्श्व।
2.	परी :	सत्ता का प्रतीक (महिला पात्र)।
3.	कर्म :	मेहनतकशों का प्रतिनिधित्व करता है।
4.	धर्म :	विभिन्न धर्मों का प्रतिनिधि।
5.	संगीत :	संगीत की प्रतिनिधि।
6.	प्रेम :	भाई-चारा का प्रतिनिधि।
7.	राजकवि :	रचनाकारों का प्रतिनिधि।
8.	इन्सानियत:	कर्म, धर्म, प्रेम आदि के मिश्रण का प्रतिनिधि।
9.	राजशक्ति:	सत्ताधारी का प्रतीक।
10.	रंग-बिरंगे:	5 या 6 लोग (जनता)।

प्रथम दृश्य

*[यवनिका धीरे-धीरे खुलती है। मंच पर अंधेरा है। मंच के पिछले हिस्से में लटकते CYCLORAMA (**श्वेत पर्दे**) पर रेखाओं का घूमता हुआ भँवर।*

उद्घोषक : *भँवर प्रतीक है-अतीत से आज तक के इतिहास से सम्बद्ध जीवन-संघर्ष का।*

(मंच पर अंधेरे में राजशक्ति और परी को छोड़कर सभी पात्र FREEZE की स्थिति में हैं। ये सभी पात्र प्रतिनिधित्व कर रहे हैं-मानव योनि का।)

...भविष्य के चौराहे से नहीं, अतीत की गहराइयों से बोल रहा हूँ, माँ की सन्तान हूँ, भेजा गया इन्सान हूँ। ये जो मंच पर इन्सानों के इन्सान दिखाई दे रहे हैं-शिथिल, गतिहीन, शून्य-इन्होंने एक लंबी दूरी तय की है।

....आज से कई सदियों पहले मुझे सृष्टि की गोद से उतारकर धरती के एक टुकड़े पर भेजा गया था।

मैं, एक इन्सान, कई इन्सानों में अलग-अलग बँट गया। मैं, मेरा रंग, हर एक के अंदर एक समान था, लेकिन चेहरे रंग-बिरंगे हो गए।

(मंच पर उपस्थित पात्रों के चेहरों पर हल्की रोशनी धीरे-धीरे पड़ती है। यहाँ पात्रों के चेहरे रंग-बिरंगे हैं। हर एक का चेहरा विभिन्न रंगों के माध्यम से कई टुकड़ों में विभक्त है। CYCLORAMA पर रंग-बिरंगी रेखाएँ चल रही हैं।)

...जीवनयापन की जिम्मेदारी, अस्तित्व की लड़ाई शुरू हुई। एक दिन आकाश पर भयानक बादलों के टुकड़ों ने घेर लिया, हम इन्सानों को। फैल गया अंधेरा, हवाएँ तेज हो गईं,

सागर का शांत जल प्रलयकारी हो गया। ऐसा लगता-जैसे हम इन्सान अपने अस्तित्व को खो बैठेंगे।

...हम भागने लगे, इधर-उधर, पागलों की तरह चीखने लगे।

(मंच पर खड़े पात्रों में तेज हरकत होती है। एक-दूसरे को क्रॉस करते हैं, चीखने-चिल्लाने की आवाज के साथ ही (CYCLORAMA) साइक्लोरामा पर प्रकाश व्यवस्था उद्घोषणा के अनुरूप होती है।)

...अचानक हमारे भीतर के इन्सान ने आवाज दी, भागो मत! मत भागो, इस तरह कब तक भागोगे? भागने से विनाश ही होता है। ठहरो! तुम निर्बल नहीं सबल हो, तुम्हारे अन्दर शक्ति का सागर है। झाँको! अपने अन्दर झाँको।

द्वितीय दृश्य

[मंच पर प्रभात की किरणों का प्रकाश धीरे से फैलता है। बाँसुरी का संगीत एवं पक्षियों का कलरव। मंच के बीचोबीच साइक्लोरामा से सटे हुए, एक सुन्दर परी अपनी बाँहें फैलाए दिखाई देती है। परी श्वेत वस्त्रों में लिपटी हुई है। प्रथम दृश्य के सभी पात्र परी के दोनों ओर कतार बनाकर खड़े हैं। उनके चेहरे प्रसन्न हैं। सभी स्वागत की मुद्रा में हैं और समवेत स्वर में बोलते हैं।]

सब : (**परी की ओर देखकर**) हम तुम्हारा स्वागत करते हैं। तुम कौन हो देवी?

(परी संगीत के सुर पर अपनी भावभंगिमा से शक्ति का प्रतिनिधित्व करती है।)

परी : मैं शक्ति की देवी हूँ। मैं वही शक्ति की देवी हूँ जिसके माध्यम से तुम सबने जीवन का एक नया सूरज देखा है। दूसरे लोक से उतरकर अब तुम्हारे लोक में आ गई हूँ। मैं तुम सबका स्वागत करती हूँ। क्या सत्ता संचालन में अपना मत दोगे?

सब : आज्ञा शिरोधार्य है देवी! हम अपनी शक्ति को तुम्हारे हवाले करते हैं।

[सभी पात्र अपने-अपने दाएँ हाथ से मुट्ठी बाँधकर शक्ति देने का अभिनय करते हैं। परी की बगल में शक्ति के रूप में राजा प्रकट होता है। राजा के मुखमंडल पर अलौकिक तेज और गंभीरता व्याप्त है।]

परी : राजशक्ति की जय हो!

सब : जय हो! जय हो! जय हो!

परी : राजशक्ति! इन्होंने अन्धकार के विरुद्ध लड़ाई लड़ी। अपनी एकता की शक्ति से अस्तित्व को बचाया। अपना मत

देकर आपको राजा चुना। अब ये अपना जीवन सँवारना चाहते हैं। इन सभी से मिलिए-

कर्म : मैं कर्म हूँ राजशक्ति! मैं वचन देता हूँ, पूरी श्रद्धा और पूरी शक्ति से कर्म करूँगा। इन हाथों से मैं नगर का निर्माण करूँगा। सभी नागरिकों के लिए घर, सड़कें, पानी, यातायात मुहैया कराऊँगा।

[अपने दोनों हाथों से कर्म करने का इशारा करता है]

धर्म : राजशक्ति, मैं धर्म हूँ। हम रंग-बिरंगे लोगों का एक ही धर्म है। हम आपस में भेद-भाव, ऊँच-नीच की दीवार इस नगर में नहीं खड़ी होने देंगे। एक-दूसरे को गले लगाएंगे और कर्म का साथ देंगे।

संगीत : राजशक्ति! मैं संगीत हूँ। वादा करती हूँ, मैं अपने कोकिल कंठ से अपने नगर के वसंत को कभी नहीं जाने दूँगी। जब-जब हमारा कर्म, कर्म करेगा, मैं वीणा पर प्यार का संगीत छेड़ूँगी, सारा वातावरण झूम उठेगा और लोग अपनी थकान भूल जाएँगे।

प्रेम : राजशक्ति! मैं प्रेम हूँ। प्यार का जाल बिछाकर एक-दूसरे को अपनेपन के घेरे में कसता हूँ राजशक्ति। मैं वचन देता हूँ, मैं सभी के दिलों में वास करूँगा। दिल के हर तार को छूकर एक मधुर झंकार उत्पन्न करूँगा।

इन्सानियत : मैं इन्सानियत हूँ, राजशक्ति! कर्म, धर्म, संगीत और प्रेम सभी का संगम हूँ। अपने रत्नों को मैं कभी एक-दूसरे से अलग नहीं होने दूँगा।

राजशक्ति : और तुम कौन हो। (**राजकवि की ओर संकेत।**)

परी : मैं बताती हूँ राजशक्ति! ये राजकवि हैं! रचना के जन्मदाता। इनकी वीरता की रचना पर हमारे रक्त का संचार तीव्र हो जाता है, बाँहें फड़क उठती हैं और हास्य काव्य पर मन प्रफुल्ल हो उठता है।

राजशक्ति : हूँ ... तो राजकवि! आज तो खुशी का दिन है। तुम सबने हमें प्रतिष्ठित किया। हमें अपना राजा चुना है। आज इस खुशी के मौके पर कोई ऐसी रचना करो कि हम सब झूम उठें, मन नाच उठे।

राजकवि : जैसी आज्ञा राजशक्ति!

(राजकवि गाता है-)

ये गीत खुशी का है,
संगीत खुशी का है।
तुम भी नाचो,
हम भी नाचें,
मौसम खुशी का है।

सब : मौसम खुशी का है।

कर्म : मेहनतकश ये गुनगुनाएंगे।

सब : मेहनतकश ये गुनगुनाएंगे।

कर्म : तूफाँ में भी नगर बसाएंगे।

सब : मेहनतकश ये गुनगुनाएंगे।

राजशक्ति : आँधियाँ मगरूर दरख्तों को पटक जाएँगी।

सब : मेहनतकश ये गुनगुनाएंगे।

प्रेम : बस वही शाख बचेगी, जो लचक जाएंगी।

सब : मेहनतकश ये गुनगुनाएंगे।

संगीत : जमीं की घास को तूफां का डर नहीं होता।

सब : मेहनतकश ये गुनगुनाएंगे।

इन्सानियत : नगर निर्माण में हम सब जुट जाएंगे।

सब : मेहनतकश ये गुनगुनाएंगे।

राजकवि : क्योंकि...।

सब : ये गीत खुशी का है,
संगीत खुशी का है।
तुम भी नाचो,
हम भी नाचें,
मौसम खुशी का है।

(पार्श्व से संगीतबद्ध वाद्य यंत्र की आवाज आती है। मंच पर सभी पात्र एक-दूसरे का हाथ पकड़कर वृत्ताकार में झूमते हुए नाचते हैं। परी नृत्य के बीच में राजशक्ति का हाथ पकड़कर नाच रही है। मंच पर धीरे-धीरे प्रकाश कम होता है।)

तृतीय दृश्य

[मंच पर प्रकाश छोटे घेरों (स्पॉट) में बँटा हुआ है। एक घेरे में कर्म, अपने दोनों हाथों से काम की मुद्रा में है-जमीन से मिट्टी खोदने का अभिनय। दूसरे घेरे में संगीत वीणा के तारों को झंकृत कर रही है। होंठों पर गीतों के बोल। तृतीय घेरे में धर्म, सभी को एक साथ चलने का संकेत। एक धर्म प्रवक्ता का अभिनय करता है।]

उद्घोषकः एक नई सृष्टि की रचना में, जीवन की प्रगति में, नगर के श्रृंगार में ये है कर्म। जिसने हर नगरवासी के अन्दर कर्म करने की शक्ति दी। **(कर्म अभिनय करेगा।)** ये है धर्म-जिसने सभी मजहब के लोगों के अन्दर एक धर्म की भावना का संचार किया। **(धर्म अभिनय करेगा।)** ये है संगीत-जिसने अपने कोकिल कंठ से पूरे वातावरण को संगीतमय किया। **(संगीत भी उद्घोषणा के अनुरूप अभिनय करेगा।)** ये है प्रेम-इसने प्यार के देवता के रूप में हर एक के दिल में वास किया। **(प्रेम एक-दूसरे से आलिंगनबद्ध होने का अभिनय करता है।)** सभी नगरवासी शक्ति के निर्देश पर सत्ता की रक्षा के लिए नई सृष्टि की रचना में तल्लीन हो गए।

(प्रकाश धीरे-धीरे कम होता हुआ समाप्त होता है।)

चतुर्थ दृश्य

[मंच पर धीरे-धीरे रोशनी फैलती है। राजशक्ति का अट्टहास सुनाई पड़ता है। राजशक्ति के सिर पर चमचमाता ताज है, वस्त्र आभूषण जड़ित हैं, यह प्रतीक है-राजशक्ति के सम्मान का। अट्टहास जारी है। परी का प्रवेश होता है।

राजशक्ति परी को देखकर क्षण-भर के लिए ठहरता है, फिर उसका हाथ पकड़कर खुशी की मुद्रा में नगर की प्रगति व वैभव की ओर संकेत करता है।]

राजशक्ति : शक्ति की देवी! तुम तो स्वर्गलोक से उतरकर यहाँ आई हो। वो देखो, नगरवासियों के होंठों पर मुस्कान तैर रही है। वहाँ देखो। हमारे नगर का श्रृंगार। जहाँ कल तक छोटी-छोटी टूटी-फूटी झोंपड़ियाँ थीं। वहाँ आज ऊँची-ऊँची अट्टालिकाएं हैं, महल बन गए हैं। रंग-बिरंगे लोगों में एक धर्म की भावना भर गई है। उधर, उन बंजर जमीनों को देखो। जहाँ कर्म ने अपने पसीने की बूँदों से सोना उपजाया है। फटे-चिथड़े कपड़ों में लिपटे हुए लोगों पर सुन्दर-सुन्दर परिधान चढ़ाए हैं। संगीत को देखो। मौसम में बहार आ गई है। संगीत की तान पर बादल बरस पड़ते हैं। **(अट्टहास)** सच कहता हूँ देवी! तुमने अगर इसी तरह मेरा साथ दिया। **(उसकी बाँहों को खींचते हुए आगोश में ले लेता है।)** तो शक्ति के संचार से हम अपने निर्देश पर इस नगर को स्वर्ग बना देंगे। **(अट्टहास, परी राजशक्ति की जकड़न से अलग होती है।)**

परी : **(हँसते हुए)** इसलिए देख रही हूँ राजशक्ति! आज तुम्हारे परिधानों पर कुछ और ही रंग है। माथे पर चमचमाता हुआ ताज, गले में लटकती हुई स्वर्ण की लड़ी और...। **(बीच में ही राजशक्ति बोल पड़ता है।)**

राजशक्ति : नहीं-नहीं, देवी ऐसी बात नहीं। तुमने मुझे गलत समझ लिया। जो कुछ भी तुम मेरे शरीर पर देख रही हो, वह नगरवासियों का सम्मान है। हमारे राजकोष को देखो। हमने इतनी स्वर्ण मुद्राएं इकट्ठा कर ली हैं कि मेरे माथे पर क्या, नगर के हर व्यक्ति के माथे पर ताज होगा, हर एक के गले में स्वर्ण की लड़ी लटकेगी। **(अट्टहास, परी से अलग हटकर मंच के अगले भाग तक आता है।)...** और फिर जानती हो कि एक दिन स्वर्गलोक को इस नगर की धरती पर उतार लेंगे।

परी : तो तुम स्पर्धा की बात करते हो?

राजशक्ति : स्पर्धा! स्पर्धा की कोई बात नहीं देवी! जिसे हम देख नहीं सकते वो लोक कैसा? जहाँ हम हैं वहीं लोक है। जहाँ सागर की अथाह गहराई है, वहाँ आकाश की विशालता भी हो सकती है। मेरा मतलब लोग जहाँ हों, वहीं स्वर्ग हो जाए।

परी : जैसी तुम्हारी इच्छा राजशक्ति! मैं तो चली। नगर की प्रगति में जूझते हुए लोगों को मेरी जरूरत है, मैं तुम्हारे पास हूँ, लोग क्या सोचते होंगे?

[परी उड़ने की मुद्रा में धीरे-धीरे संगीत के स्वर पर विंग की ओर मंच से बाहर चली जाती है।]

राजशक्ति : **(अट्टहास)** स्वर्ग... कोई स्वर्ग नहीं, हमारा अपना नगर ही स्वर्ग है। **(धीरे-धीरे रोशनी कम होती है।)**

पंचम दृश्य

[श्वेत पर्दे पर रंग-बिरंगी रेखाओं का वृत्त के रूप में घूमना, जो प्रतीक है-नगर की प्रगति का, स्थितियों में परिवर्तन का। मंच पर सभी पात्र (राजशक्ति के अतिरिक्त) काम करने की मुद्रा में हैं। वे काम करते हुए पसीना पोंछते हैं। परी शक्ति का संचार करती है। नृत्य भंगिमा से शक्ति-संचार का परी संकेत देती है।]

उद्घोषक : हम इन्सान, माँ की संतान शक्ति के संचार पर दिन-रात कर्म करते रहे। एक-दूसरे से प्यार करते रहे। हमारे होंठों पर सफलता की मुस्कान तैरने लगी। जब भी हम अपनी प्रगति को देखते, ऐसा लगता जैसे हमारे आस-पास नैसर्गिक वैभव छा गया हो। शक्ति की देवी, जो प्रकृति की गोद से उतरकर हमारे बीच आई। शक्ति का भरपूर संचार किया। हम इंसानों ने आजादी की साँस ली। आजादी किसी बंधन से मुक्त होने की नहीं, प्रगति की अपार सफलता पाने की थी। हम थोड़ी देर के लिए विश्राम करने लगे। **(मंच पर अभी तक जो पात्र अपनी भाव-भंगिमा से नगर की प्रगति में कार्यरत होने का अभिनय कर रहे थे। अब विश्राम करने लगते हैं। इसी बीच शक्ति का संचार दे रही परी भी चली जाती है।)**

...शक्ति की देवी चली गई हमारे दरबार में। हम इन्सानों को ऐसा लगा, जैसे हमने बहुत बड़ी उपलब्धि अर्जित कर ली हो। नगरवासियों द्वारा स्थापित राजशक्ति, नगर के लोक कल्याणकारी कार्य अपने भ्रष्ट मंत्रियों को, फर्दर डेलिगेट पर आराम फरमाने लगें, क्षीर सागर के वक्ष पर सुखद तंद्रा की अनुभूति होने लगी। हमारे विश्राम के क्षणों

में जहाँ एक ओर हमें आनन्द की प्राप्ति हो रही थी, वहीं दूसरी ओर हमारे बीच जन्म लिया ईर्ष्या ने, जन्म लिया द्वेष ने, जन्म लिया दीवार ने। घिर गए हम लोग मोह, राग, काम, क्रोध, मद, लोभ में। आँखें खुलते ही हमारे सामने सब स्पष्ट था। नगर बँट चुका था- झीलों और कबीलों में। एक बार फिर अस्तित्व की लड़ाई हुई शुरू। हम एक-दूसरे पर टूट पड़े। एक-दूसरे को लूटना प्रारंभ किया। प्रतिशोध की अग्नि में हम एक-दूसरे के द्वारा बनाई गई सम्पत्ति को जलाने लगे।

भूल गए वो दिन जब हमने शक्ति के स्रोत पर एकता के घेरे में इस नगर को स्वर्ग बनाया था।

(सभी पात्र उद्घोषक के कहने के अनुसार ही अभिनय करते हैं-लड़ते है।, सम्पत्ति जलाते हैं, चीखने-चिल्लाने की आवाज। श्वेत पर्दे पर प्रकाश से आग की लपटें फैल रही हैं।) चारों तरफ हा...हाकार मच गया। घर में लगी है आग घर के चिराग से। हमने अपने हाथों से उसे ही जला डाला, जिसे बनाया था। हमने उसे ही लूटा, जिसे गले लगाया था। ऐसा लगा जैसे सृष्टि प्रलय में डूब रही हो। **(पात्र लूटते-खसोटते हुए विंग में जाते हैं। प्रकाश धीरे-धीरे महीन होकर समाप्त हो जाता है।)**

षष्ठम् दृश्य

[पूर्व दृश्य के प्रकाश में कमी के साथ-साथ पार्श्व से राजशक्ति का अट्टहास सुनाई पड़ता है। मंच पर जब पुनः प्रकाश आता है तो राजशक्ति राजा की वेशभूषा में प्रसन्नचित्त अट्टहास करता हुआ मंच पर प्रसन्नता व्यक्त कर रहा है। परी का प्रवेश। राजशक्ति का अट्टहास जारी रहता है।]

परी : रोक दो हँसी राजशक्ति! मैं कहती हूँ रोक दो हँसी।

राजशक्ति : क्यों रोक दूँ? ये हँसी सिर्फ मेरी नहीं है। समस्त नगरवासियों की हँसी है। तुमने देखा, हमने स्वर्ग को शिकस्त दे दी। हमारे नगर के वैभव के सामने स्वर्ग की सारी सम्पदा फीकी पड़ गई है। उन स्वर्ग की अप्सराओं को देखो। देखो-देखो... जिन्होंने स्वर्ग की सेवा छोड़कर हमारे दरबार की सेवा स्वीकार की है। हमें चैन की नींद सुलाती हैं, प्यार का पान कराती हैं। उस राजकोष को देखो। इतनी मुद्राएं स्वर्ग में भी नहीं होंगी। जगमगाती इन दीवारों को देखो। रत्नों-मणियों से जड़ी हैं।

परी : **(व्यंग्य से चेहरे पर गंभीरता लिए हुए)**...और कुछ नहीं दिखाओगे राजशक्ति?

राजशक्ति : क्या देखना चाहती हो? हमारे नगर को देखना चाहती हो? हमारा नगर भी तो इस दरबार से कम नहीं होगा। आओ चलो। **(हाथ पकड़कर खींचते हुए बाहर चलने की मुद्रा, परी झटके से हाथ खींच लेती है और बिफर उठती है।)**

परी : किस नगर में जाने की बात करते हो राजशक्ति! उस नगर में, जहाँ लोग एक-दूसरे का खून पी रहे हैं? जहाँ लोग एक-दूसरे की सम्पत्ति जलाकर राख कर रहे हैं? उस नगर में, जहाँ कर्म के दोनों हाथ काट दिए गए हैं?

जहाँ धर्म की कोई मर्यादा नहीं। **(हँसती है)** तुम मुझे क्या ले चलोगे! तुमने कभी अपने नगर को आज तक देखा है? तुम्हारी अब तक की जिन्दगी राजमहल के ऐशो-आराम में गुजरी। राजमहल से बाहर नगरवासियों के बीच तुमने कभी देखने की कोशिश की? उनके बीच ईर्ष्या ने क्यों जन्म लिया? उनके बीच धर्म की दीवार क्यों खड़ी हुई? नहीं, राजशक्ति! तुमने ऐसा कभी नहीं किया। यदि किया होता तो, **(एक लंबी सांस लेकर)** मगर तुम्हारी आँखें राजकोष पर टिकी हुई थीं। तुम्हें स्वागत मिला, स्वर्ग की अप्सराओं का। तुम क्या जानो? तुम्हारे जिस नगर ने स्वर्ग बनाया था, वहाँ एक नर्क हो गया है। कीड़े-मकोड़े की जिन्दगी, दरिन्दों की शक्ल में, जूझते हुए इन्सान जहाँ न कोई प्यार है, न धर्म, जहाँ न कोई संगीत है न कोई कर्म है। **(लंबी साँस लेते हुए)** मैं लौट रही हूँ राजशक्ति! स्वर्ग की ओर लौट रही हूँ। तुमने कहा था इस नगर को छोड़कर कोई दूसरा लोक नहीं, लेकिन जहाँ इन्सानियत नहीं, वहाँ मेरी मर्यादा की क्या सुरक्षा है? लपटों में जल रही है इन्सानियत, कराह रहा है प्यार। मुझे माफ करना राजशक्ति! मैं अपने वचन से विमुख हो रही हूँ। **(दर्शकों से)** मुझे आज्ञा दो नगरवासियो, मुझे क्षमा करना। तुम एकता की नाव पर चढ़े थे; शक्ति का सृजन किया था, तो मैं प्रसन्न होकर तुम्हारे पास चली आई थी। तुम्हारे सम्मान में, तुम्हारे लिए, लेकिन मैं जा रही हूँ, लौट रही हूँ, जहाँ शक्ति, श्रृंगार को नंगा करती हो, जो शक्ति रक्त पीती हो, वहाँ मेरी क्या सुरक्षा है? मैं जा रही हूँ।

(परी धीरे-धीरे पीछे की ओर हटती है, उड़ने की मुद्रा बनाते हुए संगीत के शोक स्वर पर विंग से निकल जाती है।)

सप्तम दृश्य

[मंच पर जब पुनः प्रकाश फैलता है तो राजशक्ति परेशान दिखाई पड़ता है। वह फ्रीज (स्थिर) है और आँखें देख रही हैं ऊपर की ओर उड़ती हुई परी को।]

उद्घोषक : जहाँ अस्तित्व की सुरक्षा नहीं, वहाँ रहकर भी क्या होगा? स्वर्ग से उतरी हुई परी, शक्ति की देवी का प्रतीक, लौट पड़ी स्वर्गलोक की ओर। जिसके माध्यम से सारी सम्पदा इकट्ठी हुई, वही नहीं रही। अंजाम क्या होगा?

[राजशक्ति परेशान हो उठा। देख रहा है उड़ती हुई परी को और पूरी ताकत से चिल्लाता है।]

राजशक्ति : रुक जाओ परी! मैं कहता हूँ रुक जाओ। शक्ति की देवी! रुक जाओ। मुझे क्षमादान दे दो। मैं वचन देता हूँ, तुम्हारे अस्तित्व को कोई खतरा नहीं होगा... रुक जाओ, रुक जाओ। **(रुक जाओ की प्रतिध्वनि माइक्रोफोन से, राजशक्ति परी को बुलाने की मुद्रा में दोनों हाथ ऊपर किए हुए पुनः फ्रीज हो जाता है।)**

उद्घोषक : राजशक्ति के चिल्लाने पर कोई प्रतिक्रिया नहीं है। सारा आकाशमंडल गूँज उठा-रुक जाओ परी, रुक जाओ, लेकिन परी रुकी नहीं। राजशक्ति काँपने लगा। अस्तित्व थर्राने लगा। **(राजशक्ति काँपता है, प्रकाश व्यवस्था से सब कुछ हिलने लगता है, मानो भूचाल आ गया हो।)** डाँवाडोल हो गई स्थिति। राजशक्ति कंपित हो उठा। उसके कानों में प्रवेश किया-नगर के हाहाकार ने। चारों ओर कोलाहल, चीखने-चिल्लाने की आवाज, हम इन्सान हो गए शैतान, एक-दूसरे से जूझते रहे और करते भी क्या? हमारा धर्म, हमारा प्यार, हमारा संगीत, हमारा कर्म आखिर कब तक हमारा साथ देता? सब के सब दौड़ पड़े

राजशक्ति की ओर फरियाद के लिए राजदरबार में। **(पार्श्व में कोलाहल, चीखने-चिल्लाने की आवाज, भागो, भागो, पकड़ो, मारो, कराहने, रोने-चिल्लाने की संगीत मिश्रित आवाज सुनाई पड़ती है। राजशक्ति और भी परेशान दिखाई पड़ता है। ऐसा लगता है जैसे अपने आपसे बोल रहा हो, नहीं-नहीं ऐसा नहीं हो सकता। डगमगाती हुई रोशनी में इधर-उधर वह खुद भी डोल रहा है। इसी बीच कर्म का प्रवेश। कर्म चरित्र के दोनों हाथ कटे हुए हैं, कुर्ते की बाँहें झूल रही हैं। थका-टूटा हुआ कर्म फरियाद की मुद्रा में सिर झुकाए खड़ा हो जाता है। राजशक्ति उसे पहचानने की कोशिश करता है।)**

कर्म : राजशक्ति, मैं कर्म हूँ। शायद तुमने पहचाना नहीं। नगर के निर्माण में मैंने दोनों हाथ गँवा दिए। जिन हाथों से कर्म करता था, वे तुम्हारी सड़ी-गली व्यवस्था ने काट दिए। उन्हें खोने के बाद भी मैं शरीर के बचे हुए अंगों से कर्म करता रहा। मगर अब काम करने के लिए भी मुझे रिश्वत देनी पड़ती है। सारी जमा-पूँजी मैं दे चुका हूँ। मेरे पास अब कुछ नहीं है, लेकिन पेट की आग को क्या कहूँ। लोगों ने भिक्षा के रूप में मेरी सहायता करने की कोशिश की, लेकिन मैंने अस्वीकार कर दिया। क्योंकि कर्म अपनी मेहनत के प्रतिफल में ही कुछ स्वीकार करता है, राजशक्ति! हँसने लगे लोग मेरी दशा देखकर। कर्म का अस्तित्व एक मजाक बन गया। मैं चिल्लाता रहा, चीखता रहा। किसी ने मेरी एक न सुनी। मेरा परिवार भूख से पेट में लगी आग की लपटों में जल रहा है...राजशक्ति, मेरे जीने से क्या फायदा, जब मैं कुछ कर्म ही नहीं कर सकता! मुझे मौत की सजा दे दो। मुझे फाँसी दे दो राजशक्ति। मुझे फाँसी दे दो। **(फ्रीज... राजशक्ति परेशान किंकर्तव्यविमूढ़ कर्म को देखता है। मंच के विपरीत विंग से 'संगीत' का प्रवेश। 'संगीत' चरित्र के हाथ में कोई वाद्य यंत्र नहीं है। दीनहीन स्थिति में है।)**

संगीत : राजशक्ति की जय हो...।

(राजशक्ति का ध्यान संगीत की ओर जाता है।)...मैं संगीत हूँ राजशक्ति! मैंने वचन दिया था। मैं अपनी वीणा को अन्तिम साँस तक झंकृत करती रहूँगी। होंठों पर प्यार के बोल होंगे। लेकिन अब मेरे कंठ अवरुद्ध हो गए। राजशक्ति, मेरी वीणा के तार टूट गए। मैं देख रही हूँ-नगर का वसंत वीरान, नीरस-सा उजड़ा हुआ मुझसे दूर, बहुत दूर चला जा रहा है। मैं उसे कैसे रोकूँ राजशक्ति! **(सिसकती है।)** नगर के शोर में मेरा संगीत दफन हो गया। अश्लील, फूहड़, बेसुरे और दोहरे अर्थ रखने वाले संगीत ने घेर लिया है नगरवासियों के दिलोदिमाग को। मैं उनकी तरह गला फाड़कर चीख-चिल्ला नहीं सकती। मेरा कंठ सूख रहा है। मैं मरना चाहती हूँ। राजशक्ति! मुझे फाँसी दे दो। राजशक्ति! मुझे फाँसी दे दो। एन्नई तू किल इडू इन्गल। **(फ्रीज...)**

[राजशक्ति की परेशानी बढ़ती जाती है, वह बड़बड़ाता है।]

राजशक्ति : नहीं, ऐसा नहीं हो सकता, ऐसा नहीं हो सकता।

[धर्म का प्रवेश। आँखें अंधी, बाल बिखरे हुए हैं, वस्त्र अस्त-व्यस्त हैं। धीरे-धीरे राजशक्ति के करीब टटोलते हुए अंधे की तरह आता है।]

राजशक्ति : वहीं ठहरो! कौन हो तुम?

धर्म : मैं... मैं धर्म हूँ राजशक्ति! इस राजदरबार में शक्ति की देवी के सामने वचन दिया था। सभी रंग-बिरंगे लोगों को एक डोर में बाँधूँगा। जब तक लोगों ने साथ दिया, हम एक ही रहे। लोग धर्म का पालन कुछ इस तरह कर रहे हैं कि धर्म बहन को धर्मपत्नी बना रहे हैं। मैंने हर धर्म के लोगों को समझाया लेकिन हर धर्म के लोगों ने मुझ पर प्रहार किया, राजशक्ति! मेरी आँखें फोड़ दीं। लड़खड़ाता, गिरता-पड़ता मैं फिर भी समझाता रहा कि प्यार ही रब है, परमात्मा है, लेकिन जब किसी में आत्मा ही नहीं राजशक्ति, तो परमात्मा को कौन समझे। अंधे धर्म की अंधी आँखों को लेकर कहाँ

भटकूँ? किसके लिए भटकूँ? मेरा जीवन, शोभा यात्रा में चलते किसी हाथी के समान हो गया है। मेरे माथे पर मोतियों की झालर है मगर अंकुश का शासन। जब भी समाज को नए साँचे में हम ढालते हैं। सोना मढ़े दाँत के नीचे, नीचे धार्मिक कट्टरपंथी हमें कीड़े की तरह सालते हैं। मुझे क्षमा कर दो राजशक्ति, तुम...मुझे फाँसी दे दो...फाँसी दे दो। **मैनु फाँसी दे दो। (फ्रीज)**

[राजकवि का प्रवेश। पागल के रूप में वही गीत गाते हुए जो दरबार में गया था।]

राजकवि : ये गीत खुशी का है,
संगीत खुशी का है।
तुम भी नाचो,
हम भी नाचें,
मौसम खुशी का है।

(वह बेसुरा गीत तेजी से नाचते हुए गाता है और फिर एकाएक रुककर बोलता है।) पहचाना? (पागलों की हँसी) अरे हाँ, यह तो मेरी रचना थी। मेरी रचना पर ही तुम झूमे थे। क्यों राजशक्ति! याद है? तुम भी नाचो। हम भी नाचें। **(फिर तेजी से नाचता है और फिर रुक जाता है।)** अरे, तुम मेरे साथ नहीं नाचे। **(कर्म की ओर देखते हुए व्यंग्य से)** ओ हो हो, तो तुम कर्म आखिर हाथ गँवा दिए न। मैंने तो पहले ही अपनी कविता में लिखा था।

एक आदमी काम करता है,
एक आदमी दूसरे के काम की कमाई खाता है।
एक तीसरा आदमी भी है,
जो न काम करता है, न करने देता है।
सिर्फ काम वासना से खेलता है।
मैं पूछता हूँ, यह तीसरा आदमी कौन है?
हे राजशक्ति! तू क्यूँ मौन है?

(धर्म की ओर देखते हुए व्यंग्य से)

प्रणाम-प्रणाम, धर्माधिराज! चरणों में प्रणाम। क्या हुआ? आँखें चलीं गईं न? **(ठहाका लगाता है। संगीत की ओर**

व्यंग्य से) जब दिल ही टूट गया...हम जी के क्या करेंगे...क्यों, सुरों की मलिका! आपकी आवाज। च-च-च बेचारी सब राग-रागनियाँ रोने लगी क्यों, है न? तो आप सब लोग मौत की भीख माँग रहे हैं? क्यों राजशक्ति है, न?

[पागलों की हँसी, एकाएक हँसी तीव्र हो जाती है। मुँह से खून निकलने का अभिनय तेजी से खाँसता है।]

राजशक्ति : तुम मेरा मजाक उड़ा रहे हो, राजकवि! मर्यादा का उल्लंघन कर रहे हो। यह राजदरबार है, पागलखाना नहीं। नाटक करना है तो कहीं और चले जाओ।

[राजकवि के मुख से खून निकलता है। दाएँ हाथ की अंजुलि में खून लेकर राजशक्ति को दिखाते हुए, तड़पकर बोलता है।]

राजकवि : नाटक नहीं राजशक्ति! ये मेरी रचना का इनाम है। जब-जब धर्म ने साथ दिया, इन्सानों में एकता रही। हम मिलकर काम करते रहे। संगीत की सुरलहरी पर मेरी रचना एक प्रहरी की भूमिका निभाती रही। ये देखो! मेरा कलेजा छलनी हो चुका है। मैं एक पल भी जी नहीं सकता। तुम मुझ पर उपकार कर दो। हमारे जैसे तमाम रचनाकारों, कलाकारों को मौत दे दो। मुझे फाँसी दे दो... महाशक्ति!

आमाये फाँसी दिये दीन।

(हाथ में खून लिए हुए ही फ्रीज हो जाता है।)

[इसी समय दर्शकों के बीच से प्रेम चरित्र जोर से चीखता हुआ मंच की ओर दौड़ता है। प्रेम के वस्त्र पर खून के छींटे दिखाई पड़ते हैं। सारा शरीर जख्मी है। जैसे हजारों-हजार खंजर भोंक दिए गए हों।]

राजशक्ति : तुम कौन हो? यह राजदरबार है।

प्रेम : मुझे पहचाना नहीं राजशक्ति? मैं लोगों का हूँ। लोगों के बीच से आया हूँ। मैं ही प्रेम हूँ। हाँ, मैं ही प्रेम हूँ। सबके हृदय में वास किया था मैंने, होंठों पर चुम्बन बनकर। बाँहों के आलिंगन में बंधा था मैं, लेकिन जब-जब भी लोगों ने कर्म को पहचाना नहीं, धर्म को अपनाया नहीं और इन्सानियत

का गला दबाने की कोशिश की, मैंने विरोध किया, हर एक के हृदय में अन्तर्द्वंद्व छेड़ा। विवेक के रूप में बुद्धि से लड़ाई लड़ी, लेकिन स्वार्थ-ईर्ष्या के अन्धे लोगों ने मेरी एक न सुनी। चन्द सिक्कों की खातिर मुझे बेच दिया गया। वासना की जंजीर में जकड़ दिया गया। लोगों के दिलों से उठाकर धन्ना सेठों की तिजोरियों में कैद कर दिया गया।

लोग हालात के आगे डर गए,
प्रेम अपना खुद ही रुसवा कर गए।
जो बने थे कभी माँझी मेरी कश्ती के,
मुझको तूफ़ाँ के हवाले कर गए।
आप अपना हक अदा तो कर गए,
पर वो ख्वाब थे जो टूटकर बिखर गए।
मेरे खूने जिगर...।

राजशक्ति : **(प्रेम के कपड़ों पर खून के धब्बे देखकर)** ये खून के धब्बे! तुमने किसी का खून किया?

प्रेम : **(चिल्लाकर)** नहीं राजशक्ति! मैंने खून नहीं किया। खून मैंने नहीं किया। मेरे शरीर पर पड़े जख्मों के निशानों को गौर से देखो। राजशक्ति खून मैंने नहीं, मेरे अपनों ने किया है। मैंने वचन दिया था कि हर एक के हृदय में प्यार के देवता के रूप में वास करूँगा।

राजशक्ति : तो फिर किसने तुम्हें घायल किया?

प्रेम : राजशक्ति! गौर से देखो, हर किसी ने विरोध का खंजर भोंका है मेरे शरीर पर। मेरे पैगाम को ठुकराया है। मैं घायल होकर तुम्हारे पास पहुँचा हूँ, अब किसी के दिल में बसने की मेरी क्षमता नहीं है। तुम भी एक उपकार कर दो, इस सफेद लिबास पर पड़े लाल धब्बों में एक धब्बा सत्ता के नाम लिख दो, मुझे मौत की सजा दे दो।
मला फाशी द्या। **(फ्रीज...)**

उद्घोषक : हमारा कर्म, हमारा धर्म, हमारी संगीत सबने माँगी सजाए-मौत। मुझे फाँसी दे दो-हम इन्सानों के राजा। राजशक्ति परेशान हो गया। क्या होगा आने वाले दिनों का? इन सभी की मौत का मतलब होगा इस सृष्टि का अंत।

राजशक्ति : **(चीखता है।)** नहीं-नहीं, ऐसा नहीं होगा। ऐसा नहीं होगा। ऐसा उचित नहीं है... तुम सबकी मौत का मतलब है इन्सानियत की मौत। क्या चाहते हो? जो सृष्टि हमने रची उसका विनाश हो जाए? कर्म के पसीने से, धर्म की एकता से, संगीत की तान से, प्रेम के रस से जो बाग हमने लगाया वह ईर्ष्या-द्वेष की आग में जलकर राख हो जाए? इन्सानियत के परखच्चे उड़ जाएँ? नहीं, जाओ कर्म, जाओ धर्म, संगीत और प्रेम-तुम भी जाओ। इन्सानियत की आखिरी साँस भी बची हो तो तुम उसे बचा लो। **(कर्म, धर्म, संगीत, राजकवि सभी फ्रिजावस्था में प्रतिक्रिया शून्य हैं। राजशक्ति सभी को बारी-बारी से झकझोरता है।)**

...जड़वत क्यों खड़े हो? जाओ, जल्दी जाओ, वरना वहाँ सब कुछ नष्ट हो जाएगा। मैं कहता हूँ जाओ। जल्दी जाओ।

[जिस-जिस चरित्र के पास जाकर वह 'जल्दी जाओ' बोलता है, वह प्रत्युत्तर में बोलता है-'मुझे फाँसी दे दो।' राजशक्ति धीरे-धीरे मंच के बीचोबीच पहुँच जाता है। सभी पात्र मुझे फाँसी दे दो कहते हुए राजशक्ति के चारों ओर वृत्ताकार एक घेरा बना लेते हैं। प्रकाश व्यवस्था एवं नृत्य निर्देशन के माध्यम से सभी पात्र मुझे फाँसी दे दो कहते-कहते राजशक्ति के चारों ओर चक्कर लगाते हैं।]

राजशक्ति : वो देखो तुम्हारे बगैर इन्सानियत का झुलसता चेहरा।

सब : **(गोलाई में घूमते हुए)** मुझे फाँसी दे दो। **मैनू फाँसी दे दो।**

राजशक्ति : वो देखो। विनाशकारी रक्त की लाल किरण। लोग पागलों की तरह एक-दूसरे का खून पी रहे हैं।

सब : मुझे फाँसी दे दो। मला फाशी द्या।

राजशक्ति : वो देखो। लोग आपस में खून की होली खेल रहे हैं।

सब : मुझे फाँसी दे दो। आमाये फाँसी दिये दीन।

राजशक्ति : वो देखो।

सब : फाँसी दे दो। एन्नई तू किल इडू इन्गल।

राजशक्ति : वो देखो।

सब : फाँसी दे दो।...हैंग मी टिल डेथ (hang me till death)

[फाँसी दे दो कहते हुए पात्र तेजी से गोलाई में घूमते हुए खड़े होते हैं। तेज ध्वनि जारी है। प्रकाश व्यवस्था एकाएक बहुत तेज होकर बुझ जाएगी मानो बिजली चमक गई हो। प्रकाश बुझने के साथ ही वाद्य यंत्र भी बंद हो जाएंगे।]

उद्घोषक : ठहरो! भागो मत, मत भागो। सृष्टि का नाटक अभी खत्म नहीं हुआ। वो देखो, रोशनी की लाल किरण। वो देखो, शक्ति की देवी जन-जन के बीच पहुँचकर, जनशक्ति में तब्दील हो रही है। बाँध लो अपनी मुट्ठियाँ, भींच लो जबड़े और निकल पड़ो बाहर जहाँ कर्म, धर्म, प्रेम, संगीत और इन्सानियत तुम्हारी राह देख रहे हैं। अभी वे मरे नहीं जिन्दा हैं।

तुम्हारे लिए...सिर्फ तुम्हारे लिए,
...हाँ...तुम्हारे लिए!

(यहाँ फिल्म-अनाड़ी के गीत की धुन पर नाटक सम्पन्न होता है।)

किसी की मुस्कराहटों पे हो निसार,
किसी का दर्द ले सके तो ले उधार।
किसी के वास्ते हो तेरे दिल में प्यार,
जीना इसी का नाम है...।

तुम निभाओ धर्म, हम अपना कर्म!

कहानी की अवधारणा

भारतीय समाज में बाल-विवाह एक ऐसी सामाजिक बीमारी है जिसका इलाज कानून बनाकर भी नहीं हो पा रहा है। ऐसी ही एक और बीमारी है 'देवदासी' प्रथा। गुड़िया जो मात्र 10 साल की बच्ची है, उसे भेंट चढ़ना पड़ता है समाज के ठेकेदारों की बनाई कुरीतियों पर।

बचपन में गुड़िया की शादी होती है और बचपन में ही विधवा। इस नाटक में यह देखने को मिलेगा कि नारी की कोई जाति नहीं होती, कोई धर्म नहीं होता। उसे पुरुष प्रधान समाज अपनी हवस के लिए कुलच्छनी, देवदासी, देवी, वेश्या कुछ भी बना सकता है। यहाँ नारियों को आवाज उठाने का हक नहीं है।

औरत की तार्किक समाज में स्थिति कमजोर बनाए रखने तथा उनकी शक्ति को खत्म करने के लिए किस्मत का लेखा, विधि का विधान जैसे शब्दों का सहारा लिया जाता है।

गुड़िया, विधाता की बीमार मर्यादाओं के सामने झुकती नहीं है। वह विषम परिस्थितियों से लगातार संघर्ष करती हुई आगे बढ़ती जाती है। समाज को गर्त में गिराने वाले पाखंडी पुजारी, झोलाछाप वैद्य और धूर्त ओझा एक दिन खुद अपने ही जाल में फँसकर बर्बाद हो जाते हैं। जीत होती है तो गुड़िया की और उसके परिवार की। वह बता देती है कि जिनके हाथ नहीं होते, उनकी भी किस्मत होती है। इसलिए हे विधाता!

'तुम निभाओ धर्म,
हम अपना कर्म!'

मंचन-अवधि : 90 से 120 मिनट।

पात्र-परिचय

1. ठाकुर अमर सिंह
2. पुजारी
3. पासवान
4. बाल दूल्हा
5. विद्यार्थी नं. 1
6. विद्यार्थी नं. 2
7. वैद्य
8. ओझा
9. डॉक्टर
10. गाँववाले
11. छोटू पासवान
12. विलियम
13. छोटा बेटा
14. मंगेतर
15. उद्घोषक

महिला पात्र

1. गुड़िया (10 वर्ष, 18 वर्ष और 40 वर्ष)
2. बहू (गुड़िया की माँ)
3. पुजारिन (पुजारी की पत्नी)
4. लेडी टीचर
5. पासवान की माँ
6. दूसरी देवदासी
7. गुड़िया की बड़ी बेटी
8. गुड़िया की छोटी बेटी

दृश्य एक
(गाँव का दृश्य)

समय : दिन।

पुजारी : **(पत्नी से)** अरी ओ भागवान! मैं गाँव का चक्कर लगा कर आता हूँ। दरवाजा भेड़ दिया हूँ।

पुजारिन : **(गुस्से से)** गाँव का चक्कर लगाने जा रहे हो या फिर मटरगश्ती करने?

पुजारी : का खाके मटरगश्ती करेंगे? हुँऽऽऽ, दरवाजा बंद कर लेना अंदर से।

पुजारिन : दरवाजा तो बंद कर लूँगी, पर हमारी किस्मत का दरवाजा कब खुलेगा? घर में एक दाना नहीं है। कहीं से भी सिद्धा आना चाहिए आज, समझे!

पुजारी : सिद्धा चाहिए! हुँ...हुक्म चलाती है ससुरी। सारे गाँव वाले नास्तिक होते जा रहे हैं, सिद्धा कहाँ से लाऊँ?

पुजारिन : कहीं से भी लाओ, पर खाली हाथ मत आना आज।

पुजारी : हाँ, नहीं आऊँगा बस्स, ससुरी दिन-भर बकर-बकर करती रहती है।

पुजारिन : बकर-बकर नहीं कर रही हूँ, याद दिला रही हूँ। तुम्हारे दो लड़कियों और चार लड़कों को अब कौन पालेगा? जगद्‌गुरु शंकराचार्य?

पुजारी : लगी वही कथा बाँचने। तुमसे तो बहस करना ही फिजूल है। मैं जा रहा हूँ...।

पुजारिन : कहाँ जा रहे हो? देखो, कथा बाँचने फिर मत चले जाना किसी पढ़े-लिखे के घर। **(भेद-भरी मुस्कान)**

पुजारी : ठीक है, नहीं जाऊँगा मगर तुम काहे मस्ता रही हो पंडिताइन? हुँ... स्साले अंग्रेजी पढ़े-लिखे लोग ऐसे-ऐसे

सवाल पूछते हैं कि देवी माता भी शरमा जाएं। हरामी दान-दक्षिणा में उल्टे-पुल्टे सामान थमा देते हैं।

पुजारिन : तो ठीक है, मगर अब की दान-दक्षिणा लेते समय बंद पैकेट खोल के वहीं देख लेना। **(हँसती है।)**

पुजारी : तुम काहे बेर-बेर मस्ता रही हो? वे सब साले मसखरी करते हैं, हमको क्या मालूम था कि दान वाले पैकेट में एक पैकेट 'कंडोम' का भी है?

पुजारिन : लफंगों के यहाँ कथा बाँचोगे तो और क्या मिलेगा? अच्छा कंडोम का पैकेट कहाँ रखा है, बताते जाओ।

पुजारी : **(आश्चर्य से)** तुम क्या करोगी कंडोम का अकेले?

पुजारिन : जैसे आपको पता नहीं है। बताइए कहाँ रखा है?

पुजारी : मस्ता रही हो का पंडिताइन? अरे हम काहे रखेंगे छुपाके कंडोम। तुम्हीं ने कहीं रखे होंगे, जाकर खुद ढूँढ़ो। **(पुजारी, पुजारिन के छह बच्चों की आवाज पास आती हुई, दोनों, अपने बच्चों को फटी नजरों से देखते हैं, छह बच्चे कंडोम में हवा भरकर, कोई डंडे में बाँधे दौड़ रहा है, तो कोई पतंग की तरह उड़ा रहा है-पुजारी शरमाता हुआ बाहर चला जाता है।)**

दृश्य दो

[गाँव के ठाकुर अमर सिंह पलंग पर अधलेटे हैं। पास में पुजारी जी बैठे हैं, उनकी बहू हाथ से पंखा झल रही है, अमर सिंह की बीवी का देहांत हो चुका है। पुजारी जी बोलते हैं।]

पुजारी : ठाकुर साहब, मेरा धर्म था आपको आने वाले संकट से आगाह कर देना।

बहू : पंडितजी! और भी तो कोई उपाय हो सकता है इस संकट से छुटकारे का?

पुजारी : है।

बहू : तो बताइए न।

पुजारी : इसमें लफड़ा बहुत है।

ठा. अमर सिंह : लफड़ा! डरो मत पंडित, बताओ हमें, मेरा शरीर बूढ़ा हुआ है, जोश नहीं, जमींदारी खत्म हुई है, हम थोड़े ही खत्म हुए हैं।

पुजारी : तो ठीक है, काली मंदिर में 'नरबलि' दे पाएंगे?

[पुजारी की बातें सुनकर दोनों खामोश हो जाते हैं।]

ठा. अमर सिंह : पुजारी जी, आपने ठीक कहा, इसमें जोखिम है।

पुजारी : फिर तो एक ही उपाय है ठाकुर साहब! आप अपनी अपशकुन पोती की शादी जल्द-से-जल्द करवा दें।

बहू : पर पंडित जी, मेरी बेटी तो अभी 10 साल की है, स्कूल में पढ़ रही है, वैसे भी आजकल सोशल वर्कर और टी. वी. वाले बाल-विवाह पर बावेला करते रहते हैं।

पुजारी : तो फिर आपके घर पर मंडरा रहे संकट से कोई मुक्ति नहीं दिला सकता। **(खाँसता है...)**

बहू : मैं पानी लेकर आती हूँ। **(जाती है।)**

पुजारी : ठाकुर साहब, ये सब संकट आपके द्वारा जवानी के दिनों में किए गए बलात्कार और कत्लेआम का नतीजा है।

जल्दी कुछ करिए, वरना मुझसे मत कहिएगा कि मैंने आपको आने वाले संकट से आगाह नहीं किया था।

ठा. अमर सिंह : संकट बता रहे हो तो कोई तीसरा उपाय बताओ।

पुजारी : तीसरा उपाय?...हूँ...याद करिए, आज से पन्द्रह साल पहले, चमेली बाई को आपसे एक लड़का पैदा हुआ था।

ठा. अमर सिंह : **(घबराकर)** धीरे बोलो पंडित जी, कहीं बहू सुन न ले।

पुजारी : घबराइए नहीं, आपकी बहू अन्दर है। हाँ, चमेली बाई तो मर गई, मगर आपके द्वारा नथ उतराई में दी गई जमीन पर उसका लौंडा 'तेजू' खेती करता है। तेजू है तो पन्द्रह साल का, लेकिन कद-काठी बिल्कुल आप पर गई है। उसकी जमीन के बगल में ही मेरी जमीन है, ससुरा आये दिन हमारे से फसाद करता रहता है। सारे गाँव को यह शक है कि वो लौंडा आपकी नाजायज संतान है। इससे पहले कि पाप का घड़ा फूटे, उसी की बलि चढ़वा दें। एक ही तीर से दो शिकार हो जाएंगे।

ठा. अमर सिंह : नहीं-नहीं पंडित, इसमें भी खतरा है। मैं कोशिश करता हूँ अपनी बहू को 'गुड़िया' की शादी के लिए मनाने की। बेटी पराया धन होती है, आज नहीं तो कल उसे जाना ही है।

बहू : **(गिलास लिए प्रवेश)** लीजिए पंडित जी, पानी। **(ठाकुर अमर सिंह की साँसें तेज-तेज चलने लगती हैं।)** क्या हुआ बाबूजी?

पुजारी : देखा बहू! संकट कितना सन्निकट है। हे प्रभु! इस परिवार की रक्षा करना।

ठा. अमर सिंह : **(अपनी बहू से)** बहू, 'गुड़िया' की शादी आज नहीं तो कल करनी ही है...। **(खाँसता है।)**

पुजारी : **(बहू से)** बहूरानी! कम बोले को ज्यादा समझो। ठाकुर साहब, ठीक कह रहे हैं, गुड़िया की शादी अभी कर दो और गौना जब वो 18 साल की हो जाए, तब कर देना, कम-से-कम इस घर से संकट के बादल तो छँट जाएँगे। गुड़िया के पिता की आत्मा भी शांति पाएगी।

ठा. अमर सिंह : हाँ बहू, पुजारी जी ठीक कह रहे हैं।

बहू : जैसी आप लोगों की इच्छा, पंडित जी कोई लड़का बतावें और जल्द-से-जल्द मुहूर्त निकाले।

(साड़ी के किनारे में लगी गांठ खोलकर रुपये देती है पंडित को) ये लें, मैं पति और सासू माँ को खो चुकी हूँ, बाबूजी को नहीं खोना चाहती...।

[और वह घर से बाहर निकल जाती है, जहाँ उसकी 10 वर्षीया लड़की बच्चों के साथ खेल रही है।]

दृश्य तीन

[ठाकुर अमर सिंह के दरवाजे पर बच्चे खेल रहे हैं। ठाकुर साहब की बहू अपनी बेटी 'गुड़िया' को बड़े ध्यान से देखती है।

बच्चे हाथ में छड़ी, डंडा लेकर लाल-लाल खेल रहे हैं। उनके साथ गुड़िया भी खेल रही है। एक बच्चा उन्हें उस वक्त छूने की कोशिश करता है, जब कोई बच्चा एक स्थान से अपनी छड़ी हटाकर दौड़ता हुआ किसी दूसरी लाल रंग की चीज पर रखता है। यदि छड़ी रखने से पहले उसे छू लिया जाए तो वह आउट हो जाएगा और अब वह दूसरे बच्चों को छुएगा, गुड़िया जैसे ही अपनी छड़ी उठाकर दौड़ती है, वह अपने एक साथी पर गिर पड़ती है। छड़ी उसके हाथ में है, वह दावा करती है कि जिस लड़के के ऊपर वह गिरी थी, उसकी शर्ट लाल है, इसलिए वह आउट नहीं है। इस पर बहस छिड़ जाती है। अंततः सभी बच्चे उस शर्ट को लाल नहीं संतरी रंग की मानते हैं, मगर उसी वक्त वह बच्चा, जिस पर गुड़िया गिरी थी, चुपके से अपनी बाँह, दाँतों से काटकर खून निकाल कर उन्हें दिखाता है; शर्ट लाल नहीं हो तो क्या हुआ गुड़िया की छड़ी मेरे खून पर थी, खून तो लाल होता है न।

सभी मान जाते हैं, मगर गुड़िया यह नजारा देख अवाक् रह जाती है वह एक ऊँची जगह पर खामोश होकर बैठ जाती है और उसकी (पासवान की) ओर घूरती है।]

गुड़िया : **(फुसफुसाकर)** तुमने मेरी खातिर अपना हाथ क्यों काट लिया पासवान?

पासवान : गुड़िया, तुम्हारी हार मुझसे देखी नहीं जाती।

गुड़िया : दाँत काटने वाले को मेरी अम्मा दांतकटवाँ कहती है।

पासवान : बक।

माँ : गुड़िया वहाँ बैठकर क्या कर रही हो?

गुड़िया : कबूतर को दाने खिला रही हूँ।

माँ : वहाँ कबूतर कहाँ हैं?

गुड़िया : तो दाने कहाँ हैं?

[सभी बच्चे ठहाके लगाकर हँसते हैं।]

माँ : ज्यादा मसखरी मत कर, अंदर आ जा।

पासवान : काकी, हम गुड़िया के साथ थोड़ी देर और खेल लें?

गुड़िया : हाँ माँ! थोड़ी देर और खेल लें?

माँ : **(कठोर स्वर में)** चल अंदर आ, तेरे खेलने के दिन गए।

[गुड़िया घर के अंदर जाती है। पासवान उसे जाते हुए देखता है।]

दृश्य चार

[गुड़िया की एक हमउम्र लड़के के साथ गाँव में ही शादी तय हो जाती है। एक रात धूम-धाम से बारात आती है। पुजारी, पुजारिन और उसके सभी बच्चे दबाकर तर माल उड़ा रहे हैं।

गाँव की औरतों द्वारा विवाह गीत (गारी) जारी हैं। धूम-धड़ाके, पटाखों की आवाज पर नाचते-गाते बाराती द्वार पर पहुँच जाते हैं, द्वार-पूजा के बाद वरमाला बाल वर-वधू एक-दूसरे के गले में डालते हैं। पास ही गुड़िया का दोस्त पासवान यह सब होते देख रहा होता है। पाँति (पंक्ति) में बैठकर बाराती भोजन करते हैं। भोजनोपरांत सब अपने-अपने जूठे पत्तल उठाकर घूरे पर फेंकते हैं, जहाँ कुत्ते जूठन के लिए आपस में लड़ते हैं। वहीं पास में अत्यंत गरीब घरों के बच्चे भी जूठन के लिए लपकते हैं। कुत्ते इन भूखे गरीब बच्चों को अपना प्रतिद्वंद्वी समझकर उन पर गुर्राते हैं। कानफाड़ू लाउडस्पीकर पर गाने बजते रहते हैं-'खेलत रहे गुल्ली डंडा, दूल्हा बनकर आयो रे।']

गुड़िया : **(बाल-दूल्हे से)** मेरी माला तेरी माला से ज्यादा अच्छी है।

बाल-दूल्हा : वो तो मैंने पहनायी हैं तुम्हें?

गुड़िया : जो माला मैंने तुम्हें पहनायी है, वो माली काका ने बनायी है।

बाल-दूल्हा : हमारे बाबूजी ने शहर से मँगवायी है।

गुड़िया : शहर से? मैं शहर के कॉलेज में पढ़ने जाऊँगी।

बाल-दूल्हा : ज्यादा पढ़ने से लोग पगलिया जाते हैं। मेरे बड़े भैया पगलिया गए थे। इसीलिए हमारे बाबूजी हमें आगे की पढ़ाई के लिए नहीं कहते।

गुड़िया : मैं तो पढूँगी और बड़ी होकर टीचर बनूँगी।

बाल-दूल्हा : और मैं?

गुड़िया : तू फटीचर। **(हँसती है।)**

[बारात खा-पीकर विदा होती है।]

ठा. अमर सिंह : *(गुड़िया के दादा, दुल्हे के पिता से)* गुड़िया अभी बहुत छोटी है, इसलिए हम उसे गौना के बाद ही विदा करेंगे।

समधी : भाई साहब, लड़की और बांस एक जैसे होते हैं, दिन-दूना, रात चौगुना बढ़ते हैं। गुड़िया जैसे यहाँ रहती है, वैसे ही अपनी ससुराल में भी रह लेगी।

माँ : वो तो ठीक है समधी जी, गुड़िया मैट्रिक कर ले, फिर हम बिदा कर देंगे?

समधी : जैसी आप लोगों की मर्जी।

(जाते हैं।)

दृश्य पाँच

[गुड़िया के स्कूल का दृश्य गुड़िया शादी के बाद सिंदूर लगाकर, एक चोटी में, मेंहदी लगे हाथ-पाँव के साथ स्कूल के प्रांगण में पहुँचती है।]

विद्यार्थी नं. 1 : **(दोस्तों से)** अरे, वो देख गुड़िया को।

विद्यार्थी नं. 2 : वो, जो लाल चुनरिया ओढ़ के आ रही है?

विद्यार्थी नं. 1 : हाँ-हाँ, वही।

पासवान : **(पास आता हुआ)** वो गुड़िया नहीं है।

विद्यार्थी नं. 1 : चल उसके पास चलते हैं।

गुड़िया : तुम लोग ऐसे क्यों देख रहे हो?

विद्यार्थी नं. 2 : कुछ नहीं, आज तुम स्कूल यूनिफार्म में नहीं आई हो इसलिए।

गुड़िया : मेरा ब्याह हो गया है, इसीलिए नए कपड़े पहने हूँ।

लेडी टीचर : **(प्रवेश करते हुए)** गुड़िया, ये तुम क्या पहनकर स्कूल आ गई?

गुड़िया : मास्टरनी जी, ऐसा है न, हमारा ब्याह हो गया है।

लेडी टीचर : ये तो तुम्हारे माथे का सिंदूर बता रहा है, मगर तुम तो अभी बच्ची हो, खैर...छुट्टी के बाद तुम्हारे घर चलूँगी और तुम्हारे घरवालों से इस बारे में मैं बात करूँगी?

दृश्य छह

[लेडी टीचर और गुड़िया का घर।]

लेडी टीचर : दादाजी! ये जानते हुए कि गुड़िया अभी बच्ची है, फिर भी...?

दादा : **(हुक्का गुड़गुड़ाते हुए)** अरे टीचर जी, ब्याह ही तो किया है, लड़की का गौना अट्ठारह साल की हो जाने पर कर देंगे बस्स...इतनी-सी ही तो बात है।

लेडी टीचर : दादा जी, ये बात इतनी छोटी नहीं है। सारे स्कूल के बच्चे, गुड़िया की हँसी उड़ा रहे हैं। वह उन बच्चों के साथ नॉर्मल रहकर कैसे पढ़ सकती है? प्रिंसिपल ने तो हमें यहाँ तक कहने को कह दिया है कि कल से गुड़िया को स्कूल न भेजें।

ठा. अमर सिंह : **(नाराज होकर)** अपनी प्रिंसिपल से कह दीजिएगा कि हमें भी शौक नहीं है उसे स्कूल में पढ़ाने का... क्या करेगी ज्यादा लिख-पढ़कर?

लेडी टीचर : देखिए दादाजी, मैं प्रिंसिपल को मनाने की कोशिश करूँगी, मगर 'बाल विवाह' है तो गलत न! बच्ची पढ़-लिख लेती तो...।

दादा : मैंने कहा न, क्या कर लेगी पढ़-लिखकर? फूँकना तो उसे चूल्हा ही है। दो रोटी बनाना तो स्कूल में सिखाते नहीं-चले हैं बाल विवाह के खिलाफ पाठ पढ़ाने।

लेडी टीचर : आजकल लड़कियाँ अपने पैरों पर खड़ी होने लगी हैं, घर का खर्च उठाने लगी हैं।

दादा : बहुत देखे हैं पढ़ी-लिखी लड़कियों को, बॉबकट बाल कटवाकर, बगल में पर्स दबाकर सनीमा देखने जाते हुए, और क्या!

लेडी टीचर : दादाजी, आप पुराना चश्मे उतारकर देखें, जमाना बहुत आगे निकल गया है। लड़कियाँ अब चूल्हे की लकड़ी नहीं हैं, बल्कि वे भी लड़कों के साथ कंधे से कंधा मिलाकर आगे बढ़ रही हैं।

ठा. अमर सिंह : **(नाराज होते हुए)** अब मुझे दुनियादारी मत समझाओ बस्स, नमस्ते?

(दोनों हाथ जोर से जोड़ लेते हैं।)

दृश्य सात

[गुड़िया स्कूल में है, वहाँ उसका दोस्त पासवान आता है।]

पासवान : अरे गुड़िया! कुछ सुना तुमने?

गुड़िया : ना! का हुआ?

पासवान : तुम्हारे दूल्हा के भाई को चेचक निकला और ऊ मर गवा।

गुड़िया : **(अल्हड़पन से)** अच्छा! चार साल पहले हमारे पड़ोस में रामखेलावन को भी चेचक निकला था और ऊ मर गए थे। चेचक है बहुत खराब बीमारी। चलो, खेलते हैं।

स्कूल टीचर : **(जो उनकी बातें सुनती है बोलती है)** गुड़िया, तुम्हारे पति का भाई मर गया है। दु:ख की बात है। तुम्हारे घर में लोग रो रहे होंगे।

गुड़िया : मैं कैसे रोऊँ, मास्टरनी जी, मुझे रोना नहीं आता।

टीचर : अब तुम्हें कैसे समझाएँ? तुम्हारे पति का सगा भाई मर गया, समझी?

गुड़िया : समझी... तो क्या? मेरा साथी पासवान है न! इसी के साथ खेलूँगी।

टीचर : पासवान!

पासवान : जी मास्टरनी जी।

टीचर : तुम गुड़िया को उसके घर ले जाओ।

गुड़िया : अभी छुट्टी होने में दो घण्टे हैं।

टीचर : कोई बात नहीं। पासवान, तुम इसे इसके घर ले जाओ।

पासवान : जी।

(दोनों जाते हैं।)

(पार्श्व गीत चलता है।)

दृश्य आठ

[गुड़िया, पासवान, गुड़िया का पति तथा उसके साथी जामुन के पेड़ के नीचे, जामुन को पत्थर मारकर तोड़ने की कोशिश करते हैं।]

गुड़िया : पासवान! तुम मारो पत्थर, तुम्हारा निशाना पक्का होता है। *[पासवान पत्थर मारता है, मगर जामुन की टहनी को नहीं लगता है।]*

गुड़िया का पति : (हँसता है।) हा–हा, पक्का निशानेबाज है। हा हा...। *[अन्य लड़के भी हँसते हैं, तभी पासवान का एक पत्थर निशाने पर लगता है और साथ ही एक टहनी, जामुन से लदी हुई टूटकर नीचे गिर पड़ती है, यह देख गुड़िया का पति झुंझला जाता है।]*

गुड़िया का पति : एक टहनी तोड़कर पासवान तीसमारखाँ बन रहे हो। देखो, मैं सारा जामुन ही तोड़ देता हूँ। *[यह कहकर वह पेड़ पर चढ़ता है।]*

पासवान : अरे भाई, जामुन के पेड़ पर मत चढ़ो। इसकी डाल बड़ी कमजोर होती है।

गुड़िया : पासवान से हार गए तो बंदर की तरह पेड़ पर चढ़ गए, फिर भी नहीं तोड़ पाओगे तुम जामुन, देखना।

गुड़िया का पति : (पेड़ पर चढ़ता हुआ, जामुन तोड़ने का प्रयास करते हुए) गुड़िया, आंचल फैला, जामुन से भर दूँगा। *[गुड़िया आँचल फैलती है, तभी जामुन की डाली टूटती है और वह धम्म से नीचे गिर जाता है। बच्चे शोर मचाते हैं, भीड़ लग जाती है। लोग घायल को उठाकर गाँव के वैद्य के पास ले जाते हैं।]*

दृश्य नौ

वैद्य : मरीज को लिटा दें और आप लोग बाहर इंतजार करें।

पुजारी : का हुआ वैद्य जी, सब ठीक है न?

वैद्य : सब ठीक हो जाएगा, मेरी दवा से असाध्य रोग भी ठीक हो जाता है।

लेडी टीचर : **(प्रवेश करते हुए)** वैद्य जी, उसके सिर पर चोट आई है, उसे शहर के अस्पताल ले जाना चाहिए।

ठा. अमर सिंह : **(क्रोधित होकर खीझ-भरे स्वर में)** फिर आ गई प्रवचन देने? अरे, वैद्य जी से सारा गाँव इलाज करवाता है। वे पहुँचे हुए वैद्य हैं।

माँ : **(दादा से)** पर बाबूजी, मास्टरनी की बात मानने में क्या हर्ज है?

ठा. अमर सिंह : मास्टरनी से पूछो बहू कि यहाँ इलाज करवाने में क्या हर्ज है?

वैद्य : **(थोड़ी देर बाद)** दादाजी, मैं चोट का इलाज तो कर दूँगा, मगर जमुनिया चुड़ैल का इलाज हमारे पास नहीं है। उसके लिए कोई ओझा बुला लें।

लेडी टीचर : आप लोग इसे तुरंत शहर के अस्पताल ले चलिए, ओझा-ओझाई के चक्कर में न पड़ें।

पुजारी : मास्टरनी जी, यहाँ बकर-बकर मत करिए। जाइए, स्कूल में पढ़ाइए-लिखाइए।

[लेडी टीचर विंग के पीछे चली जाती है। आनन-फानन में ओझा आकर ओझाई शुरू कर देता है।]

ओझा : **(मंत्र पढ़ता है)** रे जमुनिया चुड़ैल! छोड़ दे इस बालक को। **(लेटे हुए बालक से एक आवाज आती है, दरअसल ये आवाज यहाँ रखे छुपे स्पीकर से आती है। वैद्य अंदर से माइक्रोफोन पर आवाज बदलकर बोलता**

है।) नहीं छोड़ूँगी, इसने मेरे पेड़ की डाल क्यूँ तोड़ी? मैं इसे नहीं छोड़ूंगी।

[सब ग्रामीण भी आवाज सुनकर अवाक् हैं।]

ओझा : मुर्गा और शराब, साथ में 1,000/- पंडित को दान में देंगे, तब तो छोड़ देगी?

आवाज : लड़के की जिंदगी बस 1,000/-?

ओझा : चल 2,000/- ब्राह्मण देवता को देंगे, तब तो छोड़ देगी?

आवाज : एक एकड़ जमीन ब्राह्मण को दान करेगा, तब छोड़ूंगी।

ओझा : **(दादा से)** करेगा एक एकड़ जमीन दान मंजूर है?

पुजारी : **(दादा से)** हाँ बोल भाई, दामाद से कीमती कोई चीज होती है! हाँ बोल, हाँ।

माँ : **(श्वसुर से)** हाँ बोल दीजिए बाबूजी!

दादा : **(गंभीर स्वर में)** हाँ देंगे, ठीक कर मेरे बच्चे को।

[तभी टीचर एक डॉक्टर लेकर पहुँचती है।]

डॉक्टर : **(चेकअप करके)** इसकी तो मृत्यु हो चुकी है, यह मर चुका है-सिर में चोट के कारण।

[सभी रो पड़ते हैं।]

[मास्टरनी और पासवान जो मृतक के पास ही हैं, देखते हैं कि मृतक की खाट के नीचे ओझा ने एक स्पीकर लगाया है, जो पतले तार से जुड़ा है। डॉ. टीचर को वह तार दिखाता है, पासवान और टीचर उस तार को पकड़े-पकड़े घर के अंदर जाते हैं, जहाँ उन्हें माइक्रोफोन लिए वैद्य बैठा दिखाई देता है।]

मास्टरनी : तुम लोगों का खेल खत्म।

दृश्य दस

[पुजारी के घर पर शाम को लालटेन की रोशनी में मीटिंग चल रही है, जहाँ वैद्य, ओझा भी बैठे हैं। गाँव वाले दूर बैठकर उनकी बातें सुनने की कोशिश करते हैं। पुजारी फुसफुसाता है।]

पुजारी : ससुरी अपनी किस्मत ही फूटी है, नहीं तो बुढ़ऊ से एक एकड़ जमीन लिखवा लेते और दो दिन बाद उसे मरा घोषित करते।

ओझा : वैद्य जी, इस बार आपकी आवाज स्पीकर से साफ-साफ नहीं आ रही थी।

वैद्य : का बताएँ, अपनी किस्मत ही गधे ने लिखी है, एक तो माइक्रोफोन की बैटरी कमजोर थी। दूसरे, दिन का समय था, तीसरा, मुआ डॉक्टर पता नहीं कहाँ से टपक पड़ा।

पुजारी : टपका नहीं, लाया गया था। खैर! घबराओ मत। **(फुसफुसा कर वैद्य के कान में कहता है।)** अगली चाल सुनो, विधवा गुड़िया गाँव के लिए अशुभ है, जमुनिया चुड़ैल अब गुड़िया में आ गई है। सारे गाँव को खतरा है।

वैद्य : मैं बीमारी का इलाज तो कर सकता हूँ, लेकिन भूत-प्रेत से हम नहीं लड़ सकते। इसके लिए हर घर में हवन-यज्ञ करना पड़ेगा।

[तीनों ठहाके लगाकर हँसते हैं।]

वैद्य : पुजारी जी, इस गाँव में 300 घर हैं, कैसे यज्ञ करेंगे?

पुजारी : भई, गाँव वालों के भले के लिए रोज एक जजमान के घर यज्ञ करने जाऊँगा।

वैद्य : वाह! पुजारी जी, पाँचों उंगलियाँ घी में और सिर कढ़ाई में?

पुजारी : अब क्या करें, हमारा दिल ही कुछ ऐसा है।

गाँव वाले : पुजारी जी, पहले हमारे यहाँ यज्ञ करिए।

ओझा : अरे भाई, हल्ला मत करो, अपना-अपना नाम लिखवा दो। पुजारी जी एक-एक दिन करके आ जाएंगे आपके यहाँ। हवन सामग्री, दान का सामान इकट्ठा कर लीजिएगा।

एक गाँववासी : भइया, हवन के पहले ही कुछ अनहोनी हो गई तो?

सभी : हाँ-हाँ, तब क्या होगा?

ओझा : बड़े समझदार हो तुम, मैं हूँ न! तुम लोगों का घर, मैं मंत्र से, हवन होने तक चुड़ैल के प्रकोप से बाँध दूँगा, पूजा-पाठ का सामान मंगवा लेना बस्स!

सब : ठीक है।

दृश्य ग्यारह

[ठाकुर अमर सिंह (दादा) के दरवाजे पर लोग बैठे हैं, पास ही में औरतें बैठी हैं, उनके बीच गुड़िया सफेद साड़ी में बैठी हुई है।]

ओझा : अगर पूरा गाँव जमुनिया चुड़ैल के प्रकोप से बचना चाहता है तो बस यही एक रास्ता है कि गुड़िया के बाल कटवाकर गाँव से बाहर कर दें।

वैद्य : अरे ओझा जी, और कोई उपाय हो तो बताएं।

दादा : भाइयो, मेरी एक ही पोती है, इतना पत्थर दिल मत होइए।

माँ : **(हाथ जोड़कर)** पुजारी जी, आप लोग तो हमारे पीढ़ी-दर-पीढ़ी पुरोहित रहे हैं, कोई और आसान उपाय बताएं।

गाँव वाले : **(गुड़िया को इंगित करते हुए)** इस चुड़ैल को यहाँ से बाहर निकालो, हमारे भी बाल-बच्चे हैं।

पुजारी : शांति! भाइयो शांति!!, यदि आप लोग चाहें तो हम इसे अपने मंदिर में रख सकते हैं। देवदासी बनाकर....।

(दादा आँखें लाल करके पुजारी की ओर घूरते हैं।)

...मेरा मतलब कुछ दिनों के लिए, ताकि समस्या का कोई हल निकल सके।

दृश्य बारह

[मंदिर के अंदर का दृश्य। गुड़िया मंदिर में दूसरी देवदासियों के साथ है। पुजारी सायंकाल की आरती की तैयारी में हैं। भक्तगण पूजा-आरती के लिए लाइन में खड़े हैं। आरती शुरू होती है। ढोल-मजीरों की आवाजों के साथ ही आरती संपन्न होती है। मंदिर भक्तों से खाली हो जाता है। पुजारी चुपके से गुड़िया के पास जाता है।]

पुजारी : गुड़िया रानी!

गुड़िया : जी, पुजारी जी।

पुजारी : स्नान-ध्यान कर लिया तुमने?

गुड़िया : जी, पुजारी जी।

पुजारी : तो, भोग लगाएं?

गुड़िया : जी, पुजारी जी।

[पुजारी गुड़िया के साथ छेड़-छाड़ करता है।]

गुड़िया : पुजारी जी, ये क्या कर रहे हैं?

पुजारी : भोग लगाने जा रहा हूँ। देवदासियों का भोग ऐसे ही लगाया जाता है।

दूसरी देवदासी : **(प्रवेश करते हुए)** पुजारी भोग नहीं, रोग लगाने जा रहा है।

पुजारी : **(डाँटकर)** चुप कर चुड़ैल! मंदिर में बैठे-बैठे रोटियाँ तोड़ती है और बातें बनाती है। निकल दुर्गा मन्दिर से बाहर तो पता चलेगा क्या होती है बाहर की दुनिया।

दूसरी देवदासी : क्या बाहर पता चलेगा? मन्दिर में हमें भोगते हैं भगवान के नाम पर और बाहर तुम्हारे भक्त भोगेंगे वेश्या के नाम पर।

पुजारी : बन्द कर अपनी जुबान।

दूसरी देवदासी : तू बन्द कर अपनी दुकान। कमजोर, अबला नारियों को वेश्या बनाते हुए तुझे शर्म नहीं आती।

पुजारी : चुप कर अछूत कन्या! तेरे देवदासी होने की ही वजह से तेरे परिवार वालों का समाज में सम्मान है, नहीं तो तुम लोगों को छूता ही कौन है?

दूसरी देवदासी : हमारे घर वाले अछूत हैं, लेकिन अछूतों की बहू-बेटियाँ तुम्हारे लिए अछूत नहीं होती हैं। देख चुकी हूँ तुम्हारा नंगापन।

पुजारी : **(गुस्से से थप्पड़ मारते हुए)** निकल यहाँ से। **(दूसरी देवदासी का धक्के खाकर प्रस्थान। पुजारी गुड़िया से-)** आओ मेरी जान, मेरी बाँहों में आओ। **(पकड़ने की कोशिश करता है।)**

गुड़िया : भगवान के लिए मुझे छोड़ दो।

पुजारी : मैं भी तो भगवान का प्रतिनिधि हूँ, उनके लिए तुम्हें क्यों छोड़ूँ? भोग तो मैं ही लगाऊँगा तुम्हारा।

पासवान : **(कूदकर सामने आता है)** गुड़िया! डर मत। मैं आ गया हूँ। **(पासवान पुजारी को पीटता है।)**

गुड़िया : पासवान! इसे छोड़ना मत।

[पासवान और पुजारी में मारपीट। अन्त में पासवान पुजारी को अधमरा करके गुड़िया को लेकर भाग जाता है।]

पुजारी : **(लोग पुजारी को घेरे खड़े हैं। होश आते ही)** अरे गाँव वालो, तुम्हें महाकाल से कोई नहीं बचा सकता। अछूत पासवान जमींदार साहब की पोती को यहाँ से जबर्दस्ती उठाकर ले गया।

ग्रामीण : घबराओ नहीं पुजारी जी, हम साले पासवान को पकड़ लेंगे। जाएगा कहाँ भाग के स्साला?

[सारे ग्रामीण पासवान को खोजने के लिए दौड़ लगाते हैं।]

दूसरी देवदासी : सुनो! सुनो! मेरी बात सुनो। ये पुजारी झूठ बोल रहा है। ठहरो, उन्हें मत पकड़ो...।

पुजारी : **(दूसरी देवदासी के बाल पकड़ के घसीटते हुए)** तुझे तो मैं बताता हूँ, चल अंदर स्साली!

दृश्य तेरह

[जमींदार का घर। गाँव की पंचायत बैठी हुई है। पासवान वहीं पास में एक पेड़ से बँधा खड़ा है। गुड़िया अपनी मां के पास सिर झुकाए बैठी है। गाँव वाले जिसे जहाँ जगह मिली, वहीं बैठकर पंचों की बात सुन रहे हैं।]

वैद्य : तो जमींदार साहब! क्या फैसला किया आपने?

पुजारी : फैसला ये क्या करेंगे? गाँव की इज्जत की बात है, क्यों ओझा जी?

ओझा : बिल्कुल ठीक कहा आपने। पुजारी जी! आपके घर में भी तो दो बेटियाँ हैं। हमारे घरों में भी जवान छोरे-छोरियाँ हैं। भई, मेरा सुझाव तो यही है कि विधवा-गुड़िया की शादी पासवान से करा दें। न रहेगा बाँस न बजेगी बाँसुरी। शादी के बाद इन दोनों को गाँव से बाहर निकाल दें, दोनों से मुक्ति मिल जाएगी इस गाँव को।

पासवान की माँ : हे पंचो! हम नीची जाति के जरूर हैं, लेकिन किसी की जूठन नहीं बटोरते। मेरे बेटे पासवान जैसा आस-पास के पचास गाँव में कोई दूसरा होनहार लड़का नहीं है। गैर-बिरादरी में ही शादी करनी होगी तो ले आएंगे हम शहर से लड़की।

छोटू पासवान : **(पासवान का छोटा भाई, उम्र 8 साल)** माँ, पहले भइया को पेड़ से खुलवाओ, कहीं ऊपर से कौआ बीट न कर दे।

पुजारी : **(छोटे पासवान की ओर घूरते हुए)** हूँ...अच्छा... तो छोटे भाई को तकलीफ हो रही है?

वैद्य : **(पासवान की माँ से)** देख पासवान की माँ, तू भी विधवा है और गुड़िया भी। यूँ तो इस गाँव में गैर-बिरादरी में शादी नहीं होती, मगर जमींदार साहब की फूटी किस्मत की वजह से ये सब करना पड़ रहा है। गुड़िया अभी छोटी है। पासवान के साथ गाहे-बगाहे उसका नाम उछलता ही

रहता है। यह गाँव है गाँव, कोई शहर नाहिं। समझी?

ओझा : वैद्य जी ठीक कह रहे हैं, इसी में हम सब की भलाई है।

पासवान की माँ : ओझा जी, शादी के तुरन्त बाद गुड़िया का देवर चल बसा और फिर उसका पति और अब उसे हमारे घर में भेजना चाहते हैं? मुझे मंजूर नहीं।

पासवान : **(माँ से)** माँ, गुड़िया को कुछ मत कहो, अगर गाँव वालों की इसी में भलाई है तो हम शादी करने को तैयार हैं।

पासवान की माँ: पासवान!

पासवान : हाँ माँ, अगर गुड़िया तैयार हो तो!

पुजारी : ठाकुर साहब, सोच क्या रहे हैं, हाँ बोलिए हाँ।

ठा. अमर सिंह : **(भर्राती आवाज में)** गुड़िया, गुड़िया की माँ, तुम्हारी क्या राय है?

गुड़िया की माँ: बाबू जी, हम औरतन की क्या राय होगी? हमारे बाबूजी हमें बाँध गए इस घर के खूँटे से। गुड़िया का भी पगहा थमा दें पासवान से। अपनी बिरादरी में और तो कोई गुड़िया से शादी करेगा नहीं। जा गुड़िया, जा। **(गुड़िया की ओर देखते हुए)** तुम्हारी पहाड़ जैसी जिन्दगी के लिए यही सबसे मुनासिब है। हाँ पंचों, गुड़िया तैयाार है पासवान से शादी के लिए।

[पासवान को पेड़ से खोला जाता है। नेपथ्य से शहनाई की विवाह एवं दुःख की सम्मिश्रित धुन। पासवान अपनी माँ और छोटे भाई को लेकर गाँव छोड़कर बाहर चला जाता है।]

दृश्य चौदह

[पासवान, उसका छोटा भाई, गुड़िया और पासवान की माँ गाँव छोड़ने के बाद शहर चले गए। शहर में रहकर पासवान कड़ी मेहनत करता है और धीरे-धीरे अमीर हो जाता है। गुड़िया 18 साल की होते-होते 2 बच्चों की माँ बन गई। उसका 16 साल का देवर, दिन-रात अपनी पढ़ाई में लगा रहता है। दरवाजे पर कॉलबेल की आवाज आती है..., दरवाजा खोलते ही।]

गुड़िया : अरे, टीचर जी आप!

टीचर : हाँ मैं, कैसी हो गुड़िया?

गुड़िया : अंदर आइए।
[अन्दर दोनों बैठती हैं तथा परिवार के अन्य सदस्य भी आ जाते हैं।]
टीचर जी, कैसे आना हुआ?

टीचर : शहर आई थी तो पता चला कि तुम यहीं हो। किसी ने तुम्हारा पता भी बता दिया तो बस हाल-चाल लेने चली आई।
[बाहर दरवाजे की ओर देखते हुए।]
विलियम साहब, अन्दर आ जाइए, यह वही घर है।

विलियम : **(लगभग 30 साल के नौजवान का प्रवेश।)**
नमस्कार।

सभी : नमस्कार।

टीचर : गुड़िया, ये मिस्टर विलियम हैं और अभी हाल ही में गाँव के उसी स्कूल में प्रिंसिपल बन के आए हैं। इनके साथ बहुत दर्दनाक हादसा हुआ।

माँ : क्या हादसा हुआ इनके साथ?

टीचर : पिछले महीने गाँव के चर्च से निकलकर जब इनकी पत्नी वापस आ रही थीं तो रास्ते में बदमाशों ने इनकी गाड़ी में

आग लगाकर उन्हें जला दिया। उसी सिलसिले में हम यहाँ कचहरी आए थे।

पासवान : ओ...बड़ा दुःख हुआ सुनकर।

छोटू पासवान : भइया, जब तक उस गाँव में पुजारी, ओझा, वैद्य जैसे लोग रहेंगे, तब उस गाँव का कुछ नहीं हो सकता।

विलियम : उस गाँव को परमेश्वर संभाले और लोगों को सद्‌बुद्धि दे।

टीचर : **(गुड़िया से)** गुड़िया अन्दर से आवाज कैसी आ रही है?

गुड़िया : **(मुस्कराते हुए)** टीचर जी, हमारे दो बेटियाँ हैं, वे अन्दर खेल रही हैं।

टीचर : तुम्हारे दो बच्चे?

गुड़िया : हाँ टीचर जी, एक 6 साल की है और दूसरी 5 साल की।

माँ : हमारा घर बच्चियों की किलकारी से भरा रहता है।

टीचर : गुड़िया, बाल-विवाह से यही नुकसान होता है। जब तुम्हारे दिन खेलने और पढ़ने-लिखने के थे तो तुम्हारी शादी हो गई। फिर विधवा, दूसरी शादी और फिर दो बच्चे, अभी उम्र ही क्या है तुम्हारी?

विलियम : **(टीचर से)** हाउ ओल्ड शी इज?

टीचर : एटीन ईयर ओल्ड-अट्ठारह साल की।

विलियम : ओ माई गॉड...अट्ठारह साल की उम्र में दो बच्चे?

गुड़िया : क्या देखें पिछली जिन्दगी? छोड़िए, आप लोगों ने कुछ खाया-पिया भी नहीं, लीजिए।

विलियम : हाँ-हाँ, हम लेते हैं। **(बिस्किट उठाता है। साथ में टीचर भी बिस्किट लेती है।)** प्लीज गुड़ियाजी बताइए न अपने अनुभवों के बारे में।

गुड़िया : अब क्या बोलूँ? हमारे समाज में नारी की दशा का सभी को पता है। क्षमा करिएगा, आपकी पत्नी ने किसी का क्या बिगाड़ा था? उसे क्यों कट्टरपंथियों ने जिन्दा जला दिया?

विलियम : आई एम सॉरी। मैंने आपका दिल दुःखाया।

गुड़िया : शिकायत आपसे नहीं, इस समाज से है विलियम साहब।! नारी को माँ, देवी, अप्सरा, त्याग की मूर्ति जैसे दर्जे देकर उसे ऊपर उठाकर, जमीनी हकीकत से काट दिया गया है।

बचपन से ही नारी को इन्हीं संस्कारों की घुट्टी पिलाई जाती है। अपनी इच्छाओं का गला दबाकर वह समाज द्वारा तय किए गए कर्तव्यों, मर्यादाओं को बस निभाए चली जा रही है।

माँ : गुड़िया ठीक कह रही है। बेटा, हमारे जमाने में तो लड़की की इच्छा के खिलाफ शादी हो, फिर भी उसे बोलने की इजाजत नहीं थी।

टीचर : अम्मा, दरअसल सदियों से औरत के दिमाग की ऐसी कंडीशनिंग कर दी गई है कि अगर वह इन मर्यादाओं के खिलाफ आवाज उठाए तो उसे खुद अपराधबोध होने लगता है।

गुड़िया : जी टीचर जी, यहाँ तक कि घर-समाज की नारियाँ ही उसे ताने मारती हैं कि ऐसा करके वह नारी कहलाने लायक नहीं है।

पासवान : हद तो तब होती है जब इसी मानसिक गुलामी के कारण औरतों ने भी इसे अपनी नियति मान लिया। अपने संघर्ष में वे बिल्कुल अकेली हैं।

छोटा पासपान : अकेली तो हैं। मगर अब वे भी आगे आ रही हैं, जैसे पहली महिला प्रधानमंत्री इंदिरा गांधी, पहली आई.पी.एस. महिला डॉ. किरण बेदी, पहली महिला प्रेसीडेंट...।

गुड़िया : इसे नारियों के लिए सामाजिक बदलाव मत मानो क्योंकि अपवाद के आधार पर किसी समाज में नारियों के उत्थान का मूल्यांकन नहीं किया जा सकता।

विलियम : शी इज राइट! क्या आरक्षण के आधार पर दो-चार आरक्षित वर्ग के लोग ऊँची पोस्ट पर आ जाते हैं, तो उनका समाज ऊपर उठ जाता है? भैया! होता ये है कि उस अधिकारी को ऊँचे वर्ग के लोग उठा ले जाते हैं, अपना दामाद या बहू बनाकर।

माँ : ठीक कह रहे हैं आप! हमारे गाँव में भी ऐसी ही घटना हुई थी। माँ ने घर-द्वार गिरवी रखकर लड़के को पढ़ाया, नौकरी लगते ही उसकी शादी सवर्ण बिरादरी में हो गई। लड़का कभी देखने भी नहीं जाता अपने माँ-बाप को। अब

वे बड़े लड़के की पढ़ाई का कर्ज उतारने के लिए, अपनी ही जमीन पर मजदूरी करते हैं। छोटे लड़के की भी पढ़ाई छुड़वाकर मजूरी (मजदूरी) करवा रहे हैं। ऐसे बहुत से केस हैं भैया!

विलियम : मदर, इसके लिए हमें संघर्ष करना होगा। जैसे गुड़िया कर रही है।

टीचर : विलियम साहब! आपने भी तो छेड़ रखी है जंग। एक धर्म की रूढ़ियाँ इन्हें सफोकेटिव लगीं तो ईसाई बन गए।

विलियम : मेरा ऐसा मानना है कि संस्कृति, कल्चर, धर्म, मर्यादाएँ, तरल होती हैं। वे लगातार प्रभावित होती रहती हैं। उनमें लगातार बदलाव आता रहता है। कट्टरपंथियों को होने वाले अच्छे बदलाव शूट नहीं करते। इसलिए ऐसा सोच के लोगों को वे शूट कर देते हैं।

गुड़िया : किस-किस को और कब तक वे शूट करेंगे? नारी संघर्ष में अनेकों साइलेंट सिपाही हैं। मेरी सासू माँ को ही लीजिए, पासवान जी से शादी के बाद हमें पता चला कि नारी आन्दोलन के गीत अम्मा जी गढ़ती थी, शादी-ब्याह में।

टीचर : सच! अम्मा जी, सुना दो कोई मुखड़ा!

माँ : **(शरमाती हुई)** सब भूल-भाल गए, पुरानी बात हो गई।

पासवान : माँ, पुरानी बात कहाँ हुई? तुम्हीं ने तो हमें समझाया था कि गुड़िया ठाकुर की बिटिया होकर, हम नीची जाति में शादी होकर आएगी तो जाति-पाँति की जंजीरें टूटेंगी। सुनाओ न माँ...।

छोटा पासवान : बाबुल और सामाजिक जंजीरों वाला गीत।

विलियम : प्लीज मदर, सुना दें।

माँ : **(गला साफ करते हुए)**
अच्छा सुनो, कोशिश करती हूँ...
बाबा हो...
मोरे बाबा,
जिया मोरा घबराए,
बिन बोले रहा न जाए।

बाबा हो मोरे बाबा!
ऐसी रीति सताए,
पराया बाबुल क्यूँ हो जाएँ।
बाबा हो...
मोरे बाबा,
जिया मोरा घबराए।
बाबा हो...
बाबा इतनी अरज सुन लिन्हो,
मोहे जेवरा न भाये।
जिया मोरा घबराए,
बिन बोले रहा न जाए।

मईया हो...
मोरी मईया!
मोहे सहुकरवा को मत दिन्हों,
इतनी अरज सुन लिन्हों।
मोहे दौलत न भाए,
जिया मोरा घबराए,
बिन बोले रहा न जाए।

भैया हो, मोरे भैया,
राखी की लाज रख लिन्हों,
मोहे बभना को मत दिन्हों,
मोहे पाखंडी न सुहाये,
जिया मोरा घबराए,
बिन बोले रहा न जाए।

काका हो...मोरे काका,
जिया मोरा घबराए
बिन बोले रहा न जाए।
काका, बिटिया का दर्द चिह्नों,
मोहे राजा घर न दिन्हों।

मोहे राज-काज न भाये,
जिया मोरा घबराए,
बिन बोले रहा न जाए।

बाबुल हो...मोरे बाबुल,
बस इतनी अरज सुन लिन्हों।
भैया बहना की लाज रख लिन्हों,
काका, डोलिया से पहले सुन लिन्हों।

मैया, आखिरी अरज सुन लिन्हों,
मोहे लोहरा के घर दिन्हों,
हाँ-हाँ लोहरा के घर दिन्हों।
जो मेरी जंजीरें तपाए,
हाँ जंजीरें जो पिघलाए।
मोहे मुक्ति दिलाए,
जिया मोरा घबराए,
बिन बोले रहा न जाए...।

पोस्टमैन : पोस्टमैन...।

(छोटू पासवान, पोस्टमैन से चिट्ठी लेता है और खोल के पढ़ता है) प्यारी बिटिया रानी, गुड़िया, आगे का हाल यह है कि हम लोग यहाँ बड़े कष्ट में जी रहे हैं। पुजारी, वैद्य और ओझा ने मिलकर हमारी जमीनें कब्जा ली हैं। इसी गम में तुम्हारे दादाजी की मृत्यु हो गई। तेरहवीं बीस तारीख को है– तुम्हारी अभागिन माँ। **(गुड़िया रोने लगती है।)**

पासवान : आज तो 19 तारीख है? तेरहवीं तो कल ही है।

टीचर : तो आप लोग हमारे साथ ही गाँव चलो।

माँ : चलो बेटा।

[सभी गाँव के लिए प्रस्थान करते हैं। पार्श्व से गीत उभरता है।]

दृश्य पन्द्रह

[गाँव का दृश्य। दादा जी की तेरहवीं का अवसर। गाँव वाले उपस्थित।]

पुजारी : तुम लोगों के घर खाना कोई नहीं खाएगा क्योंकि समाज से तुम लोग बहिष्कृत हो चुके हो।

गुड़िया की माँ : पुजारी जी, जमीन-जायदाद तो आप लोग ले ही चुके हैं, अब मेरे स्वर्गवासी ससुर की आत्मा को शान्ति से रहने तो दीजिए। भोजन कर लीजिए।

गुड़िया : हाँ, आप लोग भोजन ग्रहण करें।

ओझा : गुड़िया डायन! तुम फिर इस गाँव में आ गईं और हमें भोजन करवाओगी?

पासवान : **(गुस्से से)** ओझा, तुम लोगों को खाना है तो खाओ वरना...।

ओझा : वरना क्या?

पुजारी : इस स्साले पासवान की औलाद से तो अभी पुराना हिसाब-किताब चुकाना है। गाँव वालो! मारो स्साले को **(मार-पिटाई का दृश्य! पासवान को लोग लाठियों से पीट-पीट के जान से मार डालते हैं। कोहराम मच जाता है।)**

उद्घोषक : समाज के ठेकेदार एक बार फिर अपनी कुटिल चालों में सफल होते हैं। कहाँ पासवान, गड़िया और उसके परिवार के लोग आए थे जमींदार साहब की तेरहवीं में, वहाँ हाथ धोना पड़ा पासवान को अपनी जिन्दगी से। दुःख के बाद दुःख उनका पीछा करता रहा। पासवान की माँ, छोटू पासवान, टीचर और विलियम ने मिलकर सामाजिक चुनौतियों से संघर्ष करने की ठान ली। वे गुड़िया के घर गाँव में रहने लगे। धीरे-धीरे पाँच साल बीत गए। एक दिन...।

ओझा : बता छोटू पासवान, क्या पूरा गाँव झूठ बोलता है?

पुजारी : हाँ-हाँ, बोलता क्यों नहीं? गुड़िया के साथ अगर तेरा कोई चक्कर है तो चला जा शहर में, ये गाँव है, गाँव।

गुड़िया की माँ : पुजारी जी, आप लोगों ने हमारा धन तो ले ही लिया। अब कम-से-कम धर्म तो ना लें। हमारे बच्चों को चैन से जीने तो दें।

ओझा : गुड़िया डायन के रहते अब इस गाँव में कोई भी अब चैन से कैसे रहेगा? अपने आपको खोजने और सामाजिक कुरीतियों से संघर्ष यात्रा में वह बिल्कुल अकेली रह गई है।

वैद्य : तो क्या इलाज है इस डायन से बचने का?

पुजारी : बस वही पुराना रीति-रिवाज, बना के भेज दो देवदासी मन्दिर में।

छोटू पासवान : मेरी भाभी देवदासी नहीं बनेंगी।

पुजारी : देवदासी नहीं बनाएगा तो अपनी बीवी बना ले। क्यों? बोलती क्यों बन्द हो गई, तेरी खाली Live in Relation रखेगा?

गुड़िया : छोटू की बोलती बन्द नहीं होगी। हाँ, तुम लोगों का मुँह मैं जरूर बन्द कर दूँगी। समाज, आदमी-औरत के रिश्ते को सिर्फ एक ही चश्मे से देखता है। इनकी सोच कुत्ते की दुम की तरह है, कभी नहीं सीधी होगी। माँ, अम्मा जी, अगर आप लोगों को ऐतराज न हो तो मैं छोटू के साथ अभी इसी वक्त शादी करने को तैयार हूँ।

[गाँववासियों में खुसुर-फुसुर होती है। टीचर, विलियम एवं गाँव के सभी लोगों के सामने गुड़िया को चादर ओढ़ायी जाती है। विवाह सम्बन्धित गीत।]

उद्घोषक : गुड़िया की तीसरी शादी हो गई। सामाजिक मान्यताओं से अकेले लड़ती हुई अबला को इस तीसरे पति ने शक्तिशाली बनाने का बीड़ा उठाया। विलियम, टीचर और छोटू पासवान ने मिलकर गुड़िया को बी.एड. करवाया और फिर विलियम के ही सहयोग से गुड़िया की सरकारी स्कूल में टीचर की नौकरी लग गई। छोटू पासवान से गुड़िया को एक तीसरा बच्चा, पुत्र रत्न प्राप्त होता है। समय का पहिया आगे बढ़ता है। गुड़िया की दोनों बेटियाँ अब 21

और 22 साल की हो गई हैं। वे दोनों कॉलेज में अपनी पढ़ाई कर रही हैं। अचानक एक दिन...।

गुड़िया : **(भीड़ को अपने घर के सामने आते हुए देखकर)** क्या हुआ?

[कुछ लोग छोटू पासवान को एक खाट पर लिटाए हुए गुड़िया के घर के सामने रख दिए।]

ओझा : **(गुड़िया से)** छोटू पासवान को भी आखिर तुम खा ही गईं न डायन?

[गुड़िया, उसके बच्चे एवं परिवार दुःख के सागर में डूब जाते हैं।]

उद्‌घोषक : गुड़िया के तीनों बच्चे बड़े हो जाते हैं। दोनों बड़ी बेटियाँ शादी नहीं करना चाहती हैं। वक्त के साथ एक दिन गुड़िया की माँ दुःखों का पहाड़ लिए इस दुनिया से चली जाती है और फिर गुड़िया की सास भी अपने दोनों जवान बेटों की मौत बर्दाश्त नहीं कर पाती है। उसकी भी इहलीला समाप्त हो जाती है। रह जाती है अकेली गुड़िया और उसके तीन बच्चे। एक दिन...।

गुड़िया की बड़ी बेटी : **(गुड़िया, टीचर, विलियम, गुड़िया की दोनों बेटियाँ और छोटा बेटा ड्राइंगरूम में बैठे हैं। एक नौजवान के प्रवेश के साथ ही।)** विलियम अंकल, ये है मेरा दोस्त और मंगेतर जिससे मैं शादी नहीं करना चाहती।

गुड़िया : पागल हो गई है क्या? विलियम साहब और टीचर जी, मैं तो इस लड़की को समझाकर हार गई। मेरी सुनती ही नहीं। आप ही बताइए, इस लड़के में क्या कमी है, जो इससे शादी नहीं करना चाहती?

विलियम : **(बड़ी बेटी से)** क्या तुम इस लड़के को प्यार नहीं करती हो?

गुड़िया की बड़ी बेटी : अंकल, ऐसी बात नहीं है। हम दोनों एक-दूसरे को बहुत प्यार करते हैं। यहाँ तक कि मेरी छोटी बहन, ये भी अपने मंगेतर से मेरे जैसा ही प्यार करती है। वो भी तो नहीं करना चाहती है शादी।

टीचर : बच्चो! तुम दोनों विवाह के योग्य हो गई हो। तुम्हारी माँ ने

बड़े दु:ख-भरे दिन देखे हैं। तुम लोग अपनी शादी के लिए हाँ करके उसे थोड़ी-सी खुशी नहीं दे सकते?

दोनों बेटियाँ : आंटी, हम शादी करने को तैयार हैं मगर हमारी भी एक शर्त है।

टीचर : शर्त, वो क्या?

बड़ी बेटी : समझ में नहीं आता, मैं कैसे समझाऊँ?

(छोटी बहन से)

तुम कहो।

छोटी बहन : अंकल...आंटी...हमारा...मेरा मतलब...।

मंगेतर : मतलब मैं बताता हूँ, अंकल-आंटी। इन दोनों का यह कहना है कि इनकी माँ ने अपने जीवन में बहुत तकलीफें देखी हैं। शादी के बाद उनको कौन देखेगा?

गुड़िया : कौन देखेगा? अरे, यही तो दुनिया की रीति है। बेटियाँ तो पराई ही होती हैं। उन्हें एक-न-एक दिन ससुराल जाना ही होता है। मेरी चिन्ता छोड़ो।

बड़ी बेटी : रीति-रिवाजों की बात करती हो, तो फिर क्यों जिन्दगी-भर लड़ती रहीं उन्हीं रीति-रिवाजों से? आज जब तुम्हारी बेटियाँ उस संघर्ष को आगे बढ़ाना चाहती हैं तो हमें फिर क्यों डालती हो रीति-रिवाजों के उसी चक्रव्यूह में?

माँ : कैसा संघर्ष? कैसी शर्त?

बड़ी बेटी : शर्त कोई नहीं माँ, एक छोटी-सी गुजारिश है। एक बार फिर तुम किस्मत की रेखा लाँघकर सामने आओ। ऊपर वाले के लेख को एक बार फिर बदल दो। विलियम अंकल को हमारा पिता बनाओ। हमें आशीर्वाद चाहिए-माँ और बाप दोनों का।

माँ : क्या बकती हो?

टीचर : बकती नहीं, ठीक कहती है। कमाल हो गया! इतना अच्छा ख्याल बेटियों का? हाँ गुड़िया, हाँ, तुम हाँ कह दो। 40 साल कोई उम्र नहीं होती। जिन्दगी बहुत लम्बी है। विलियम और तुम्हें, दोनों को एक-दूसरे की जरूरत है। जरूरत ही इंसानी रिश्ते बनाती है। रीति-रिवाज तो उन पर एक अमलीजामा जैसा होता है। तेजी से बदलती इस दुनिया

को जरूरत है-एक प्रेक्टिकल रास्ता दिखाने की। जिन हालात में तुम हो, विलियम भी उसी दौर से गुजर रहा है। तुम्हारी 'हाँ' से बच्चों को मिल जाएँगी उनकी खुशियाँ, तुम्हें एक साथी और कुरीतियों से आजाद होने का हौसला। वैसे भी मैंने विलियम की आँखों में तुम्हारे लिए एक इज्जत और प्रेम की झलक देखी है। विलियम, तुम क्या कहते हो?

[घुटनों के बल झुककर गुड़िया का हाथ माँगता है।]

विलियम : मुझे अच्छा लगेगा अगर गुड़िया मुझे इस लायक समझेगी तो।

छोटा बेटा : अम्मा, हाँ कह दो।

मंगेतर : प्लीज आंटी।

गुड़िया : पति के मामले में मैं सदा मनहूस मानी जाती हूँ।

विलियम : तुम्हारे पिछले पतियों की अकाल मृत्यु जिन भी कारणों से हुई, उनके कारण कम-से-कम तुम तो बिल्कुल नहीं थीं। मैं अंधविश्वास को नहीं मानता।

गुड़िया : बचपन में घर की शांति के लिए मेरा बाल-विवाह हुआ। उसके बाद गाँव को अपशकुन से बचाने के लिए मेरा दूसरा विवाह हुआ और फिर आदमी और औरत के सम्बन्धों को जायज ठहराने के लिए मेरा तीसरा विवाह हुआ और अब बच्चों की खुशी के लिए ये विवाह होगा... हे प्रभु, या खुदा, मेरे परवरदिगार! अगर तू सचमुच है तो तू सामने आ, मैं तुझे देती हूँ नारी शक्ति की चुनौती। या तो तू अपना लेखा बदल या फिर तू खुद बदल। इस बात का गिला नहीं कि हमें समाज क्या देगा? वो कुछ नहीं तो नए दौर का पता देगा। इंसान के बनाए हुए भगवान को पूजने का नशा, कोई ये नहीं पूछता कि भगवान के बनाए हुए इंसान की क्या है दशा? टीचर, मेरे बच्चो! मुझे ये शर्त भी...मंजूर है।

(दोनों हाथ ऊपर उठाकर)

हम तकदीर तो नहीं बदल सकते,
लेकिन तस्वीर तो बदल सकते हैं...।
तुम निभाओ धर्म,
हम अपना कर्म...।

उद्घोषक : गुड़िया फिर से सुहागन हो गई। दोनों बेटियों की शादी हो गई। विलियम और गुड़िया एक अच्छे पति-पत्नी साबित हुए। गुड़िया की किस्मत में जो नहीं था, वो भी अपनी हिम्मत से पा गई। दोनों मंगेतर और दोनों बेटियों ने एक नई रीति निकाली, पुराने और नए को मिलाकर। बड़ी बेटी विदा होकर ससुराल गई तो छोटी बेटी घोड़ी पर सवार होकर पति को घर ले आई विदा करके। बाकी सामाजिक बुराइयाँ भी जाएँगी ऐसे ही धीरे-धीरे। मगर आप सोचते होंगे, क्या हुआ गाँव में पुजारी जी का? सुना है पुजारी जी ठाकुर साहब के मरने के बाद उनके हरामी बेटे तेजू से जमीन को लेकर लड़ते रहे। इस लड़ाई में उन्हें कीमत चुकानी पड़ी अपनी बड़ी बेटी गँवाकर। गाँव वालों का कहना है कि एक दिन उनकी बेटी तेजू के साथ भाग गई और आजकल पुजारी जी उस जमीन पर जमुनिया देवी का मन्दिर बनवाने के लिए जजमानों से चंदा वसूल रहे हैं। वैद्यजी के साथ बड़ा बुरा हुआ। एक दिन अपनी ही दवा से अपना इलाज करके लाइलाज हो गए। भगवान उनकी आत्मा को शांति दें। अब आप लोग सोच रहे होंगे कि ओझा का क्या हुआ...? तो हुआ यूँ कि हमेशा की तरह ओझाजी एक दिन गाँव में किसी को अमावस्या की रात में काली मन्दिर में नरबलि के लिए मशवरा दे बैठे। बिचारे! उनको क्या खबर, जो अंधेरी रात में बलि चढ़ने वाला बच्चा था, वह उनका खुद का इकलौता बेटा था। इस घटना के बाद ओझाजी पागलों की तरह आज भी इधर-उधर भटक रहे हैं। हो सकता है, आपके बीच में कोई यकायक दर्शकों को धकियाता हुआ बाहर तेजी से निकलने की कोशिश करे, तो समझ लें कि उसमें ओझा का भूत आ गया है। उसे रोके नहीं, रास्ता दें...बहरहाल जिन्दगी की सच्चाई में गुड़िया ने ठीक ही कहा है-
'हे प्रभु! तुम निभाओ धर्म, हम अपना कर्म...।'

●●●

www.ingramcontent.com/pod-product-compliance
Lightning Source LLC
LaVergne TN
LVHW010915051026
849532LV00003B/702
* 9 7 8 8 1 2 8 8 3 2 8 5 7 *